读懂投资 先知未来

大咖智慧
THE GREAT WISDOM IN TRADING

成长陪跑
THE PERMANENT SUPPORTS FROM US

复合增长
COMPOUND GROWTH IN WEALTH

一站式视频学习训练平台
WWW.DUOSHOU108.COM

# 精明交易者

佩里·J·考夫曼 著

江 宁 译

山西出版传媒集团
山西人民出版社

## 图书在版编目（CIP）数据

精明交易者／（美）考夫曼著；江宁译． -- 太原：山西人民出版社，2015.6

ISBN 978-7-203-09055-7

Ⅰ.①精… Ⅱ.①考… ②江… Ⅲ.①股票交易—基本知识 Ⅳ.① F830.91

中国版本图书馆 CIP 数据核字（2015）第 112924 号

著作权合同登记号：图字：04-2015-026

### 精明交易者

| | |
|---|---|
| 著　者： | （美）佩里·J·考夫曼 |
| 译　者： | 江　宁 |
| 责任编辑： | 员荣亮 |
| 出 版 者： | 山西出版传媒集团·山西人民出版社 |
| 地　　址： | 太原市建设南路 21 号 |
| 邮　编： | 030012 |
| 发行营销： | 0351-4922220　4955996　4956039 |
| | 0351-4922127（传真）　4956038（邮购） |
| E-mail： | sxskcb@163.com　发行部 |
| | sxskcb@126.com　总编室 |
| 网　　址： | www.sxskcb.com |
| 经 销 者： | 山西出版传媒集团·山西人民出版社 |
| 承 印 厂： | 三河市利兴印刷有限公司 |
| 开　　本： | 710mm×1000mm　1/16 |
| 印　　张： | 17 |
| 字　　数： | 273 千字 |
| 印　　数： | 1-6000 册 |
| 版　　次： | 2015 年 7 月　第 1 版 |
| 印　　次： | 2015 年 7 月　第 1 次印刷 |
| 书　　号： | ISBN 978-7-203-09055-7 |
| 定　　价： | 48.00 元 |

**如有印装质量问题请与本社联系调换**

# 目 录

序 ·················································································· 1

## 第一部分 变化中的市场和技术如何影响了交易结果

1 市场和交易的变化所带来的冲击 ························· 3
    变化的因素影响了市场和价格 ······················· 3
    技术分析 ································································ 7
    进化与退化 ·························································· 12
    结构的变化:季节性 ········································ 16
    市场的进化 ·························································· 17

2 评判市场的真实性 ······················································ 18
    屏幕上显示的是历史 ······································· 18
    执行的问题和绩效 ············································ 21
    总是存在的因素 ················································ 27
    变化和进化 ·························································· 28

3 合理的期望带来可实现的结果 ··························· 29
    有得必有失 ·························································· 29
    让计算机来出力 ················································ 32
    将大量的微芯片用于交易 ····························· 33
    系统的使用 ·························································· 37
    期 望 ······································································· 39

4 解析风险与回报 ··························································· 40
    风险偏好 ································································ 41

风险与回报的标准化 ................................................. 41
在货币和债券的投资中作选择 ................................. 45
确定可接受的风险 ................................................. 49
将风险和回报图形化 ............................................. 51
分散投资和降低风险 ............................................. 53
将常识加入统计的结果中 ....................................... 62
毁灭性风险 ............................................................. 67
利润目标 ................................................................. 68
小　结 ..................................................................... 71

## 第二部分　使用新旧交易工具来达到合理的目标

5　获利平仓的执行 ....................................................... 75
　　一个获利平仓的测试 ............................................. 77
　　结　果 ................................................................. 81
　　利润目标和时间 ..................................................... 84
　　制定多个利润目标的好处 ..................................... 86
　　小　结 ................................................................. 92

6　用来控制风险的止损具有多重角色 ......................... 94
　　风险控制的必要性 ................................................. 95
　　风险保护或虚假的希望 ......................................... 95
　　测试一个带有止损的系统 ..................................... 100
　　止损可能会与策略相冲突 ..................................... 109
　　在有止损和无止损的情况下管理风险 ................. 111
　　小　结 ................................................................. 113

7　应对价格突变 ........................................................... 114
　　交易风险通常高于期望值 ..................................... 114
　　价格突变的类型 ..................................................... 115
　　价格突变对于一项投资的冲击 ............................. 121
　　处理价格突变 ......................................................... 127

管理一个价格突变 ········································ 129
小　结 ········································································ 137

## 8　更聪明的趋势跟踪　138
预测和跟踪 ································································ 138
趋势交易 ···································································· 140
自适应的方法 ···························································· 142
自适应移动平均值 ···················································· 148
交易法则 ···································································· 153
将自适应移动平均值编程 ········································ 158

## 9　计算机自学习，神经网络和新技术　164
教学过程：由训练者开始 ········································ 164
人工智能和模式识别 ················································ 169
专家系统的应用程序 ················································ 169
模糊逻辑 ···································································· 182

# 第三部分　如何得到坚韧的交易策略

## 10　测试交易系统坚韧度　187
过度适应 ···································································· 187
将坚韧度和参数选择分离 ········································ 188
测试程序 ···································································· 191
第1部分：决定该测试什么 ······································ 193
第2部分：决定该如何测试 ······································ 197
第3部分：评估结果 ·················································· 219
第4部分：选择特定的参数来交易 ·························· 222
第5部分：实战交易和观测绩效 ······························ 225
其他重要的实际指导方针 ········································ 226
小　结 ········································································ 231

## 11　提高现有系统的绩效　232
衡量和测试系统的预期能力 ···································· 232

预 期 ……………………………………………… 236

过滤系统信号 …………………………………… 242

使用过滤器 ………………………………………  246

将优化的概念反向使用 ………………………… 248

隔夜的风险 ……………………………………… 249

杠杆作用,成本和趋势速度 …………………… 252

附录  标注和专用名词 ……………………………… 254

# 序

你无法用把一个旧洞挖深的办法来掘出一个新的洞。

交易不是件容易的事。找到一个能稳定获利的方法，需要花费大量的精力，还得有极好的运气。有时候当一次努力失败后，你不管费多大的劲，都找不到答案；而在另外一些时候，市场环境发生了变化，原先的一个成功交易系统，生命力仅仅是昙花一现。本书试图从现实的角度出发，寻找在广泛范围内适用的、可以适应市场变化的交易策略。我们希望得到一个横向的解决方案，而并非是一个单一的纵向方案。

## 纵向的和横向的解决方案

一个纵向的方案，意味着系统的每一个新的部分都以之前的部分为基础。一个横向的方案则意味着系统的各个部分都呈并列状，互相配合排列，各自依靠其自身的基础。比方说挖宝，如果你知道宝箱就埋在后院里，你可以将一个洞越挖越深，或者在不同的地方挖很多个洞。

一栋50层的摩天大楼，就是一个解决居住空间的纵向方案。其每一层建立在相同的地基上，所以最后的结果将取决于在此之前所有的工作。市场的变化经常会使得一些假设不再成立，就好比当你开始从摩天大楼的中间抽去砖块时,大厦顶端将会变得岌岌可危。

横向解决方案则是通过很多部件来建立一个宽阔的基础,每一部件都有各自的基础,共同构成一个整体。没有一个部件是很复杂的,也没有一个是重复的。如果一个部件出了问题,其他的仍然可以继续工作。

## 来自超级计算机的教训

曾经有段时间,最庞大的超级计算机是由几个最聪明的工程师设计的,仅供高科技研究使用。这些计算机的结构复杂得让人吃惊,每根连线和接头都要做得尽可能地短,这样才能使电流以最快的速度流动。中央处理器被设计成一个球形,以保证所有的线到中央位置都能够有相同的距离。

现代计算机却是由很多运行速度并不快的成品部件所构建的。在这种设计(并行处理)中,慢速的部件是以分工形式来处理一个问题的不同部分。原先设计复杂系统的计算机公司关张了,这只是因为另外一些聪明人将问题分割成很多小部分,用随时可以取用的廉价成品部件来分别解决。

不是所有的问题都可以分割为许多小部分,但大多数问题确实可以这么处理。本书将讨论有关交易各个不同方面的重要概念,包括获利平仓、趋势、止损、风险收益比以及测试方法。熟练使用其中任何一种方法,都将提高交易的绩效;能够全部运用,则将会显著地提高交易绩效。

## 试图寻找根本就不存在的东西

疏忽大意带来了最大的问题,而且这些问题通常是最难发现的,因为它们根本就不曾存在。一个人的思维中总是容易充满了自己想看到的东西。相对应的，我们也总是过分夸大那些重复出现的小概率事件。例如在某一时间听起来很响亮的秒针走动滴答声，在另一时间却可能完全被人们忽略。

我们总是试图去理解有什么东西是可以预测的，然后去质问为什么结果和我们的预测大相径庭。我们总是非常迅速地去寻找减小损失的方法，但对于处理获利却反应迟钝。学习是个积累经验的过程。你竭尽全力去分析问题，找到一个解决方案，然后再看它是否有效。大多数情况下这个方案不会一开始就管用，因为你可能没有纵览全局，轻视了一些小问题的重要性，也可能完全忽略了另外一个重要的部分。这是很正常的，别去假定任何人不经过检验就能得到一个完美的方案。过程并不迷人，但却是必经之路，成功只属于强者。

## 不遵循固定的路径

横向的思考因不拘泥单一的路径而受益。它将各个角度中最好的内容拿来，取我们最有信心的部分来使用，而不是一味去创造一个终极指标。当系统变得过于复杂后，付出努力后的相应回报将开始减小，解决方案有可能会无法持久。在你了解了一个思路最关键的部分以后，在此基础上获得进一步提高，即使是微小的提高，都将极为消耗时间和精力。当你感觉到自己的努力开始变得徒劳时，通常是该换一个角度来看问题的时候了。

横向思考的方法之一是逆向思维。比如说，婴儿珍妮玩弄毛线球打扰了正在编织的老奶奶。一个可能的方法是将珍妮放到她的婴儿围栏里，她就没法碰到毛线球了。另一个方案则是：将老奶奶和毛线球放进围栏里。两个方案都有效，尽管大多数人都不会考虑后者。在本书后面的章节中，我们将考察最坏的测试结果，而不是最好的。

横向思考是以目的为导向，希望得到最好的答案。横向的解决方案通常是在你遇到无法逾越的困难时产生的。此时你转向另一领域，在那里就有可能找到解决方案。这样，你会发现来自各个不同方向的部分可以一起工作，从而产生一个较好的结果。

## 通　才

我们将保留我们关于技术分析的观点：技术分析对于构建一个强劲的交易策略是有价值的。我们将成为通才，而不仅仅是专家。我们想知道：现在应该获利平仓了结？还是应该等待趋势反转的确认？我们总是可以找到一种情况，那时获利了结是比追随趋势要好，但我们的目的是要了解是否在大多数情况下都是如此。

试图证明指数加权移动平均线比简单的算术移动平均线要好，是没有什么意义的。一种方法的精确度如何，真的对于指示价格的未来运行方向有很大的不同吗？如果一个交易系统用指数加权移动平均线可以工作，用算术移动平均线却不能运转，那么交易者就要对趋势本身的有效性提出疑问了。作为一个现实的分析家，我可以说所有的分析方法都不是完美的，但很多分析方法确实具备一定价值。当你估算结果时，恐怕没有必要精确到小数点后 10 位。

## 现实主义者

在市场面前，我们必须发问：我们是否正在观察价格变动的真实原因？我们也许面对相同的形态，甚至于已经知道了原因，那么我们可以预期结果吗？在本书中，我们将讨论对于寻找到合乎逻辑的解决方案的必要性，而不是一个由计算机统计出来的答案。

交易系统不可能是完美的，但我们需要知道我们该期待什么。止损究竟是控制风险的灵丹妙药，还是仅仅能给我们些盲目自信？

一次止损是好是坏无关紧要,重要的是我们需要知道正确的答案。

本书还将介绍一些新观念,例如适应(或称自适应移动平均)以及建立强有力交易程序的周密计划。横向解决方案的核心思想在于:它以一种新的眼光来看待各种简单的方法,以综合各方法的优势,改进大多数的交易模型。本书中例举了外汇、期货、股市和股票指数市场,说明这些技巧大体上适用于所有市场,以及更广义的交易当中。

佩里·J·考夫曼

# 第一部分

## 变化中的市场和技术如何影响了交易结果

# 1 市场和交易的变化所带来的冲击

本书讨论的主题是：如何在股票、外汇和期货市场中改进你的交易方法。虽然书中包含了许多技术方案和电子表格，但是，我们把重点放在如何作决策和如何解决问题上。我们将分析为何许多交易策略和预测会失败，并表明该怎样改进交易的结果，以及创建较经得起时间考验的方案。

在这里，讨论问题的方式尽量贴近现实：交易系统有局限，交易工具和交易者也一样有局限。用于提高利润和减小风险的技术将集中在那些有着最大提高潜力的区域，而不是仅仅做一些精细的微调。大部分较麻烦的问题都与风险有关。富有经验的交易者通常知道该如何处理利润，新手也经常会有许多获利机会，而对待风险的毫无理由的乐观态度则是很多交易者失败的根源。因此，本书的各部分将持续不断地提到对于风险的评估和控制。我们将不厌其烦地就这一点进行讨论。

## 变化的因素影响了市场和价格

最近一些年，我们见到了许多政治和经济上的巨变。中国的崛起、欧洲货币系统的变化，以及俄罗斯的动荡，全都意味着对于交易可能带来的巨大变化。同时，科学技术已有了极大的进步。更强有力的计算机体积变得更小，任何时期的价格都能在多彩的屏幕中显示出来。

以前曾经很灵的方法不再奏效。IBM在下跌，价格形态变化，市场的波动率增大,甚至季节规律也不再相同。自动化交易已在全世界被宣布为"破坏性的"。交易者坐在庞大的金融交易室的荧屏后面,被高性能的屏幕包围着,在任意两国的两个市场间寻找套利的机会——一天24小时持续不断。

市场的这种进化是一个单方向的结构变化。自动化交易的引入在美国和英国不是什么反常的事物,而是一个趋势。到最后,即市交易者将会消失——不是所有的都一起消失,而是逐渐由自动化交易开始,一直到即使是最大的交易所的大户室。交易者进行适应这种变化的策略调整,可能比再测试一个程序、应对通货膨胀或重设止损位需要更多的努力,这是万万不能忽略的。

连同逐渐增加的复杂性一起产生的是更多的竞争。即市交易者曾经因及时知道每个价格变化而占有优势,但现在即使我们已长达数小时之久或数天远离市场,仍然能立即获得价格和成交量信息,并赶上市场当前变动的步伐。要成为竞争中的获胜者,需要具备更多的能力。本书将会帮助读者搞清楚一些问题,提供一些新方案和对于一些新工具的理解,并说明该如何使用它们。

## 变化中的市场分析技术

技术的进步已经引起了交易这个行当的巨大改变。新的工具和技术很快地被应用,即使提高不到一个百分点的绩效,也将带来巨大的回报,这些回报足以激励一个个庞大的研究项目诞生并获得经济上的支持。而随着计算机处理能力的增加,挑战那些极限已变成一个迫在眉睫的事情。

用新工具来显示图形和分析价格也是很迷人的。来自全世界的即时数据正在以十亿分之一秒的速度被处理。我们能做得更快,成本更低,即便我们并不总能确定我们到底在干什么。

图 1-1 技术在进步，市场也在进步

## 基本面

"基本面"总是价格变化的理由。基本面分析是指对于公司利润、分红以及利率变化而引起的价格变动做研究。在股票和商品市场上，价格预测的方法是比较现在和过去的经济数据，并判断政府政策对利率及发展的影响。而突发事件则会带来市场的波动和不确定性。

大体上，股价的方向和企业的状态有关，相关指标可以包括国民生产总值（GNP）、消费者价格指数（物价指数）、零售额、就业率以及利率。如果经济正在扩张，你就能够期待资本市场上扬。寻找完全独立运行的、与市场走势毫不相干的企业仍然是一个具有挑战性的任务。

供给和需求决定商品和材料的价格。供给多，价格就低；需求多，价格就高。价格变化的基本原因是很清楚的，是这些因素的变化或对于变化的预期导致了价格的变化。

最早的计算机价格预测模型之一使用了一种叫作多次回归（方框1-1）的技术。有关进口、出口、生产、消费、利率、通货膨胀、技术和其他的要素的数据可以连同价格被一起分析。基本分析通过对于输入计算机内的数据加上权重来解释过去已经发生的东西。如果你无法提供正确的数据，你就无法得到一个很好的答案；输入很多数据也可以，但那就会需要比较长的时间来处理。有时，提供过多的数据将使得计算机得出自己所需要的答案，我们称之为"过度适应"。

> **方框 1-1 用基本分析确定一商品的价格**
>
> 一个简单的回归模型依靠基本因素的历史数据来计算商品价格。在这一例子中,大豆的价格是供应和需求的评价:
>
> Est_ Price=constant+(weightS×supply)+(weightD×demand)±error
> 预估价格=常数+(权重S×供应)+(权重D×需求)±误差
>
> 这里,
> 预估价格是当前估计价格
> 供应是总生产量
> 需求是总分配量
> 误差是反映结果准确性的误差
> 而常数、权重S和权重D则由一个回归程序计算出
>
> 以1964年到1975年的数据计算,常数=-1.64,权重S=3.97,权重D=0.81。这表明,以权重S这个非常大的值表示的大豆供应方面的巨大变化,比起需求的变化要重要得多。本例中,只有数年的数据被用于计算,否则误差值会更大一些。

一项回归分析的结果会被分配上一个"信心"水平,指出它的准确范围。它被以"加上或者减去一个误差值"的方式表达。(比方说,五月利率将会降低到5.5%±1%的水平)

一项基本数据的回归分析告诉你价格应该是在什么地方。如同计算期权的公平价格一样,它是相当固定的,只提供单一的、被认为是"正常的"价格范围,并不包括市场对未来变化的预期。

大体上,这种传统的方式对于交易没什么帮助,因为它在有关风险方面什么也没说。如果现在的价格水平是在计算出的水平之下,但价格又开始下跌而非上涨,那么你要到什么时候才能说:大概哪儿出了些问题?这种预测仅仅表明价格应该在哪个价位上,它不告诉你任何有关它

将如何到达那里的线索。

基本分析依然有用，但它仍然是机构和长线交易者的领域。它需要一个资金充足的投资者，以便抵挡市场运行中由于次要因素而引起的价格大幅波动。就其他交易者来说，用基本分析方法的风险太高，会消耗太多的时间和精力，而且距离利润也非常遥远。

计量经济学的这种分析方法适用于股票指数，但是不对个别股票有效。当然，即使是对于股票指数，其效果也很一般。

现在已经有了一些较新的方法，诸如在本书后面章节中讨论的神经网络和专家系统，已替代了计量经济学的分析，能够提供一些额外的准确性，以及更多的弹性。

# 技术分析

技术分析是一个宽广的领域，它用价格和有关的数据决定何时买入和卖出，试图解决基本分析无法解决的时机选择和风险控制问题。技术分析使用的方法可以是价格形态分析如星象学一样很灵活的方法，也可以是数学公式和频谱分析那样精确而严格的方法。

时间价格图的解释首先出现在早期家庭计算机的应用中，从那时起，一些技术分析专家就从基本分析者中分化出来。再近些时候，他们之间的界限又变得模糊了。基本分析提供了价格移动的原因和方向，而技术分析则提供时机选择和风险控制。

这两种方法可以分别被采用，这就是：依据基本分析作投资决定，然后用技术分析构建和实现计划。这个过程也可以用一个专家系统的方法，或一种复杂的神经网络系统，或这几种方法的综合。唯一的前提是，每种方法都要从原理上讲得通，并能够达到预期的目标。

**使趋势自动化**

计算机化的技术分析大多是与移动平均值相关联（方框1-2）。在

20 世纪 80 年代早期它得到了最为流行和广泛的应用，至今还作为许多技术分析程序的基础。所有影响市场的因素都被归结为当前的价格。一个简单的对于这些价格的移动平均值给出了一个趋势。较长期的 200 天平均值对于大多数股票是一个方向的基本指示。短期的 5、10 和 20 天的趋势，以及月线和周线常用于时机抉择、入市、离市，另外也用于有"杠杆"作用的期货和期权市场。

---

**方框 1-2　计算移动平均值的一种更容易的新方法**

目前，一个移动平均值在策略测试程序或电子表格中都是一个函数。三天移动平均值可以用下式表示：

@ Average（close, 3）=（close+close［1］+close［2］）/3

或在电子表格中表示为：

@ AVG（B3…B5）/3

一个指数式的趋势是另外一个简单的函数，即@ EXP_ MA（close, 10）。这都使得价格分析非常容易进行。由日均值形成的趋势场线掉头向上时，给出一个买入信号，而向下调头时，则给出一个卖出信号。

---

移动均值或类似的指示经常用于确认一次进入市场的决策。虽然有理由相信价格将会升高，基本分析却可能是很复杂的，且经常有一些没料到的外部因素影响，淹没了正常情况。为了等待一个移动平均值上扬，可能会牺牲某些初始的利润，但这样才能有更高的正确概率，并且更有效地使用资本。

在 20 世纪 70 年代期间，趋势交易是十分成功的，并一直延续到 20 世纪 80 年代。即使在现在，它也是了解价格方向的重要依据，但现在用一个简单的趋势系统来交易已变得更加困难了。以前我们经常听说这句名言——"趋势是你的朋友"。而现在我们则更多地听说，有大批的系统化趋势跟随者一窝蜂地"推动市场"和"触发停损"。

趋势跟踪向许多投资者证明技术分析是可行的。某些分析专家拥有实时的当天数据，可以持续地进行趋势交易，这是把同样的逻辑用在小时或 15 分钟图表上。也有一些专家寻找另外的指标或者更精巧复杂的工具，它们经常是从其他行业中适用过来的。

## 指 标

时机选择指标，例如相对强弱指数和随机指数现在已变得十分流行，许多报价设备向用户提供能够自行调整参数的大批技术指标。相对强弱指数（RSI）是由 Welles Wilder 开发的，它是过去的 14 天内总的上升日与总的下降日之比（由 0～100 表示）。

@ RSI(close,14) = 100×RS/(1+RS)

这里，RS = @ SUM(Total_Up_Moves,14) 1 @ SUM(Total_Down_Moves,14)

交易者可以根据自己的需要，选用任何其他时间周期。

由 George Lane 开发的随机指数也是相当流行的。它给出了对应于先前"高—低"范围收盘价的相对位置，这个位置是由所计算的周期的长度所确定的。原始的随机性称为"Fastk"，它的范围是从 0 至 100。通常它不用于交易，因为它对价格的变化太敏感。取而代之的是"SlowK"（也称为%D）和 SlowD-SlowK 的三日平滑值，这两者成为流行的交易数值。5 期的随机性由下式给出：

@ Fastk(series,5) = 100×(close-@ Lowest(5))/
　　　　　　　　　　(@ Highest(5)-@ Lowest(5))

@ SlowK(series,5) = @ Moving_Average(@ Fastk(series,5)3)

@ SlowD(series,5) = @ Moving_Average(@ Slowk(series,5)3)

和 RSI 一样，交易者根据自己对价格敏感程度的要求，选择相应的时间周期。

## 股票市场腾落指数

除了使用价格指标外，很多计算是根据成交量，或者上涨与下跌股票的数量。很有意思的是，你可见到不同的指标在使用上如何有不同的侧重：

BT（Bolton-Tremblay）：BT = （Advancing-Declining）/Unchanged

Schultz A/T：SAT = Advancing/（Advancing+Declining+Unchanged）

McClellan 振荡指标：McC = Advancing-Declining

对于每一指标，一个新数值的产生是靠增加当前值至前一日的累计数值而得到的，如同在 Bolton-Tremblay 指数中一样。

BTX = BTX（1）+BT

虽然这种指标有构造简明的优点，但目前并不能证明一个基于 Advan-cing（上涨家数）和 Declining（下跌家数）的指数对移动均值信号有所改进。这些指数需要交易者自己分析和选择，因为它们无法过滤噪音，对于如何处理那些连续上涨或下跌数据也不是很清楚。除了一个原来就很复杂的价格系列，你现在有了在此基础上的另一个更加复杂的指数。

## 技术分析目前的状态

简单的移动均值和指标不能给出技术分析的全景图。于是出现了许多精妙的图形化应用程序，它们允许用户画趋势线和通道。它们可以用波谱分析去寻找周期，给出江恩线和角度，给出费波那奇曲线和艾略特波浪计数，以及 ARIMA（自动回归式移动均线）模型——这个模型持续地为每一个新添的数据复算最佳的移动平均值。

测试软件也推动了这个行业向前发展，任何一个采用未经测试的交易策略或理念的人，都可以在大量的测试数据中，打入简单的指令和测试法则以测试其理念。最为流行的软件是 Dow Jones 的 TeleTrac，Omega 的"System Writer"以及 Equis 的 MetaStock。这些程序免除了对计算机专家的依赖，它们用一种便于使用的方式提供了标准的"函数"（如本章前面所述）来计算一个移动平均值、真实价格范围、最高价和最低价，以及许多其他的数值。例如：

Average（Price，Length）

平均值（价格，长度）

Bollinger_ Band（Price, Length, StdDev）

布林线（价格，长度，标准差）

Bullish_ Divergence（Price, Osc, Strength, Length）

牛市背离（价格、振荡频率、强度、长度）

Linear_ Regression（Price, Length）

线性回归（价格，长度）

### 方框1-3　使用新计算机软件来编制系统

"效率比值"是指10天的价格变化除以十日收盘价差值之和。这个比值EfR给出了10天内价格移动的效率（或者相关的噪音），它将用于第8章中所述的自适应移动平均值。

TeleTrac允许计算插入它自己的电子表格格式。第一列是被产生价格的名字，第二列给出了公式，结果按所选的每一时间间隔给出，从即时到月，本例用的是日数据：

| | | 18 Feb 93 | 23 Feb 93 | 24 Feb 93 | 25 Feb 93 |
|---|---|---|---|---|---|
| diff | Abs_val(close-close[1]) | 0.64 | 0.97 | 0.45 | 0.57 |
| noise | Sum(diff.10) | 3.969 | 4.521 | 4.839 | 5.124 |
| signal | close-close[10] | 1.29 | 2.68 | 2.09 | 1.81 |
| EfRatio | Abs_val(signal)/noise | 0.325 | 0.593 | 0.433 | 0.353 |

"System Writer"使用Omega的完全可编程的Easy Language找出同样的比率：

noise=@ Summation(@ AbsValue(close[0]-close[1]),length)

signal=close[0]-close[10]

if noise<>0,then Efficiency_Ratio=signal/noise

"System Writer"最后一行代码用于测试噪音在进行除法之前不可等于零，在头一行中嵌入了TeleTrac代码的头两行。

以上这些函数给出了简单移动平均值、布林线、牛市背离指数以及线性回归指数的角度。它们易于理解，甚至无需使用手册。长度是指用于计算的周期数量，价格是任意数据系列，无论日、小时或用户定义的其他时段。

策略测试软件有两种形式：

(1) 电子表格形式的系统，例如 Teletrac，其中每一个计算值变为一个新的行，而每新的一天则成为新的一列。

(2) "系统写手"（System Writer），拥有几乎所有计算机编程的功能，用类似于 BASIC 的语言（方框 1-3）。在 Omega 的软件中，每种计算都可以由所需的日期来显示。

买入和卖出信号以及移动平均线，振荡指标以及用户自定义的价格可以被显示于分屏的屏幕图像上，每个测试结果的计算过程和详细的统计都可以很容易地检索与打印出来。

## 新技术

由于计算机功能变得更加强大，某些新技术已逐渐成熟为市场分析的技术，被称为人工智能的领域包含最有希望的神经网络以及简单的形态识别、专家系统和模糊逻辑，这些都将在本书后面阐述。

神经网络已经作为一种最佳的方法替代了回归分析，用于寻找基本面如何影响价格的线索。但是，神经网的强大功能仍未被充分使用。它仅是最初始的利用，用来在红利、经济条件、价格，或供应、需求和价格之间找到同样连续的关系。它有能力鉴别今日的一系列因素如何与历史上特殊的情况作比较，这是一个同样复杂和实用的研究方法。

# 进化与退化

很容易证明，现代通讯和计算机改变了全球各处的经济、交易工具和市场参与者。这些变化的广度已经要求我们把它看作为一种进化。毫不奇怪，一个20世纪70年代能很好工作的系统，到了20世纪80年代就不再有效了。

经济变化改变了价格的关系，许多国家实行浮动汇率和利率，自1975年起美国开始允许黄金自由交易。其他的国家为了扼制经济的起伏采用了制定合同控制价格的方法，例如欧洲货币系统或OPEC（石油输出国组织）。对于每一个事件，在价格模式上都会有一些影响，有时波动巨大，有时波动弱小，有时变化也并不明显。一种简单的观察这种进化的方法，就是在不同类型的市场中比较趋势跟踪系统的绩效。

**成熟的市场和价格趋势**

当市场变得更令人熟悉和被更多的人接受时，市场参与者增加了，更多的参与者带来了高水平的"噪音"。多年来，美国股票市场一直是养老基金、个人投资者及其他国家的主要投资乐园。大量的交易是由与盈利无关的活动引起的。养老基金因新增投资资金而增加了它的部位，一个公司卖出股票以便向一家购物中心投资，或一个家庭从共同基金（mutualfund）中取钱去付医药费。大量的价格移动并不受经济趋势或精明的买卖时机的影响。

新兴市场不具有大量的参与者，因而"噪音"水平不高，这使得简单的趋势跟踪系统比较容易获利，表 I-I 和方框 1-4 比较了不同成熟程度的市场。它们表明一个新的市场用一个简单的系统比较容易交易，但是对一个成熟了的广泛交易的市场就不可能用同样简单的方法来获利。

**对比新兴市场与成熟市场**

结果表明，最新的活跃的世界市场，如香港恒生指数和 MATIF 的 CAC-40 仍然对所有被测试的趋势速度都给出了有收益的结果。恒生指数对较快的趋势有较高的年回报率，表明其短期价格摆动可以被一个相当低的噪音水平所支持，但其长期趋势发展则较差。如果这种噪音增大，趋势将经常被中断，造成上下坐电梯式的损失。

## 方框 1-4  趋势跟踪系统的获利能力比较

由于市场变得成熟，价格模式的变化可以用一个简单的趋势跟踪系统来表示。它表明较新的或刚出现的市场有很清晰的走向。当它们成熟时，对于价格的更多的预期增加了噪音，使价格模式变得更复杂。出自不同的原因连续进入市场的下单使趋势常被中断。

表1-1给出了一个简单的趋势跟踪系统的测试结果。系统使用了下列规则：

1. 一个指数式移动平均值确定趋势。
2. 当今日的指数式趋势值上升时买入。
3. 当今日的指数式趋势值下跌时卖出。
4. 系统总是在市。
5. 没有交易费用。

**表1-1 趋势绩效的比较**

| Fxn MA Days | 恒生指数 1988 1993 | CAC-40 1983 1987 | 1988 1992 | D-Mark 1983 1987 | 1988 1992 | IBM 1982 1987 | Dow 1983 1987 | 1988 1992 | Crude Oil 1992 12月 |
|---|---|---|---|---|---|---|---|---|---|
| 5 | 22.3 | 40.5 | 16.6 | 5.7 | 1.3 | 18.0 | -47.5 | -36.2 | -0.17 |
| 15 | 17.5 | 33.1 | 20.7 | 9.7 | 4.9 | 4.0 | -22.3 | -26.8 | 0.27 |
| 25 | 12.1 | 32.8 | 19.9 | 6.7 | 7.4 | 4.3 | -22.7 | -16.1 | -0.41 |
| 35 | 9.8 | 30.0 | 19.7 | 9.3 | 6.2 | 6.9 | -18.9 | -14.9 | -0.43 |
| 45 | 8.7 | 29.1 | 10.8 | 9.3 | 9.3 | 8.6 | -12.5 | -14.4 | -0.91 |
| 55 | 11.7 | 28.5 | 13.5 | 9.3 | 6.3 | 11.7 | -0.7 | -8.7 | -1.19 |
| 65 | 11.1 | 27.7 | 18.3 | 11.7 | 5.8 | 11.1 | 0.8 | -6.6 | -0.85 |
| 75 | 18.0 | 27.7 | 13.5 | 11.2 | 5.8 | 18.0 | -0.7 | -11.6 | -0.17 |
| Avg | 10.4 | 31.2 | 16.6 | 9.0 | 6.2 | 10.3 | -15.6 | -16.9 | -0.48 |

结果表明：

1. 最成熟的市场（Dow）在被测试范围内使用任何趋势都无法进行交易获利。
2. 新兴市场，例如恒生和CAC-40（从1983年至1987年）给出了有特色的短期走向。当它们趋向成熟时，开始在长期趋势中得到更大的收益，而不是短期趋势。
3. 德国马克是一个有深度的市场，像所有其他主要硬通货市场一样，给出了收益下降的趋势。
4. IBM给出的是长期趋势（难以交易的5日走势短线机会除外）。
5. 原油的波动性及大型商业垄断和OPEC试图进行价格控制，掩盖了价格的自然走向。

CAC-40 的测试表明，最近五年趋势交易的回报与早期相比下降了 50%，它也给出了早期较快速交易带来的较大的收益，但是随着市场成熟，趋势速度的分布就更加均匀。当你从短期 5 日趋势转换到 75 日周期时，回报率仅有很少的下降。

德国马克总是与其他硬通货币一起被活跃地交易着。但在过去五年中，马克的活跃性上升了，因为马克在欧洲经济结构中担当了支配的作用，并与世界范围内更大的交易活动相配合。前五年（1983-1987）比近几年能获得更高收益，并且利用周期较长的趋势比较有效。两个周期皆表明，依据最快的趋势进行交易是最困难的，因为它很可能是由短期波动性、频繁的价格突变以及在 Forex 交易中激烈的竞争所带来的结果。最佳的趋势可能因长期的经济重心转移而改变，也会因为人们对欧共体的信心以及美国在贸易中的竞争能力而改变。随着市场不断成熟，用快速交易方法产生利润的能力将会不断下降。

这里只给出了 IBM 前五年的数据。除了一个五天趋势之外，通常你使用的趋势越长，你的利润就越高。当包含交易成本时，利用 15 至 45 天趋势所产生的较少收益很可能消失。5 天趋势带来的 18% 的收益看来是不寻常的，但这只能是一些小投资者的机会。

我们知道，机构投资者无法做短线交易，因为他们不可能交易足够大的部位和试图把市场价差拉抬很远以获得期待的收益。散户投资者却都可以钻这个空子，当然前提是他们的手续费和交易费用足够低。以五日价格趋势做交易，最多每周一次，如果交易的手续费是 0.5%，那么本来 18% 的年收益最终将变成年亏损 8%。

Dow 代表了最成熟的市场，几乎采用每种趋势交易都会带来巨大的亏损，表明该市场的波动率与股票价格的净移动比较起来是十分高的。成熟的市场有着大批的参与者，代表了持有多元意见的投资者。机构经常性地调整投资组合，或投机性地出清股票去暂时投资房地产或其他某项资产，这给每日的交易活动带来了很高水平的噪音。当其他地区的国际性市场趋于成熟时，它们也会跟随 Dow 的发展规律。

最后一个例子是 NYMEX 原油的一个期货合同。它也表明几乎采用每一个趋势周期来交易都是亏损的。但原油又不同于成熟市场，它只交易一种货物。OPEC 限制原油生产控制了油价变动，并且没有小额投资者的参与机会。石油现货和期货市场都由非常大的商家所支配，他们通常是为了发货或对冲风险而买卖，这种结构（试图控制价格和下大单的资金实力雄厚的投资者）增加了波动，掩盖了实际的价格趋势。

## 结构的变化：季节性

今天你还能做出像 1960 年时同样的交易决策吗？不，许多市场都出现了一些新的"衍生物"。如今，外汇期货、期权市场、各种类型的股票指数期货以及短期和长期利率，这些都大大不同于 10 年前的市场。

甚至农业市场（最古老的进入市场交易的商品）也有了改变。庄稼仍然是按季节耕种与收获，但是保持了几百年的季节价格模式也不再是可靠的了。在 20 世纪 80 年代，美国谷物的价格就随着过剩的生产反而上升，使得交易者很糊涂，农夫们则兴高采烈。后来，这种现象被确认为"等值"，即自由贸易产品具有保持一个固定的国际价格的能力。当美元下跌时，美国的谷物对于非美元国家的购买者变得更有吸引力，引起了出口的需求和价格上升。

另外还有奇怪的事，比如正常的季节价格规律也会有变化。20 世纪 70 年代中期开始，农民们建造了许多储粮设施。以前没有这些充分的存储设施时，农民需要事先出价给本地谷物仓储者或者马上卖掉收获时无法保存的每一件东西。他们可以去租借库房，但是要早早签约并付出至少 3 个月的费用。而农庄自有的存储设施释放了收获季节的价格压力，由于可以有 100% 的仓储，就可能抑止收获季节价格的下落。

采用了自有的仓储设备后，运费变成了农民的随意支配的自由支出；当粮食存放在租来的空房中时，农民就需要把口袋里的钱全都给仓储者。农庄的存储行为和价格像是捆在了一起，要区分出这部分的价格很困难，因而产品最终价格变得飘忽不定。

橘子汁提供了另外两个季节性的例子。冬天时水果遭霜冻如今不再使得消费者必须花高价了。当佛罗里达中部的温度在零度以下时，橘子汁价格会迅速上升，但并不能持续多长时间。过去的几年中，巴西总是急于填补上美国橘子汁供应的空隙，而消费者也乐得付出低价消费，由此造成了本地生产者的损失。如果这一次政府屈从于消费的压力，允许果汁从有大批储备的巴西人那里进口，那么下一次霜冻会是什么情况呢？是价格急剧上涨，还是消费者期待大量巴西的替代品到来？不管出现哪种情况，季节规律都已经被破坏了。

第二个例子是，由于北美和南美作物季节正相反，橘子汁、大豆和其他作物可以在相反的季节大量生产。美国秋收时，巴西农民正在春耕。正当一国转季时的贮存减少时，地球的另一半正处在收获季节。当美国的农作物收成不好时，南半球却可能是大丰收。世界的进口市场是可互换的。当俄罗斯人需要谷物时，他们会寻找最好的价钱，而不仅仅是到美国市场上买。这对于季节性模式会产生什么影响呢——这使得供应和需求成为一个全球的概念，并很难进行预测。

## 市场的进化

上述内容不仅仅是农业中的现象。金融市场全球化早已不是什么秘密，其影响是深远的。即使政府换届或者交易所取消，美国也将不再会是唯一的经济中心。毫无疑问，中国和俄罗斯将在世界贸易中起不断增长的作用，中国（占世界人口1/4）积极地想进入世界贸易格局，俄罗斯已经很清楚地表明他们欢迎市场经济。这对于供求平衡方面的影响都是巨大的。如果这种转变很快，随之产生的不平衡将在商业和投机上提供史无前例的短期机会。无论如何，将来都不再像过去那样了。

# 2 评判市场的真实性

交易看起来似乎很容易。在 DOW、黄金和债券的历史图形上，趋势和形态都能分辨得很清楚。始于 1990－1991 年的衰退是相当严重的，并持续了很久，这使得债券的价格稳定地上升了三年。很明显，利率除了下降以外别无选择。但是有多少"交易者"在这整个期间紧紧持有这些债券，而不是去买卖呢？答案是非常罕见！当人们去炒作股票或是农作物的时候，通常是在某种被迫或无法承受继续持有仓位的心理压力的情况下进行买卖。

不断变化给我们的判断带来了困难。我们习惯于反抗变化、慢慢地识别变化，以及经常反应迟钝。当旧的方法已很明显不能再工作下去时，我们才意识到变化是不可避免的了。这时候我们才会去寻找新的方案。本章研讨市场结构的变化、市场参与者的变化以及我们使用的新的工具。识别到问题所在，很可能是改变你的某些交易方法的最强有力的原因。

## 屏幕上显示的是历史

出现在你面前的报价屏幕上的价格已经是过时的价格了，在快速的期货市场中你看到的价格很可能是 5 分钟前的成交价格。任何时候市场都更可能是在不同于你看到的价位上交易。屏幕上给出的是上一个交易价格，而不是你想要的下一个交易价格。当执行时机选择很严格时，你就不能等待屏幕上的价格出现再做反应。屏幕不是市场，它滞后于市场，和趋势滞后于实际价格的移动是一样的。

这里并不是说，你总是会得到一个更糟糕的执行价。也有这种情况，因为你太慢，反而得到了更好的价格，但这些多是意外情况。甚至当你进入很顺利时，退出也可能有麻烦。使用人自身本能的判断只能延迟你的退出，持仓亏损的交易并等着一个更糟的价格来临。

屏幕是市价单（可以马上执行）的一种并不那么完美的替代。不幸得很，停损或限价单仅仅只能用于小仓位。然而，预期一个交易，不论是在计算机化的或直觉的交易系统中，都将为中小投资者或机构增加捕获目标价格的能力。预期的重要性将在本章后面讨论。

**不存在的价差利润**

在交易期间，屏幕经常显示的某一市场中的价格，例如原油，会偏离价格线图或收益曲线的一部分。例如 10 年期的票据，对于 5 年和 20 年期的金融产品来说或许偏离太多了。方框 2-1 给出了白天中午可能出现的价格，11 月份的合同报价相对于其他交付月很明显地偏离了。

如果你试图在这些市场中套利，买入一种合约而卖出另一种合约，你会发现出价和要价仍然很恰当地落在其他月份的正常趋势内。屏幕上的价格仅仅反映了最后一次的交易，而实际价格将高于或低于屏幕上的价格。道理很简单，可能某一个换期月没有交易，而临近交付的月份时交易活动又使价格下落回到正常水平。

总之，用匹配两个分离的价格系列来构建的差价，其效益具有同样的问题。交易的差额价通常也不作为历史数据保存起来，因为一旦你有每个组成部分的价格，就很容易创建一个差额，它只需要获得同一时期的两种价格而已。

通常，两个市场并不在精确的同一时刻交易。差额将可能因为一个市场中的交易活跃而另一个市场一直处在平静的状态而出现。同一期货市场的近期和远期交付是一个特殊的情况：在实际情况中，差额价

（两个月间的差价）可以在整段时间内保持不变。

> **方框2-1  1993年8月原油价格**
>
>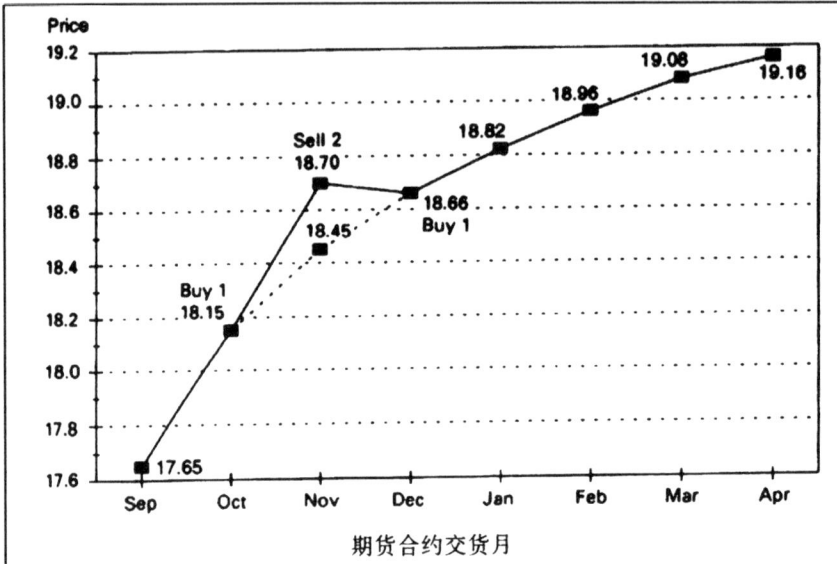
>
> 图 2-1 原油提交价格图中的畸变（11月份有相对价格畸变）
>
> 图示11月份18.70美元的报价本该收盘于18.45美元（如果运费仍维持不变）。一种差额交易方法是，10月和12月的合同各买1张，并将11月的合同卖2张，就会抓到一定的收益。但当开出成交价格时，你会发现11月份成交价是18.45美元。这种失真仅出现在屏幕之上，是因为当时其他交付月份交易较正常，而11月份的交易有5分钟没有进行。

## 收盘价

交易员经常使用收盘价来计算差价。对于各金融市场来说，如果收盘是同一时刻进行的，如果你考虑到执行差价交易的费用的话，这些差价是合理的。但是，在两个不同时刻收盘的市场中同种产品的收盘价的差额就可能带来一个不真实的差价。如果你只是在 IMM（国际货币市场）交易硬通货，瑞士法郎是在德国马克 5 分钟之后收盘，则差价在这 5 分钟内可以变宽或变窄。德国马克将会在现金市场保持与瑞士法郎对齐，并以瑞士法郎收盘前 5 分钟的差价作为第二天的开盘价（假定两个市场皆不停盘）。基于不同时间报价而产生的交易信号很可能是错的。

# 执行的问题和绩效

中间人的佣金经常只是交易成本的一小部分。"滑失"（你想成交的价格与你真正成交的价格之差）在交易中是个昂贵的部分。如果忽略了它，有时候交易根本就无法执行。"无法执行"（交易没有得到执行）是大宗交易者的最大困扰和最大花费。

如果你必须进入或离开市场，你可以下一个市价单在市场中，它将被立即执行。或者，你可能直接以买方或卖方价成交，不论总数多少。但是，大多数交易者将不会使用市价委托交易，系统交易方法通常需要一个相当接近信号或目标价格的执行价，以保证能够产生效益。

### "无法执行"

"无法执行"的单子通常是因为市场变动太快和太远而被取消的订单。这种情况发生在建仓时的次数远多于离场时。在某一个价位进场，一般允许有更宽松的选择，而退出一笔交易通常总是更紧迫一些。

经验表明，一个快速趋势跟踪或突破系统在糟糕的市场条件下可以失去几乎所有可获利的交易机会，而在一个月的波动期内可以丢掉 30% 的可获利交易机会。

日内突破（breakout）系统展示了典型的问题。想在一个日间突破发生时即时买入是不大可能的。当美国金融市场开盘后，政府报告的公布会使价格跳跃至新的水平。在价格移动的几秒钟内，只有几个交易合同被执行。即使你动作很快，也不一定能成交，你只能选择追高买入或不买。

一个交易量很小的个体投资者可能会时不时地兴奋一下，因为他的卖单在最高价附近成交了。如果你交易较大的一笔，比如100手或更多的合同，并且限止了你将接受的"滑失"（靠使用限价单或等待某一特定的价格水准），从长期来看，你就要忍受你交易总量的5%~30%可能无法成交。许多时候一次下单会全部成交，而另外一些时候却只成交很少的一部分。

## 谁最可能有执行的问题

并非所有的交易者都很难使下单成交，最糟糕的是以下五种情况：

1. 大宗交易者，例如基金经理和投资机构。大量下单意味着将推动价格，特别是如果你正退出一个仓位的话。这意味着它可以用10分钟到3天的时间来执行。在这种情况下，很难有一个明确的成交价格。

2. 短线交易者，他们持仓少于两天。快速的交易使得收益和损失都小了。"滑失"（slippage）除了增加每次的损失以外，也从收益中切除了很大的一部分。

3. 趋势跟踪者——在价格移动方向上买与卖的人。当市场上升时买总是导致相当大的滑失，当价格跳升时更是带来大幅波动。很少会有什么好消息。

4. 当日交易者，在当日开盘与收盘间执行订单。在一个交易市场的开盘与收盘间和在国际银行市场传统的工作时间段中，成交量比较小。要在这期间以限定的价格成交并不容易，有时卖价和买价之间会产生一个不可接受的巨大价差。

5. 使用限价委托的交易者。专业人员试图在某一价格执行交易，而不是使用"市价单"。他们会发现自己在贪婪地追赶市场。在某些点位上，价格就会变得无法接受。

一个机构交易者，例如一只基金，使用一个日内实时产生信号的短期突破系统（趋势跟踪系统）将带来最大的"滑失"和最多的"无法执行"。很少有交易者或交易方法能够完全避开"无法执行"的问题。

显而易见，无法执行的单子大都是会带来收益的。如果在一次突破或出现趋势信号之后价格又有回抽，那么就会有机会成交那些单子。因此，当出现获利方向上的价格移动（价格盘整或回拉很少）时，单子多无法执行。赔钱的交易总是会被执行，你失去的经常那些是能获利的交易机会。

在一个快速变化的市场上交易，当5%～30%的可获利交易都无法执行时，你还能获利吗？方框2-2表明，仅仅一个预期外的价格跳跃，就将对年收入带来大约10%的冲击。

在交易系统的开发中如果你不考虑执行的问题，大多数系统将无法幸存。

## 改进结果

为了减少"无法执行"和"滑失"的不良影响，有三种方法：试图去寻找能带来较大利润的交易，使用真实交易成本测试交易系统，以及预期交易信号（第11章将讨论预期问题）。用下列的方法可以得到较大的利润：

（1）持有长线仓位

每年只交易1到3次，具有较大的期望利润，减少"滑失"的影响和允许较长时间来进入和退出一笔交易。一个一般的入场价格或一个专精的入场策略就可以工作得很好。

（2）寻找每笔利润较大的交易

当使用一较快的交易方法时（在很多外汇操作中），每笔交易的利润可以通过选择波动更大的市场或使用部分出金的策略来增加。取出部分利润的方法将会提高一个系统的整体获利能力，并将明显地有助于减少滑失。

### 方框2-2 价格滑失的冲击

**例1：正常滑失的冲击**

一个趋势跟踪系统设计出的交易，平均收益500美元，平均损失150美元，40%的时间可获利，每一次交易支付手续费之后净平均复合利润为110美元，不带有滑失。在德国马克市场的止损单，通常成交在距信号价格外4点，不少于2个点。对于一个芝加哥国际货币市场的合同，交易成本为交易额的百万分之八，不少于25美元，但通常至少是50美元。其结果就是每笔交易的利润只剩下了10美元。

**例2：在一个快速变化市场中的滑失带来的冲击**

滑失的重要性可以减轻，这只需要增加每个交易项目的期望利润即可。使用一个较慢的趋势跟踪方法（其具有很大的收益和很少的交易量），该程序可产生同样的500美元的平均收益，150美元的平均损失和40%的可靠性，但这里包含了滑失。

例如，在芝加哥德国马克市场IMM，早上7：20开盘时，价格是58.10。该趋势跟踪系统有20张买单下在58.25。7：30分，美国贸易差额数据发布，给出了120亿美元的赤字，与上个月相比相同，但比期望值差了40亿美元。成交单急忙从场内撤回：2张成交在58.30，5张成交在58.60，13张成交在58.75，平均值为58.667。总的滑失是每合同为521美元。如果这个交易程序每周交易一次，期望的回报将是：

| | | |
|---|---|---|
| 21次利润，每次$500，赢利： | | $10500 |
| 31次亏损，每次$150，亏损： | | $-4650 |
| 52次交易，总计赢利： | | $5850 |

在这种情况下，如果滑失产生亏损521美元，将是年回报的9%。

## 测试的标准

在模拟一个交易策略时，使用真实的执行价，就可以解决所有的有关滑失和获利能力的问题。你必须能指定正确的进入和退出价格，否则你将无法知道一个策略是否可获利。建议采用下列步骤：

（1）估计"正常的"滑失。方框 2-3 表明成交价格由许多因素所决定，净交易成本很难事先确定。一个"最糟糕情况下的方案"可能是太极端了，但是采用一个较不乐观的估计仍然是个好办法。

（2）预计当日交易的成交单。最好预计你下单 5—15 分钟后会得到一个最糟糕的价格，这意味着取用在这期间最坏的高价或低价，而不是该周期结束时的价格。

（3）测试期货市场中"停板"的情况。在大多数情况下，如果收盘价等于当日最高价，你无法买入；如果收盘价等于当日最低价，你无法卖出。交易所的定价系统是基于交易的最后一分钟的平均值计算收盘价，使得收盘价很少有可能落在最高或最低。当然，如果高低价相同，则表明在最后一分钟内没有交易发生。

最好的测量方式，是监测一个实际的交易系统，如本书第 11 章所述。遗憾的是，这在建立交易系统的初期没什么用。以前的经验将允许你估计用于趋势跟踪或其他方式的交易系统的交易成本，即使其他那些策略不同于当前的系统。

## 全球化：同时反应

Nikkei 跌了 700 点，随后次日 S&P 低开 200 点，德国联邦银行提高了债券率半点，随后美国的债券下跌。旧的隔离理论不再有用了，在任一金融中心发生的经济事件会立即影响全球金融市场的每一处。由于英国遭受经济困难，它的证券市场不能反映由英格兰银行制定的利率变化。相反，其受到欧洲货币系统中更加有力的交易者的影响。

当市场互相联系在一起时，证券的分散投资变得更加困难，互相都有牵制。在不同投资中的某些新的链接还不明显，因为它们还没有被测试过。例如，一个多样化有价证券组合：30%资金购买股票，30%资金购买债券，留下40%现金，看起来是安全的，但一个政治危机就会带来巨大冲击。这时候资金都将为了安全而流向美元。债券迅速拉高，股票缓慢拉高，美元汇率上升，使得持有外汇的投资人产生损失。现金的配置减少，以补偿当国际问题解决时突然上升的风险：资金从美元中流出，债券价格下跌，美元下跌，股票下跌。你持有的现金太少，对于投资组合的损失无能为力。关于分散投资我们先说这么多。

### 方框 2-3 计算滑失的原则

| 下面的原则适用于买单： | | |
|---|---|---|
| | 小定单 | 大定单 |
| **可变滑失** 在成交价上增加一个高低价间差价的百分比，例：Price ±.15 × (High-Low) | 系统信号价之上的15% | 执行期间价格均值以上的15% |
| **最小滑失** 每个市场都赋予一个大于开价和要价间差额的滑失值。对于IMM日元或德国马克市场，价差是8点，或50美元。对于S&P来说，常是20点，或100美元。如果最小滑失大于可变滑失，那就使用最小滑失。 | 顺势交易：<br>（开价-要价）<br>×1.5<br><br>逆势交易：<br>（开价-要价）<br>×1.0 | （开价-要价）<br>×3.0<br><br>（开价-要价）<br>×2.0 |
| **开盘或者收盘时候的订单** 开盘和收盘时成交的单子按最差价格算。 | 开盘或收盘区的最差价格 | 该区域最差价格×1.5 |

**最大的成交量** 在任何价格上，如果一个单子超过了该日成交量的5%的话，就假定该订单没有完全成交。

**屏幕交易执行延迟** 如不使用停损单，交易者必须设定当价格出现在屏幕上时价格移动已经通过了所需成交的价格。最好，屏幕给出了卖价。上面的计算假定：打电话给经纪人所需的时间，询价以及一个或更多的下单，导致了大的滑失。

**小的停损单** 通常小的停损订单，成交价的滑失要大于从出价和要价间的差额所期望的滑失，会因为交易量少而经常付出一些额外的费用。

每个投资组合中,即使个股和商品都直接受其基本面的影响,但全球性的因素仍可以盖过基本面。分散投资的目的就是使有价证券避免极端的风险。通常人们有充足的时间去转移仓位和从变化中获利。但对于一个大的危机或价格突变来说,就太慢了。大批投资者从各种互不相关的投资中取出资金去弥补别处的亏损。这使得所有的市场同时反转。

## 总是存在的因素

### 噪 音

一个不寻常的市场移动可以使你忘记许多基本因素的存在。一个快速的价格移动总是包含了某些噪音,它不比正常的市场中少,甚至更大。一个预期的价格或目标水平都可能被市场大量的噪音扭曲。当高波动性对你的部位有利时,取出部分利润是一个利用噪音的好办法。有些交易者在价格突变后会等待回撤,以便出清亏损的部位,这表明他们对于"噪音"有很好的理解。

### 通货膨胀

通货膨胀率以相对稳定的速率移动。如果价格没有一个向上的倾向,那么相对于其他产品来说价格就将下跌。这种相关的下跌可以由长期波动率下降,以及做多总比做空有一个更好的报酬/风险比来确认。

### 季节性

一个没有呈现明显的季节趋势的市场,仍然是具有季节性的。在20世纪80年代美元长期贬值期间,谷物价格高扬,甚至在某些通常价格较低的季节也是这样。但是,有吸引力的出口结合平价制度(买家总在世界任一国家寻找廉价产品)使得自由贸易的日用商品维持了不变的世界价格。季节模式被外部的因素所覆盖，但仍然对价格施加影响。在供应较少的时期中，日用商品价格将较高，以便包含一个由供应引起的溢价。由于季节因素不能被去除，一个影响力更大的外部因素（使季节因素显得相对低效）就使得价格显得更具有波动性和更不稳定。

# 变化和进化

关于变化，有个很有意思的现象——当许多活动稳定下来时，它们总是与以往不同。全球化、更广阔的市场、新技术以及更好的报价设备和分析工具都表明了市场正在进化。它们将永远不会以过去那样的方式相互响应。

欧洲货币系统试图在硬通货成员国之间调节汇价差异（尽管不是波动）。俄罗斯和中国进入自由贸易市场可能会改变几乎每一件产品的供求关系。商品短缺或过剩的机会都增加了。如果资金可以在各个国家中自由流通，美国的股票价格就会快速成倍增长。或者，资金会迅速流向迅速发展中的亚洲经济体，金融中心也随之转移。

变化意味着历史不能像我们想象的那样帮助我们预测未来，如果你以发展的眼光看待历史，过去有效的交易方法已不再有效。如果市场关系变了，你不能用过时的数据资料去预测未来。你只能知道未来将会是不同的。

由严格的系统（例如趋势跟踪、固定周期或价格形态）假设当前状态将持续，这是与真实性相抵触的。我们仅仅是正在穿行于当前的状态之中。一个趋势跟踪者只可能指望意外的变化不要引起极端的波动，从而带来毫无理由的亏损。趋势系统的预测性并不能带来利润，利润是其风险控制性能带来的。

为了顺利预测，我们需要接受变化的不可避免性和与之相伴随的风险。你不能假定过去的风险、利润以及模式会出现重复。我们只能够试图开发一些能够识别变化的可能性的系统，这些系统要具有足够的弹性，以便我们从变化中获利。

# 3 合理的期望带来可实现的结果

各种技术的组合、盲目乐观的情绪以及某些交易名家的成功经历，很容易导致不现实的期望。在看到风险之前，我们先看到的往往是利润。我们很可能没有询问利润的有效性就想当然地忽略了风险。当开发一个交易策略时，如果不懂得什么情况最有可能发生，那就可能会浪费你的时间和精力，还要花费大量的金钱。

## 有得必有失

每一个蕴含利润的机会皆有风险，利润越大风险越大。每一个系统的交易方法有它自己的风险与回报的优劣平衡，这种平衡总是令人不愉快的。试图寻找一个无亏损的交易策略，或一个可吸收无限资金的套利模式，是一种错误的想法。

有一个纯粹的"趋势跟踪方法"可以有较少的亏损和较大的利润，它被归类为一种"保全资本"的方法。为了保持较小的亏损，快速离场是必要的。这个系统保持连续在市场里寻找趋势，但一旦价格向相反方向移动就退出。因而，亏损交易的数量大于获利交易的数量。如果你增加了自己对风险的容纳能力，使用一个较慢的趋势或较大的止损，则系统将有一个较大的获利交易百分比，但同时也就有了较大的单次交易损失和资产的上下波动。使趋势走得很慢并拉大止损距离，你就有了一个由长期在市的仓位组成的较为被动式的投资组合。

"反趋势策略"很典型地允许以更多的风险来获得多次小的收益。当策略出错时，会有大的亏损。它的得失平衡和趋势跟踪方法有相关联的连续关系。随着获利幅度减少，获利交易的数量增加了，亏损的交易则数量减少而幅度增大。

趋势和反趋势交易者有相似的选择：多次小的亏损或多次小利润，被少数大的利润或大的亏损来相应地抵消。

"商品套利"追寻"无风险"的交易机会，例如一种"地区套利"，当同样的产品在不同的地区之间的销售价差若大于运费和保险费，就有利可图。竞争可以如此剧烈，以至于套利者只能寻求小的利润和小的数量，当然小到一定的值时，就不值得为此而努力了。

产生稳定的交易收益并没有什么秘密的方法，某些方法会比另一些方法好些，但它们中没有一个是能违背"有得必有失"的原则的。在做出一个交易抉择之前，识别和了解各种此消彼长的因素是非常重要的。见表3-1。

**表3-1 有得必有失**

|  | 正效应 | 负效应 |
|---|---|---|
| 趋势跟踪 | 高收益，小亏损 | 许多小亏损，亏损比利润次数多 |
| 反趋势 | 获利单多，亏损单少 | 每单收益小，每单亏损大 |
| 套利 | 风险非常少 | 机会少，竞争强，收益小 |
| 所有系统 | 高收益 | 高风险 |

## 风险与回报

我们都知道伴随着较高的利润有较高的风险，只有永不交易的系统才是永无亏损的系统。当你坐在配有高级分析工具的性能强大的电脑前，你很有可能会忘记：这些限制仍然是存在的。

当你看到成百个策略的交易结果时，利润似乎是很明显的。买卖期权和期货的高"杠杆"使得许多测试显示的年收益高于100%。与大多数投资回报相比，这样的高收益显得格外引人注目，一上来就令人陶醉。但是，如果用一个传统的进行风险调整过后的形式表示，并确保有足够的资本保证安全，那么交易结果将落在一个更敏感的范围——年收入5%-25%。这在第4章和11章中将予以讨论。你会发现：一个具有很高获利能力的交易方法，经过风险调整以后的回报，并不比一个保守的债券基金要好多少。

## 小心毫无理由的好结果

开发一种交易方法是一件很困难的工作。根本的指导思想可以是多年来观察市场运行模式或价格间数学关系的结果。测试和验证的过程也是很困难的，每个计算都要检查，并且进入价/退出价必须反复检查。它可能十分冗长无味，以至于在某些时候你将乐意接受好的测试结果，并停止寻找误差。你开始无暇顾及那些大的单次获利，而去查看较大的个别亏损。但是，误差会引起正负两方面的影响，一个程序在它的误差没被纠正之前是无效的。

一个具有年回报20%的交易策略，且回报/风险率大于3.0，这个策略完全是个值得羡慕的成就。如果你给一个系统增加止损控制以减少其风险，你会发现，回报也跌下来了。又或者，你试图选择具有更好机会的某些特殊交易，从而减少了交易的频率，那么每一次交易都必须产生较大的利润以达到原来的回报率。你在场外的每一天，在等待入场信号的同时，回报率都在下降。

最后，所有系统都必须遵循"此消彼长"的原则。如果它不遵循，你就有理由去怀疑它。一个无亏损的系统，具有一个5.0以上的回报/风险比率，或连续10年回报高于50%，必须有抵消这些收益的相应限制。你不能仅仅接受表面的结果，你必须找到和了解它们的问题在哪里，最好不要盲目乐观。

## 让计算机来出力

计算机的数据处理能力是强大的。计算机在技术上的最大进步是综合大量信息并产生结论的能力，世界上有什么比能够解决一个价格预测问题还要好的应用程序呢？

输入基本面和用于股票价格评定所需的经济数据，这是个很简单的任务。输入供求信息（影响食物、能源及其他日用商品价格的基本因素）也一样。向数据库增加那些影响不明显的数据（例如，金融数据、资金的提供、失业率及每笔资本收入）也是可能的。这些数据与其他事件组合时，将对价格产生影响。

计算机可以装备高级的分析工具，以便在那些解释价格移动的数据中寻找关系。最流行的是一张多元回归的表格——在很长一段历史时间内寻找大量因素之间的固定关系。近年来，神经网络已经替代了回归分析而更加受到欢迎。例如，当石油股票比平均线下跌了10%以上时，价格会回升。而当欧佩克（OPEC）召开紧急会议时，价格上升。当这二者同时出现时，价格就升得更高了。基本面提供了一个合理的、传统的方法去预测价格移动。

在过去，计算机运行速度的限制削减了可以相互匹配的数据的数量，计算过程很冗长，虽然能给出一个清楚的关系，但却摇摆易变。由于不是所有的价格移动可以被解释，预测的质量也就很不确定。更新更快的计算机可以分析更多的数据，这将可以减少不确定性和提高预测能力。输入尽可能多的数据，让计算机来寻找相互间联系是一个简单的方法。

但是，这种方法通常无法提高绩效。许多统计的组合，都可以解释价格移动。哪一种组合是正确的呢？是不是任何一种都是正确的？由于有足够的数据，就计算出了无数的模式。计算机的功能可以找到所有的模式，但却无法识别哪一个是正确的。

### 识别可靠的模式

一种计算机分析的常见应用叫模式识别，试图寻找其他人尚不清楚的联系。假如，计算机可以扫描失业率数据，并发现在11月份大于3%的下降将带来下一年5月至少4%的新开工住房，连续18年都是如此。

这是一个完美的答案还是仅仅是一种巧合？这要取决于计算机扫描多少数据。如果你开始以失业影响住房为前提，并认为越多人就业就有越多的房子出售，则你只需要扫描两串数据系列来确认你已经相信是正确的关系。

如果你用跨度为50年的美国统计学数据库来寻找完美的联系，以上的例子将是你找到的各种联系之一。另一个完美的联系比如说是从智利大批进口葡萄的同时吉卜赛蛾的大量出现。就业和住房听起来是有道理的，但你如何确定这能比蛾和葡萄的联系更有意义呢？你所能做的仅仅是，在一个测试前就确定你的逻辑，然后使用计算机来验证你的看法。因为我们从来不曾想到使用一个与吉卜赛蛾有关的交易程序，所以与之相关的最美妙的结果也必须被忽略掉。方框3-1表明当一个联系是"显著"的时候该如何计算。

## 将大量的微芯片用于交易

大公司比起个人有更多的选择，当他们需要解决一个更复杂的问题时，可以买一台大型计算机以取得更强的功能。他们会有一个非常惊人的大型计算机中心和一张高价电费单。

某些答案需要漫长的计算，在成千个数据系列中寻找有意义的关系，这可能需要很多时间，即使在大型机上也是如此。可是，将一组宇航员放置到月球上去的飞船导航图和登月着陆指令，用微机来算也只需几分钟。为什么会有这么大的差距呢？因为导引探索者登月的计算机既有目标又有很确定的物理关系。行星运动的效应和重力虽然复杂，但是有规律的，只要指定时间，每件事都可以算出来。

## 方框 3-1　18年的数据匹配的统计意义

你可能认为，在18年的数据中寻找出一个完美的价格模式是个令人惊讶的发现。但是，如果用计算机来检索一个大数据库则不那么令人惊讶。例如，5年的数据，就存在25^32种可能的上下模式。

|   | 1 | 模式 | 32 |
|---|---|---|---|
| 年 | 1 U U U U U U U U U U U U U U U U D D D D D D D D D D D D D D D D | | |
|   | 2 U U U U U U U U D D D D D D D D U U U U U U U U D D D D D D D D | | |
|   | 3 U U U U D D D D U U U U D D D D U U U U D D D D U U U U D D D D | | |
|   | 4 U U D D U U D D U U D D U U D D U U D D U U D D U U D D U U D D | | |
|   | 5 U D U D U D U D U D U D U D U D U D U D U D U D U D U D U D U D | | |

如果你扫描5年中上下模式的32个系列，其中必有两个系列相同，虽然这不能证明有任何关系。在32个机会中只有一个机会任意两个系列将是相同的。因此，如果你打算只取两个系列，并认为它们是互相关联的，它们也确实被证明是相同的，那么你将会有3.1%的概率成功。如果你能够匹配6年，则将是64个机会才有一个，或1.5%的概率。

**评价结果**

统计学指出，如果一个事件被认为可能有统计意义（非随机发生），它发生的概率至少要小于5%。但这只是最基本的需求，它发生的概率应该要少于1%，才可被称为有意义；少于0.1%，则被称为很有意义。

何时18个全部相同是有意义的？

寻找一个结果模式的重要性只需要几步：

第一步：在18个涨跌序列中，有多少不同的组合？在这序列中每18项之一项中只有两种可能性（涨和跌），然后有2×2×2×……×2（2的18次方）或者是总计262144次。

第二步：有两个完全相同的系列的概率是多少？

如果你打入计算机多于18年的总计组合系列数即262145，其中一个系列必定是重复的，当一半数据（131072个系列）被测试过后，有50%的机会其中一个是重复的。

第三步：什么时候才有一个"有意义"的1%机会？

当你只综合两个各具有18次价格上下移动的数据系列时，在262144机会中只有一次是相同的（很小的概率）。在综合2622个这种数据系列时，有1%的机会会出现两个相同的模式。在随机选择的情况下，统计学表明它不大可能是巧合。

虽然预测一个价格可以被陈述为一个很清晰的目标，但答案却是很不清楚的。答案也许并不藏在计算机中所有被存贮的数据里。核对信息的方法也许并不是市场工作的方式。

你无法借助使用一个更强功能的计算机得到一个理想的答案，你只是较快地得到一个答案而已。不管有多大或多快，计算机也只能按你告诉它的方法去解决问题，它不能解决本来就没有答案的问题。

## 过分简单化一个方案

指标已被证明是有用的，可以正确显示股票和金融市场的主要价格移动。平衡点成交量、短期利率、客户保证金负债额、"内部人"交易、共同基金的现金持有百分数、摆动指标、相反意见指标，以及无数其他的指标都自称具有精确的预测能力。很明显，它们在价格移动的关键点确实产生了买卖信号，但是在其他一些时间里，价格与信号却呈相反移动，或者根本就毫无动静。

一个指标就是一个乐观的过分简化的解决方法，这算是一种努力，对于复杂问题试图寻找一个简单有序的解答。

组合好几个指标似乎并不能如你所愿减少虚假信号，相反，新的组合指标和其组成成分一样，具有相似的不稳定性。

这种令人失望的不稳定性并不是指标的错，而是用户的错。指标的构建是为了强调某一特殊的市场特性。存在趋势的时候，OBV 能给出一个确认；而随机的和相反的意见将表明何时一个市场超买或超卖，但不能指出何时是买卖的最好时机。

一个可靠的策略是只在必要的时候使用有关的信息或特定的指标。在另一些时间，这些指标毫无价值。企图任何时间都从指标中读出些答案来，是一个错误的分析方法。市场并不是总会自己说明什么。

标准的经济分析，经常基于多重回归分析，它试图在数据之间形成连续的关系。它需要所有数据都以历史上相同的方式相互作用，即使当市场已经是被不同的力量驱动或根本没有力量驱动了。这种技术类似于强迫形成一种联系。这个问题目前可用神经网络来避免，使用阈值分析以隔离不同的市场情形。一个单独事件或一组事件的组合，将会启动使用一个适用于此情况的一组信息。例如，一次不寻常的大规模通货膨胀将会使系统的注意力集中在利率，并开始观测生产者价格指数（PPI）、高盛商品指数、收益曲线以及美元，在这些数据中寻找确认。第九章中将更多地叙述此问题。

**数据不断增加**

价格图和系统测试都有个很有意思的特性，这就是许多模式的发现取决于数据的长度，你不能只用一个星期的日数据就找到"头肩底"的信息，或者用一年的数据找到一个重要的牛市。对于绩效的期望也会因为使用太小的数据或部分选择的数据而歪曲。

随着测试所用价格数据的增加，原本获利的交易显示出更多的亏损可能。一个长期的横盘和波动区将会产生持续的大幅亏损，这在小时间跨度的测试中是显示不出来的。

你用的数据越多，你看到的价格模式也就越多。一个 500 天的数据测试较之 250 天的测试，价格将会有较长的连续移动；1000 天比 500 天更好。数据越多意味着每种价格模式和它们的组合就越多。将有更多的新高和新低，以及拉锯区间和价格突变。总的来说，当你使用更多的数据时风险就变得更大，而收益却很少保持同步增长。

当你开始交易时，你也正在添加当前的数据到你的数据档案中，一年之后，你提升 1000 天测试至 1250 天，组合的周期中将包含新的或更加极端的模式，正如你现在已经测试了 1250 天一样，随着数据增多，交易风险也增加了。结果，当你开始交易时，风险可能会大于在测试时所看到的幅度。

## 系统的使用

计算机和系统给予了个人交易者和机构交易者更多的能力。套利、剥皮（strip）、多重决策生成程序和专家系统若没有现代的技术则不可能实现。现代技术也对风险控制及动态资产分配做出了贡献，它允许在没有实际亏损的状况下测试交易理论。

使用计算机化的策略不是轻而易举的事，较之传统交易方式，它实际是更加有纪律及受限制的一种形式。它要求用户仔细地审查自己的程序和决策制定过程，并将它们排列成有序的形式。在进行这样操作的同时，许多交易者其实是在自问自己到底想干些什么。自主的自由交易——应用人的本能和选择外部因素的能力——是一个伟大的交易者所必需的。计算机并不能开创一个例外的获利模式。对于那些一贯从市场中获利的交易者来说，计算机化的程序经常充当一个指引。它可以告诉他们趋势的方向，给出关键的价格水准，并告诉他们其他人的持仓情况。

某些成功的交易者已经使用系统作为交易的基础。他们能发现哪一个交易机会更有潜力，能在一个较好的价格进入，能在他人利润回吐前退出。你可以发现，他们把许多成功归功于系统，但同时，对于他们所用方法的一个仔细的、系统的测试却表明，它根本不能产生净利润。投资者的技巧才是真正使他们成功的原因，尽管这些投资者都说那是系统的功劳。

许多投资者不能确定计算机化的策略是提高了他们的绩效，还是仅仅给了他们一种平静的心情。这就是说，因为生活是一场每个人针对于无序的斗争，某些投资者宁愿使用一个坏系统，也比什么系统都不用的好。系统的优点在于其确定性，并且可以用测试来验证。不是所有的系统都因其简单明了而有效。本书打算帮助你掌握系统交易方法，同时告诉你该如何提高系统的交易绩效。

### 正确的仓位，错误的原因

当一个市场交易者掌握了一个有基本面支撑的仓位时，成功的希望增加了。但是，大多数系统交易的规则都不允许波动太高，而这些波动对于一个基于政府的政策、供应与需求或企业未来的期望而建立的长线仓位来说，却是不可避免的。

使用技术分析的原因，是为了应对价格以一种不可预测的方式与基本面背道而驰，是为了判断目标价位，或是为了控制风险。在对于整个投资的控制加强的同时，付出的代价是：因价格回撤过多或风险暴露过高而提早平仓。

一个技术系统一点点挤出利润，间隔以一些失败的交易。在牛市中，一个空头仓位可能导致巨亏。尽管交易者可以声称，他们知道这系统是错误的，但程序的严格性最终还是要略胜一筹。

技术分析并不是很有迷惑力的，它将永远无法让你吹嘘说你买在低点而卖在顶点。但是，交易是一门生意，一个交易系统应打算长期稳定赢利，而不是只做一单交易。

### 为什么除你之外所有人都知道？

当所有与你有关的人都在损失时，如果你能保持清醒，那很可能你还没有听到这个消息。　　　　　　　　　　　　　　——H．L MENCKEN

与其他交易者进行交流，会让你觉得他们对于一个令人惊叹的市场价格变化情况知道得要比你多。你亏了，而他们都获利了。然而，如果这个移动是价格突变，其实并没有一个人能知道要发生什么。别人大概都站对了方向而你却站错了方向。

媒体经常盛赞那些大赢家或者给出正确预告的股评家们。从大批的公开分析报告中可以看出，某些人确实曾经英明地在1987年10月股票市场崩盘前号召做空，可是在那次做对之前，他们的忠告可能很平庸，或者干脆就是错谬百出。你总是会在价格突变之后去寻找做对的那些人,可以假定总有一半你相识的投资者做对了,而你最可能津津乐道这些人的成功。

# 期　望

良好的期望是成功的基础,但是奢望就只能浪费时间。计算机并不能告诉你在市场中该如何获利,它只能验证你自己的思想。使用一台计算机开发交易程序是一个有效而稳健的方法。和使用其他工具一样,它需要技巧,要去学习和实践。当你变得更加熟练时,你将学习到更多的东西。

由于这仅仅是个工具,系统试验的结果必须公平地与其他投资模式相比较,回报必须是风险调整过的,投资行为必须有足够的资金作为后盾。

对于不现实的结果要持有怀疑的态度,即使它们是赢利的。策略是在许多特性中权衡取舍出来的。使用更加复杂的工具,就有了更多的误差。在接受测试的结果之前必须仔细地检查,什么也不能替代仔细的工作。

要谨慎使用新技术。计算机功能的提升,大大减轻了个体投资者在测试前仔细构想可赢利策略的负担。后面讨论的许多新方法,既可能是一个宏大的构想,也可能仅仅是一个侧面支持;它们有益与否,完全是由用户决定的。

研究和开发交易系统,是所有商业活动中最独具特色的。无法保证任何问题都会有答案。有些时候,成功的计划与机遇会昙花一现,即使在市场上已被证明多年来一贯可靠的模式,其作用都可能消失得无影无踪。开发交易系统的一部分工作内容,就是判断其什么时候已经失效。

# 4 解析风险与回报

业余交易者首先寻找利润,职业交易者则把风险放在第一位。寻找一个获利的系统是比寻找亏损在何处要有意思得多,但是,搞清风险对于交易的每个角度来说都是很关键的。否则,一次价格突变就会使你丢盔弃甲,狼狈退市。另外,一系列连续亏损也会让你忧心忡忡,畏于继续交易。在本书中,你将发现某些交易方法被认为优于其他方法。本章将解释怎样做出选择。优先选用的方法是基于健全的法则,它综合评定了风险和回报。这些技术可以适用于任何交易方法。

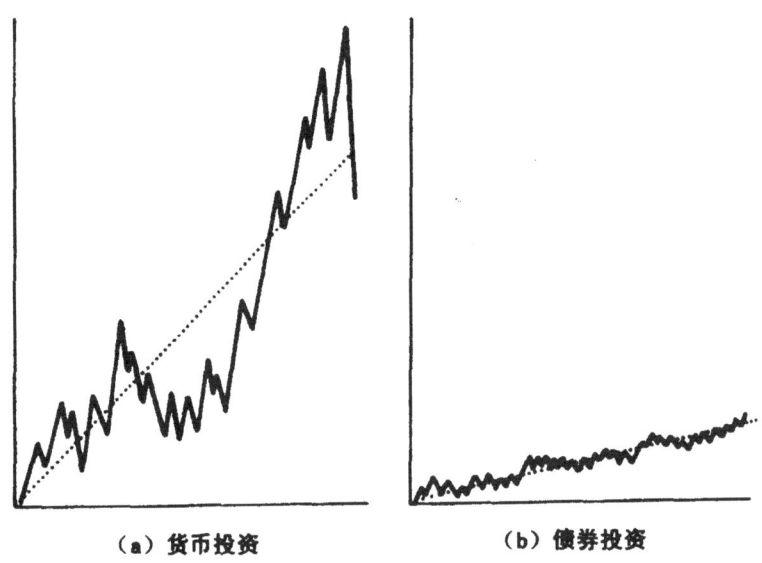

图 4-1 哪个投资更好?
(a) 高回报与高风险。一个货币期货投资组合给出 50% 回报与 20% 风险。
(b) 低回报与低风险。一个债券投资组合,具有 8% 的回报与 2% 的风险。

图4-1给出了处于同样时间段内的两个资产净值曲线。左边的一个图（a）给出了较高的利润，但风险也高。价格在直线（回报率）上下的波动很明显大于右边的图（b）。哪一种较好呢？一个是较高的利润，一个是低风险的回报。是不是由投资者的"风险偏好"来决定？

"最好"的绩效不是基于投资者是保守型还是激进型，而是由哪种绩效给出最低风险下的最高回报来决定的，因为这将带来最高的利润。在图4-1中，在没有给定准确的风险和回报值时，很难确定哪一张图好一些。

# 风险偏好

风险偏好是指投资者在交易中愿意接受较多还是较少的风险。当两个系统有同样的回报率时，理性的投资者将选择具有低风险的系统。与此相同，当两个系统有同样的风险时，投资者将选择高回报的那个。在具有最好的风险回报组合的程序中，有必要适当地接受较高的风险，以相应提高回报。

# 风险与回报的标准化

在比较图4-1的货币与债券投资之前，回报和风险必须能够以一个标准化的便于使用的形式表示，这样才能允许在不同的试验周期进行等效的相互比较。最为流行的、广泛地被证券和金融分析所使用的方法是：

（1）回报是以年计算，复合的回报率。
（2）风险是以年计算的资产净值变化的标准差。

### 复合回报率

复合回报率表示累计的资金被用于再投资。在有一个简单的利息储蓄账号的情况下,"日复合"表示每天所赚的利息是被加到总的储蓄额上面,而且第二天开始又产生新的利息。

使用以年计算的组合方式,你可以赚到钱后再以年利去累计,例如赚到投资的5%,因为利息是每年结账一次,一个1000美元的投资到一年后就成了1050元,而到第二年底1050美元又增值5%,变成1102.50美元,并且第三年成了1157.625美元。

这种技术对系统评估是很有用的,当你有了资金起始数字,想要明确回报率时,这些计算可以很简单地逆反运算。如方框4-1所示。

### 以年计算的标准差

以年计算的标准差给出了风险的大小。它是净资产每年的增加值与减少值的标准差。因此,如果在20年中年回报每年只给出一个值,那么年标准差只可用这20个值。你也可以应用净资产的月变化以得到更精确的结果。以下几段将比较不同时间周期的风险和回报值,并指出它们不是很容易互换的。

### 使用一个标准差去确定亏损的概率

标准差是传统的分布测量方式。它指出数据如何围绕平均值聚集。它假设结果的模式是对称的,例如:图4-2(a)给出了一张交易绩效图形。回报率是倾斜向上的实线,图中每月利润和亏损的标准差(本月减上个月的资产净值,或累计的利润与亏损)将表明回报是如何在回报率斜线上下分布的。

## 方框 4-1　计算风险与回报

大多数市场分析师已经标准化了他们的风险与回报表达方法，本书将采用同样的记号。

以年计算的复合回报率，可以列为：

CROR =（Ending_ Equity/lnvestment）^（1/Period）-1

其中：CROR——复合回报率

　　　Ending_ Equity——最后的账户值

　　　Investment——起始的账户值

　　　Period——年数（用于以年计的回报）

这里 Period（或年数）以 10 进制分数形式来表示（例：8÷年就是 8.5 年）。因此，如果你的 1000 美元投资在 4÷年后值 1300 美元，你就赚了一个相等于 6% 的复合回报率：

CROR =（1300/1000)-(1/4.5）-1

　　　= 1.0600-1.00=6%（每年）

对于一个以月计算的回报率来说，周期将是 54 个月或每月 0.487%。

风险是以年计算的净资产标准差，我们将取它作为年回报的标准差。则有：

ASD=@ SUM（Yearly_ Retums-2）/Period

其中：ASD——以年计算的标准差

　　　@ SUM——程序的函数，它做加法

　　　Yearly_ Retums——每年回报的变化

　　　Period——年数（用于按年计的回报）

■**电子表格**——这个计算在电子表格中是很容易完成的。电子表格中它是一个默认的功能。在 Quattro 中它被简单地指定为@ STD（B4...B20），代表计算 B 列，第 4 到第 20 行中的数据的一个标准差。

■**TeleTrac 和 System Writer** 两个测试软件程序，都有相似的内建的标准差函数，TeleTrac 的 Std-Dv（series，period），和 System Writer 的@ StdDev（series，period）。每个计算都能给出一个标准差的值。

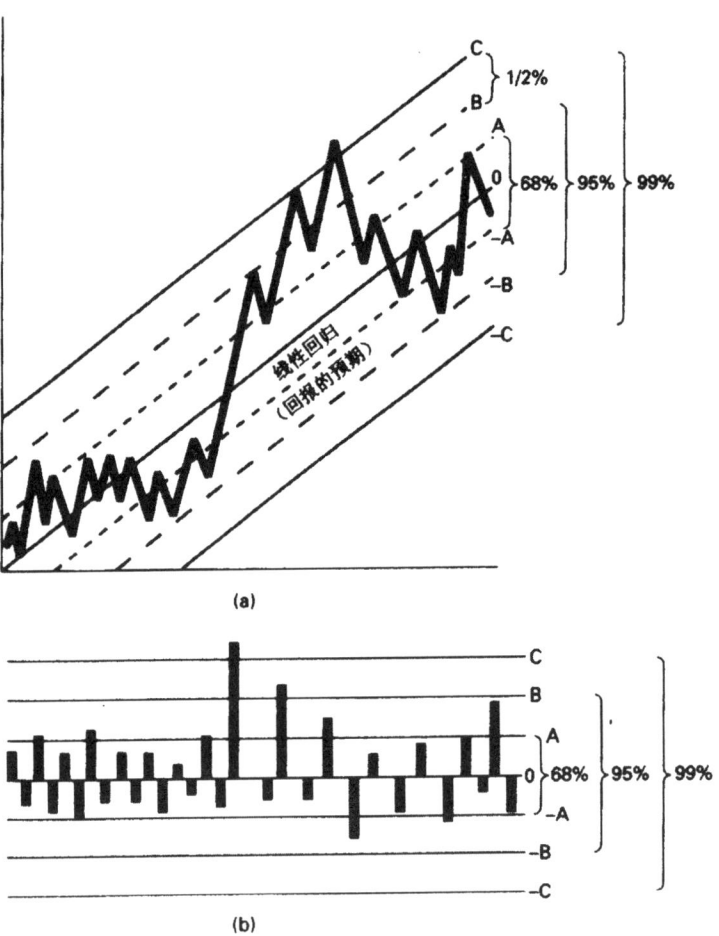

图 4-2 证券和证券变化的标准差

（a）净资产标准的偏差给出了相对于直线回报率近似值的总收益或亏损摆动的机会。

（b）月净资产与变化的标准差给出了在任意一个月中收益与亏损的可能性。

在图 4-2（b）中很容易看到净资产变化的分布，通过从当月的净资产值减去上一个月的值，净资产被消除了趋势。波动集中在 0 线上下，而不是如图 4-2（a）中的朝上的回归线。标准差是有用的，因为它对于亏损的机会给出了一个数值。在图 4-2（b）中有几条带状线平行于直线（即趋势消除以后的回报率（0）线）画出，这些线给出了1、2和3个标准差的范围，如下：

68%数据落在±1个标准差之间（范围从A至-A）
95%数据落在±2标准差（范围从B至-B）
99%数据落在±3标准差（范围从C至-C）

由于我们关心亏损的风险，我们需要知道净资产跌落至-A，-B，-C以下的机会。如果68%的数据在+A、-A之间，则32%是在其外，32%的一半在+A以上，另一半是-A以下。因此，只有16%的机会亏损将超过1个标准差；2.5%的机会超过2个标准差，以及0.5%的机会超过3个标准差。

# 在货币和债券的投资中作选择

如果回报和风险以统一的格式来表达，那么对于货币和债券投资的比较就变得简单了。投资需要进行风险调节，这意味着把较大的风险（在货币投资中的20%）除以债券的较低风险，得出20/2=10。如果货币投资的风险降低到十分之一，则50%的货币收益也要被折扣到十分之一。结果就是货币投资的回报仅有5%，而债券则有8%（当二者皆有2%风险时），债券投资（图4-1b）比货币投资要好60%。

## 杠杆作用

风险调节后的回报是一个较好的绩效测量方法，因为这是一种操作大批有价证券分散投资的最简单的方法。尤其是期货或期权买卖中允许杠杆作用，债券有效证券具有8%的回报，那么在期货市场，可能被杠杆放大20倍，回报为160%，风险则是40%。

期权及其他金融衍生物使得投资者在调整杠杆大小时有相当大的灵活性，投资组合靠持有现金来降低杠杆倍率也有一定的效果，这可以改变风险和回报的比率。只有100%资金完全投资的账户（可以假定它比货币和债券有更多的风险）可以达到最高的利润。

这里在两年的Bombay股票指数（SENSEX）上对一个趋势跟踪系统进行测试。表4-1给出9个从短到长的周期测试过程，在上面的趋势较快。

表4-1 一个趋势系统的风险调节后的结果

| 试验(1) | 收益以SENSEX(2) | 风险点数计(3) | 回报(%)(4) | CROR(%)(5) | 风险(5)(6) | 调节系数(7) | 风险调节后CROR(8) | 收益/风险比率(9) |
|---|---|---|---|---|---|---|---|---|
| 快 1 | 3133 | 1208 | 216 | 47.0 | 45 | 1.50 | 31.3 | 2.59 |
| 2 | 3046 | 1093 | 213 | 45.9 | 40 | 1.37 | 34.5 | 2.79 |
| 3 | 2808 | 1113 | 204 | 28.3 | 41 | 1.37 | 20.6 | 2.52 |
| 4 | 2032 | 814 | 175 | 32.3 | 30 | 1.00 | 32.3 | 2.50 |
| 5 | 2069 | 827 | 177 | 33.0 | 31 | 1.03 | 31.0 | 2.50 |
| 6 | 2136 | 905 | 179 | 33.8 | 33 | 1.10 | 30.7 | 2.36 |
| 7 | 3220 | 1391 | 219 | 48.0 | 51 | 1.70 | 28.2 | 2.31 |
| 8 | 3681 | 1568 | 236 | 53.6 | 58 | 1.93 | 27.8 | 2.35 |
| 慢 9 | 3311 | 1451 | 223 | 49.3 | 54 | 1.80 | 27.4 | 2.28 |

寻找用于Bombay SENSEX趋势跟踪项目的最佳风险调节回报，可以用组合一个电子表格与系统测试的办法来完成，在这种情况下，收益和风险（第2和3列）可以用Com-puTrac SNAP在两年数据中算出。风险被作为净资产的1个标准差来计算。回报百分数（第4列）使用假设初始投资的100元，加上总回报除以2700（当前SENSEX的价格）。

2年周期的复合回报率是回报列（第4列）减去初始投资的100，再进行1/2乘方（见复合回报率计算）；风险百分数（第6列）是以点计的风险（第3列）除以当前SENSEX价格2700；风险调节系数（第7列）是风险百分数（第6列）除以第6列中最低的风险百分数（即第4

列的30);风险调节后的复合回报率(第8列)是复合回报率(第5列)除以调节系数(第7列);回报/风险比(第9列)是收益(第2列)除以风险(第3列)。

第8和第9列都表明最佳趋势的速度是测试2,它既没有最高的利润,也没有最低的风险。虽然这个比率没有表明相关的回报率,但仅仅寻找其最大值就是找出最佳测试的最快方法。

下面的较慢。最好的收益是试验8的3681点,最低风险是试验4中的814点,但最佳的绩效是试验2,它具有一个调整后的复合的34.5%的回报率。第2、3列的收益和风险都转换成基于SENSEX当时价格2700的百分数。

一个最快选出最佳方案的方法,是简单地用总收益(第二列)除以总风险(第三列)。最大的回报/风险率就是最佳选择,前提条件是使用标准测量,并且风险与回报要在同一测试的同一时间周期中计算。当然,试验4和试验9是分别在长度稍有不同的时间间隔中估算的,但收益/风险比率仍然能够给出一个有效的比较。

## 风险和时间的关系

在净资产中使用按季度计算的标准差必然会大于按月度计算的标准差,因为较长时间间隔包含较大的波动。纵然一个季度的时间长度是一个月的三倍,而标准差却大到有4.74倍。但当时间间隔变得更大时,波动并不会以同样的速率增加。大多数价格或资产的数据将趋向于一个最大变化率,和时间无关。一个典型的风险和时间的关系曲线。如图4-3所示。

## 不同的时间周期对同一事件的描述是不同的

当使用年数据,而不是月或日数据时,虽然资产净值变化加大,但较长的周期也可能又隐藏了一些风险。例如在1987年10月,S&P500暴跌44%,到了月底收复了一些失地,降幅仍然有21%。可如果按照

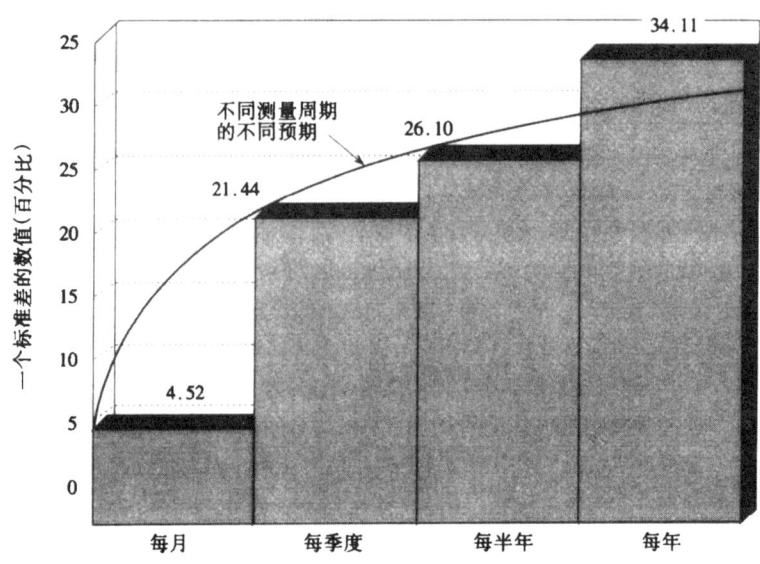

图4-3 S&P风险对时间关系

年度数据，1987年底相对于1986年底的收盘指数，反而小涨了2%。

| 1987年12月S&P期货 | 1987.9.30 | 321.69（收盘价） | |
| | 1987.10.20 | 181.00（最低价） | 下降44% |
| | 1987.10.31 | 255.74（收盘价） | 下降21% |
| 1987年3月S&P期货 | 1986.12.31 | 242.17（收盘价） | |
| 1988年3月S&P期货 | 1987.12.31 | 247.09（收盘价） | 上升2% |

使用每月数据为依据，某月的回报将会是该月最低值的机会仅有1/21，因而绩效结果被扯平了。亏损的风险存在，但仅从数字上却看不到它。

## 最大回撤值

为了判定风险，总是要知道最大回撤值，也就是资产由峰值至谷底的最大净差值。最大回撤值很可能大于任一个月的净资产变化。即使你在最近几年没有遭到那种巨大的亏损，但未来市场将发生较大的波动是不可避免的。幻想意外的暴涨暴跌永远不会发生，那是一种天真的想法。

## 50 年法则

在环境施工规划中，为了防洪，人们会使用 10 年法则。即沿着乡村道路挖的排水沟的深度，是按过去 10 年中最大的流量来确定的，如果这流量溢出水沟，就会出现灾害。

为了保护在密西西比河边上安家落户的农民，防洪堤坝需要建到一个高度，以满足 50 年法则。这对沿河居住的家庭意味着什么呢？这就是说水将有可能漫过堤坝，但不会是经常发生。75 年前可能曾有水超过堤坝的情况，但在过去 50 年间则没有出现过。因此，在一个家庭成员的一生中，有可能会遭遇一次大洪灾。

在交易中有同样的情况。职业交易者在其生涯中将会遭遇极其特殊的价格波动，那些打算仅仅做短期交易的人可能永远也遭遇不到这种情况，他们就可以在没有发生上述极端情况的短暂交易期内把握机会。这是一种经典的对于风险回报的决策。

交易的安全性直接关系到投资金额。较大范围的分散投资，且具有相应较大比例的储备资金是较安全的。如果你足够幸运，能以小资本就获利，则依靠增加储备资金的百分比就可减少相对的风险。那些将他们的全部利润都用来以杠杆方式加码的交易者，肯定会增加遭遇一个让他们彻底赔光的事件的概率。

# 确定可接受的风险

将风险测量的尺度标准化是很重要的，因为它让你能够确定一种交易方法相应的风险大小。例如，作为一个外汇交易者，你被人托付用 1000 万美元做交易，你被告知，你不能有超过 10% 的风险。在交易了一段时间以后,你对自己的绩效波动就能有个了解,并有一个可测量的跟踪记录。或者,作为一个有经验的分析家,你希望设计一种基于以前成功思路的方法。

如果以年计算,你的绩效显示了一个令人羡慕的40%回报,带有一个10%的标准差,你知道,一个标准差意味着有84%的可能净资产不会跌过10%,三个标准差意味着99.5%的可能净资产不会跌过30%。反过来看就是这个结果:一个10%的风险意味着你在该年有16%的机会亏损要多于10%。

也许你不愿冒亏损10%这样大的风险。因此,你降低这个风险到一安全的水平,用它除以4。这实际上意味着你只使用了1/4的资金去交易。这个账户是"反杠杆"的。原来10%的标准差变成了2.5%,意味着:

16%的机会亏损要多于2.5%(1标准差)
2.5%的机会亏损要多于5%(2标准差)
0.5%的机会亏损要多于7.5%(3标准差)

这样对风险进行限制是正确的。因为你将风险除以4,则回报也应除以4,给出一个调整的年回报率100-/0,仍然不错。为了实现这个计划,你进行交易的资金仅为本金的1/4,或者说只动用1000万美元中的250万美元来交易。把剩余部分用来应付一个不希望出现(但有可能)的糟糕的交易。你有0.5%的机会亏损将多于7.5%,但这种情况发生的概率很小。因为这个风险测量使用的是每月的值,每日最大回撤值是多少仍将确定一笔资金在使用中的安全水平。

## 外汇交易者的窘境

即使每一件事都按计划进行,在下一年以5%的风险去博取10%的回报仍有一些问题。交易经理把你叫到一边并问你,"为什么你不使用所有的钱？获利10%只使用了250万美元，如果你把钱全部用上，就可能有40%的收益，如果你不准备用它，我将把它给其他人。"

艰难之处就这样呈现在你的面前！你需要750万美元储备以应付最坏的情况，但是你不能用它。你的计划看起来很稳健，但是太保守。怎样来解释你是如何使用这笔钱的呢？有16%的可能，你需要多于250万美元的资金，以及有2.5%的可能，你要使用500万美元。这很难解释，但你却必须这么做。如果你使用较大比例的交易资金，你最后将因亏损达到10%而被迫停工。这个问题在第7章讨论价格突变的效应时还会提到。

# 将风险和回报图形化

风险和回报的图形化可以使我们进行一些重要的观察。这种方法经常被资产分配者使用，在收益和亏损的各种系统组合之间来进行权衡。表4-1所示的回报和亏损（用点位）在图4-4中绘出，并标记1到9。

## 效率限界

连接每一个风险水平上带来最高回报的点，可以画出一条曲线。注意，在图4-4中的这条虚线，当到了右边是逐渐平缓的，它表示投资者或交易者必须按比例承受一个较高的风险，却只得到一个较小幅度的利润增长。这个曲线在概念上类似于财产分配中使用的效率临界。如果你仅仅使用一个交易系统的绩效，一个组合有时可能会意外地给出非常好的回报。但一条通过最多的聚集点的曲线（而不是绝对最高点），则能够给出一个对于期望结果的更接近于现实的评估。

## 最佳选择

投资者总是可以自由选择满足自己目标的风险与回报的组合。一个

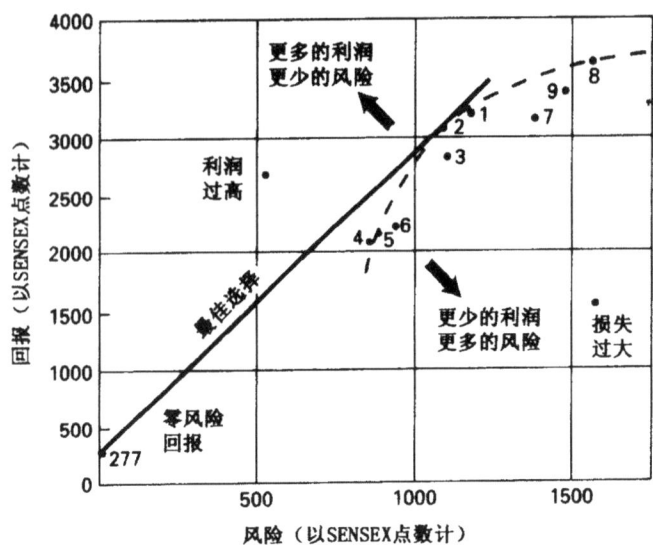

图 4-4 风险与回报曲线图

图中左上侧的那些点有更多利润和更少的亏损。那些右下侧的点是糟糕的选择,因为它们只有少量的利润和更多的风险。一个理性的投资者总是选择以上第一种情况的点,因为它对于同样的风险水准有较高的回报(在点 2 和点 3 之间选择的话,点 2 比较好)。

理性的选择必须是在效率临界点上。一个较保守的投资者在选择时会偏爱靠左一点,而一个激进型的投资者则宁愿以增加风险为代价,以期获得较高的利润。

什么是通常说的"最佳"选择呢?从无风险回报率(纵轴),画一条直线切至效率限界上,就可以找到,如图 4-4 所示。无风险回报率假定是 5%(2 年内),将其施加到在股指 2700 点买入时所需资金上。以 SENSEX 的点位计算:

2700 × 0.05 × 0.05 = 277
(在该点位投资) (第 1 年) (第 2 年)(点位利息)

从 277 点画的直线,在测试结果点 2 触及效率临界点,这就是最佳选择。

# 分散投资和降低风险

分散投资是降低风险的最好形式。对于多种资产的投资，如果其中每一种皆有好的回报，可以通过净资产变动的不同时性来降低风险。投资经理经常要应用各种交易策略，使之获得较平均回报更好的收益，承担能够接受的风险。借助组合大量中等风险的多种不相关投资，经常可以产生一个低风险的投资组合。分散投资也可以依靠在同一市场中使用不同的交易策略来进行。

### 应用资产分配技术

资产分配是将投资基金分布到一个或多个市场及介质中去创造期望的回报/风险比率的过程。在其最简单的形式中，资产分配将只使用一个有效的投资，比如说一个股票投资组合。其余的资金将投入无风险的短期政府债券中。它的最复杂形式是许多投资产品的动态组合。投资形式可以从一项静态的黄金投资直到动态的国际股票以及外汇市场投资。

### 简单的降低风险的手段

正常情况下，股票市场每年约有10%的长期回报（从1983年至1992年有16.4%的复合回报率），回报/风险率大约在1∶1。如果你百分之百地投资股票，就会有16%的可能性在某年某时段的亏损将大于10%。为了减少风险，你可以简单地交易较少数量的股票，并把其余资金放入现金账户或财政部的票据中。图4-5表明，用持有变化的储备资产的方法，风险和回报会呈线性下降。

一个更流行的方法是分配一部分资金到债券中去。一直持有债券到兑付期是无风险的，一个静态的债券投资仍会像有价证券一样波动。因此，债券投资者的收益受重要的利率波动影响。当利率下降时可获利，

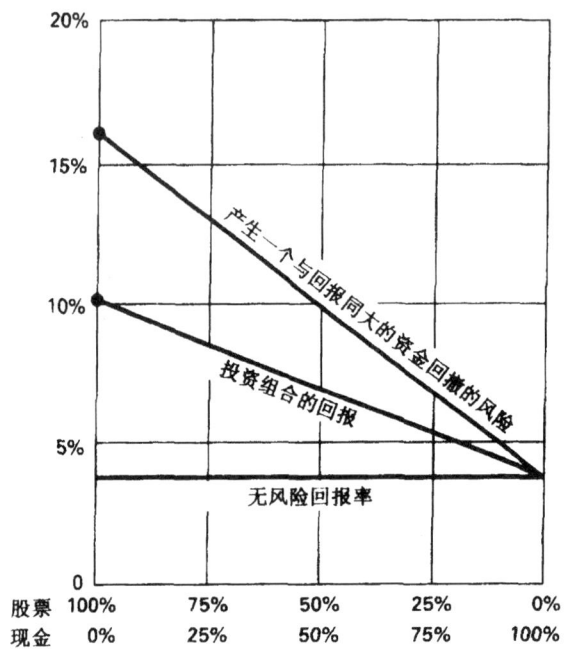

图 4-5　组合股票与现金储备

当现金储备增加时，风险和回报以同样比率下降。

而当利率上升时则亏损。

图 4-6 比较了股票和债券在不同百分比组合下的回报/风险率。使用一张电子表格来表示月回报，复合回报率和月标准差在新的投资上被复算。这个结果是一个经典的关系：在一开始，随着风险投资比例的增高，如本例中的股票，回报的增加较之风险的增长更多。当多于 20% 的股票加入有价证券中，则风险的增长将大于回报的增加。注意：在两种情况中，投资组合最终的风险都小于单独全部投资股票的风险，可以达到资金管理的目标。

## 增加其他投资产品

我们进一步来看看是否有新的交易方法或者可用来替代的投资方法，以提高股票和债券的回报。我们可以使用在图 4-6 中曾应用过的电

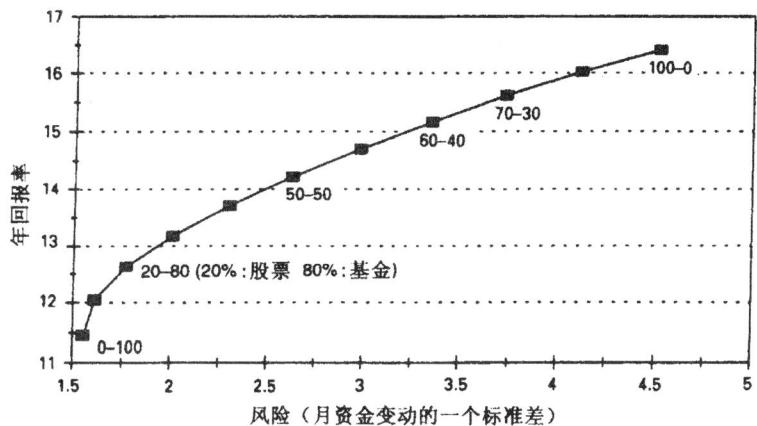

图4-6 股票与债券的组合

因为股票与债券有不同的风险与回报特性，并提供了投资组合的分散性，图中其结果是一条曲线而不是一条直线，可以看出较小的股票比例是最佳选择。

子表格技术。由于大多数基金经理使用60%股票和40%债券的投资组合，并作为一个测试基准。以下的计算假定新的交易项目或资产替换了一个标准投资组合的一部分。每个电子表格的一行代表一月，则有：

New Portfolio Return =（1-% New Asset）×（0.60 × Stock Return + 0.40 × Bond Return）+ % New Asset × New Asset Return

这里,% New Asset 是用新资产的百分比；Return 是复合回报率（年或周期）；Risk 是年或周期的标准差。

## 运用金融衍生工具来分散风险

如果新投资产品比旧的投资组合有更好的低风险回报，则它将会提高各处的效率临界，于是新的资产与股票和债券相比起来自然是更好的投资。但是，这是很少见的。新的投资产品通常要么具有较高的利润和较高的风险，要么就是利润和风险都比较低。采用少量新的投资产品以将原投资组合多样化，可以在一定程度上提高回报率。

金融衍生品已经成为一种用于证券分散投资的备受关注的项目。用于测量绩效的最流行的指数就是 MAR 的美元衡量 CTA 指数（由 Managed Account Reports 编辑）。从 1983 - 1992 年，该指数给出了 12.84% 的复合回报率，伴随着 5.62% 的月标准差。在同样的时期，股票、债券和 CTA 指数的绩效分别是：

|  | 1983-1992 绩效月回报统计 | | |
| --- | --- | --- | --- |
|  | S&P | LB 债券 | $ W CTA |
| 月标准差 | 4.52 | 1.56 | 5.62 |
| 复合回报率 | 16.40 | 11.45 | 12.84 |

注：1993 年 1 月 1 日，MAR 对美元衡量 CTA 指数进行了回溯调整。

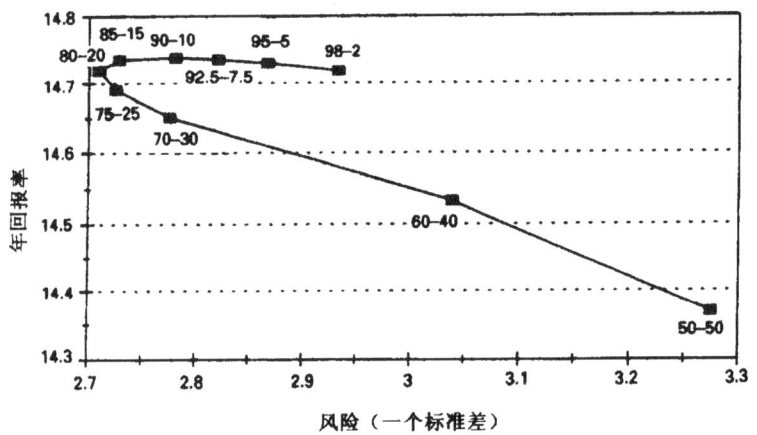

图 4-7　**与股票、债券相混合的 CTA 指数**将金融衍生品加入股票和债券投资组合中，当其比例不超过 20% 时结果有了改进。多样化使投资风险下降，回报率仍基本保持不变。

我们不会期望 CTA 的绩效能提高一个股票和债券组合的回报，因为比起股票来说其风险是较高的，而回报则较低。但其独一无二的月度模式证明，分散投资还是可以提高绩效，尽管累计的统计使它看起来还不够理想。图 4-7 给出了一个有价证券的风险与回报，这里 CTA 指数按不同百分比与股票—债券的60%-40%相组合。当CTA指数的分配增加至20%时风险减少，而同时回报小幅提高。在20%水平，风险的下降大于9%，而同时回报并不改变。当CTA指数的份额进一步变大时，情况开始变差，总的绩效恶化。这说明，分散投资还是可以改进绩效的。

**使用关联性来选择资产**

当在投资组合中的资产被使用在不同策略或不相关市场的分散投资时，风险是能够降低的。但是分散投资却不总是那么黑白分明的事情。

大多数投资者都认为，分别投资于股票和债券，能在一定程度上降低风险。因为股票可能在债券产生亏损的时候贡献利润。有时这是没错的。当一个不良经济报告由联邦政府发布出来时，股票的价格可能以剧烈下降来反应。交易者期望联邦政府会降低利率来抵消这个坏消息的影响，因此，他们买入债券，推动价格升高（使利率降低）。如果你的投资组合同时包括股票和债券，那么这就代表了风险防范。在股票方面的亏损可以由债券获利来补偿一部分。

但是，在大多数经济状况下，由股票和债券获得利润的情况总是基本同步的，当然，这并不意味着股票市场在债券市场上升的每两天内一定有一天也上涨。当利率慢慢下降时，比如1990年初期延长的经济衰退中那样，股市会缓步上升：这可能是由于企业有了较高收益（更高的生产效率和更低的成本）和对于政府将采取措施刺激经济的预期的综合反应。其结果就是股票和债券的价格移动基本上是正相关的，并不出现像一个完全不相关的投资那样的分散性（图4-8）。

**相互关联和风险保护**

两个价格系列的相似性可以用计算关联系数 r 来测量。该系数比较在一个时间系列中两个对应的数组如何相互变化。这种关系的结果被表达为：从标尺+1到0再到-1。

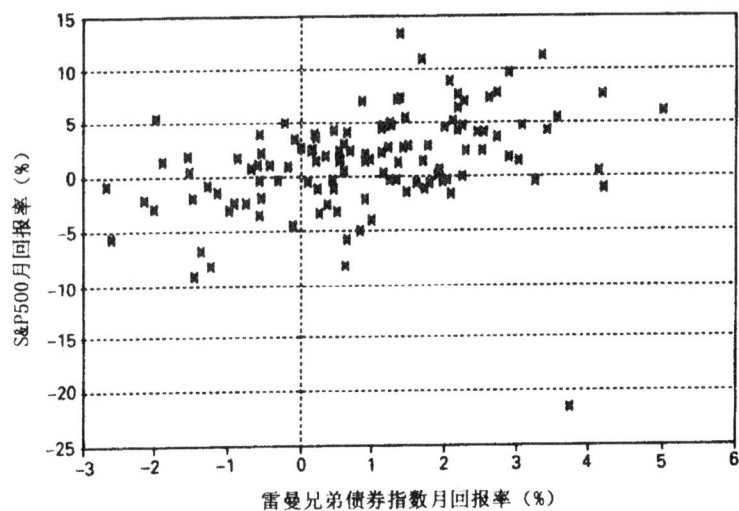

图 4-8 按月计的股票和债券回报的散点分布图

这个拉长的模式给出了被动式股票和债券投资组合的回报。这种相似性限制了潜在的分散性。

-+1-完全正相关,两个系列一起同向移动。

0-数据移动中不存在相关。

-1-完全负相关,两个系列完全互为相反移动。

相关系数是一个好的指标,可以表明依靠不同的市场或策略组合能够得到多大程度的分散性。当正相关变强时,潜在的分散性下降。当相关度是+1.00,就没有分散性。但当相关度是 0 时(两个项目之间不存在可预测的关系),仍不清楚有多少风险能被削减(见方框 4-2)。

## 方框4-2 相关性的计算和解释

相关系数用来测量两个数据系列在相对应数值中的变化。它是未解释的偏差对来自平均值或趋势的一个价格的总偏差之比。它可以用两个净资产系列来显示，用下列方式表示：

R=(@ SUM( Equity1_deviations ´ Equity2_deviations . N)/
(@ SQRT(@ SUM( Equity1_deviations^2. N)
´@ )SQRT(@ SUM( Equity2_deviations^2. N)))

对于一个电子表格程序，有必要创建一个新列，这个新列给出每一种资产价格与平均资产价格间的差异。

电子表格程序方案：假定有100行输入的资产价格，以下各行都从第2行一直复制到第100行。

| 单元格 | 公式 | 说明 |
| --- | --- | --- |
| Al-AlOO | 进入日期 | 按日、月、年计算 |
| Bl-BlOO | 资产1 | 第1资产价格 |
| Cl-ClOO | 资产2 | 第2资产价格 |
| Dl B12 | @ AVG $B$1.. $B$100) | 资产1偏差 |
| El C12 | @ AVG ($C$1.. $C$100) | 资产2偏差 |
| Fl | D1*E1 | 偏差 |
| Cl | D1-2 | 资产净值1偏差的平方 |
| Hl | D2-2 | 资产净值2偏差的平方 |

一旦1~100行完成后，就计算下式：
R=(@ SUM( Fl.—FlOO)/@ SQRT(@ SUM( Gl..ClOO))) * (@ SQRT(@ SUM( Hl..H100)))

对于结果R的解释如下：

R=+1 一个理想的正相关。一个数据系列中的每一移动，在另一系列中也有等效的移动。

+1>R>0 当r值从0向1移动时，价格移动的相似性增加了。

R=0 在两组点的集合间无相关。

-1<R<0 当r值从0移向-1时相反的相似性增加。

### 方框4-2（续）

R=-1 一个理想的负相关。在一个数据系列中的每一个移动，相应在另一数据系列中有等量的相反移动。

注意，当这个系列采取价格系列的第一个差值来消除趋势时，结果就更加有意义。

**例子：**

图4-8的散布图给出了一个延伸的模式，指出了股票和债券价格每月的变动值之间的一种中度的联系。当债券价格在一个月间升高时，存在一个股票价格将上涨的合理机会，该计算结果是R=0.34；在年度股票和债券价格移动之间有34%的正相关。

**内建的电子表格功能**

相关系数在大多数电子表格程序中可以被找到（在"工具"菜单），从而立刻可以得到所需结果。在Quattro中是选择TOOLS/ADVANCED MATH/REGRESSION，在其他软件中也类似，大多数的电子表格给出R的平方（$R^2$）而不是R。因此，关联值的范围是0~1，而不是-1~+1。如果你有$R^2$的值，必须比较各个系列的斜率（slopes）。如果它们相同，R是正的；如果它们的斜率相反，那么R就是负的。

在一个投资组合的电子表格中，对相同的数据应用不同的投资组合，然后把各组合的标准差和回报率的平均值相比较，得出了三种被动式的投资组合的真实的分散效果（见表4-2）。使用股票、债券和简单外汇的组合，对于外汇和股票或债券的为0的关联，比起股票和债券的0.34关联，风险可减少更多。因此，我们有必要使用一个电子表格寻找期望的风险削减值，以创建一个投资组合。

**表 4-2 与相关性相关的风险削减**

| a. S&P 债券（具有 0.34 相关，中等模式） | | | | |
|---|---|---|---|---|
| | S&P 500 | 债券 | 平均值 | 相等分配 |
| 平均回报 | 16.78 | 11.05 | 13.92 | 13.92 |
| St Dev | 10.65 | 4.89 | 7.77 | 7.04（-9.4%） |
| b. S&P 对 FX（具有 0.00 相关，无模式） | | | | |
| | S&P 500 | FX | 平均值 | 相等分配 |
| 平均回报 | 16.78 | 2.90 | 9.84 | 9.84 |
| St Dev | 10.65 | 14.52 | 12.58 | 8.92（-29.1%） |
| c. 债券对 FX（具有 0.00 相关，无模式） | | | | |
| | 债券 | FX | 平均值 | 相等分配 |
| 平均回报 | 11.05 | 2.90 | 6.98 | 6.98 |
| St Dev | 4.89 | 14.52 | 9.70 | 7.80（-19.6%） |

对于 S&P 和债券的投资组合来说，9.4%的风险削减，小于两个 FX 组合中的任意一个，这是在我们预期中的，因为相关系数 0.34 比其他组合要高。但是，股票-FX 和债券-FX 有非常不同的风险削减值，即使它们二者的相关系数都是 0。相关性是有帮助的，但缺乏明显的规律。

## 用于资产分配的批量操作法

计算机允许我们超越了繁杂的数学过程而直接得到回答。标准差和相关系数的作用，是为了找出哪种组合能产生最低风险下的最大回报。虽然传统的方法是正确的，但它仍然存在很大程度的不确定性。

电子表格可以快速找出更完美的容易理解的答案。我们是如何知道表 4-2 中两个 FX 有效证券可以减少约 29%和 19%的风险率的呢？把年回报率放入电子表格的一列中，用股票回报率的一半加上 FX 回报率的一半，结果填入另外新的一列，这是很简单的事。然后可得到新的一列的标准差。这就和数学定义一样明确。对于月和日回报率也可按同样的步骤做。计算机只需花三秒钟就可以计算出一个每日结算的投资组合。

现在计算机允许我们直接完成运算，而不是去估计结果。我们中有些人可能需要时间去学习这种操作方法，学会使用计算机更强有力的功能。电子表格的方法十分简单，但是需要大量的计算，我们永远不会考虑用手工来做这些计算。相关系数是一个聪明的、一致的评估关系的方法，但是不如电子表格的方法那么好。

在"批量操作"法中仍然有错误因素和概率要考虑。由过去绩效分析出的风险率很可能比未来要小。一个标准差表示事件有68%的概率发生，而使用10年的年数据给出一个简单的误差-l/SQRT（N-1），或者说-32%。

# 将常识加入统计的结果中

概率和统计不是常识的替代物。图4-8中我们看到有一个远离典型模式的孤立数据点，那是一个22%的亏损。这个偏离是每120个月中的一个月，低于全部数据的1%，从统计观点看这是很少的。但是在现实中，这大致意味着，在你成功交易了5年之后，你有可能因为这一笔交易而损失你所有的资金。这听起来好像不是只有1%的亏损机会那么美妙。

图4-8中的那个特殊点，就是1987年的股灾。股票骤然下跌，投资者全都跑去买债券。几年之后，又有科威特遭侵略和戈尔巴乔夫的事件。所有这些都是价格"突变"，可以引起极端高度相关的移动。尽管在统计学中，从实际的角度出发通常会排除这些事件。这些不常见但影响重大的事件，我们将在第七章中讨论。

**商业风险**

我们需要设想到最差的情况。为了在交易中生存，这是很重要的一步。不仅仅是投资者需要这样做,经纪公司也已经这样做很多年了。例如,一家经纪公司有10000个经纪人,他们交易股票、期权、债券、外汇和各种商品,这对于公司来说看起来是高度分散投资了,公司将很安全。经纪公司必须使用自有资金去弥补交易亏损,因为它试图从客户那里收到钱是需要时间的。但是在科威特遭入侵后,投资者大量买入美元,债券价格剧增,商品价格上升,股票市场由于经济刺激和低利息率而上升。报纸上满是金融消息,大肆宣扬获利者和接踵而来的跟随者。很快,这10000个经纪人都持有了仓位,希望从持续下去的战争背景中获利。这家经纪公司将面对一个情况,就是它的客户总资产将会严重波动。如果战争结束,客户的损失可能十分巨大,并且全都同时发生。大批完全无关的分散投资会被同时清仓,以弥补其他市场上的亏损。这些被通知保证金不足的客户可能无法再补足新的保证金,经纪公司的资本就处于风险上。

这种情况在1980年初就发生过,当时银价和金价不断创出新高。亨特兄弟垄断白银的消息尽人皆知,以至于几乎人人都全力持有长线多头仓位。

经纪公司可以通过对客户总仓位的监督来应对这些问题。当某个百分比的相互关联仓位超过了一个安全水准时,他们会推荐其他不相关仓位,提升保证金水准,并且想尽办法试图使客户脱离当前的高风险仓位和增加投资的多样性。如果他们救了客户,也就帮了自己。

持有大量交易仓位的机构有同样的问题。在正常市场条件下进行的分散投资,不可能在极端情况下(也是最重要的情况)提供风险保护。每三到五年一度的剧烈亏损和日内收益的高度波动是一样糟糕的。在许多风险状况下,不存在统计意义上的评估。人们只能在不同的背景下,去推理什么情况最有可能发生。

关联性和时间表4-3中的月回报率相关矩阵,给出了时间周期的选择如何影响资产或系统间相似性的测量。只使用过去10年的数据,当用月数据替换年数据时,相关性显著下降。这些数值已经接近于零。这种情况毫不奇怪,在利率和生产者价格指数之间,以年计的长期关系可

以预测，但月与月之间的作用可能变动很大。如果利率的变动对于一

表4-3 用于年和月回报率的相关性矩阵（1983-1992）

| | 月回报率的相关性 | | | | |
|---|---|---|---|---|---|
| | 债券 | PPI | FX | CTA | |
| S&P 500 | 1.00 | 0.12 | 0.03 | 0.01 | 0.00 |
| 债券 | | 1.00 | 0.03 | 0.03 | 0.02 |
| PPI | | | 1.00 | 0.00 | 0.00 |
| FX | | | | 1.00 | 0.00 |
| CTA | | | | | 1.00 |
| | 年回报率的相关性 | | | | |
| | 债券 | PPI | FX | CTA | |
| S&P 500 | 1.00 | 0.34 | 0.16 | 0.00 | 0.13 |
| 债券 | | 1.00 | 0.43 | 0.00 | 0.16 |
| PPI | | | 1.00 | 0.04 | 0.15 |
| FX | | | | 1.00 | 0.15 |
| CTA | | | | | 1.00 |

表4-3中两个相关矩阵比较了被动式投资组合在价格移动中的相似性。这些有价证券是：

S&P 500

Lehman　　雷曼兄弟债券指数

PPI　　生产者价格指数

FX　　Forex 组

CTA　　MAR 美元称量的商品交易咨询指数。

月回报率的统计数字给出了比年回报率更小的相关。当较短的时间周期被用来评估时，短期移动的噪音干扰了长期趋势的方向。这使得相关性看起来很低，但严重的波动可以证明：许多这样的市场移动是同方向的。

个价格的预期增长反应过强了，则日或月数值会有些反向移动，而同时经济关系却保持稳定。当你缩小时间周期时，较小的价格变化变得更为

重要。噪音在整个模式中成为一个较大的影响因素，而相关性则下降。

使用日数据测量相关性，对于大多数组合很可能给你一个近似于零的回答，而若以整年计，结果却都又很相似。如果你正寻找分散投资的方法，这是个糟糕的选择。

## 预测相关性

评估分散投资另外很重要的一步，就是预测相关性。许多市场在变化，在当今全球化的时代中更是如此。世界各地的资本市场正变得内在关联。在日本、德国或美国股票市场的暴跌很可能引起其他市场的相似跌幅，导致了相互关联的绩效。这个趋势是可以看到的，方法是计算单独每年的相关性（使用月数据）和观察 r 的趋势。如果相关系数朝+1方向变动，你大概就会希望更少使用这些相互关联的市场去进行分散投资。

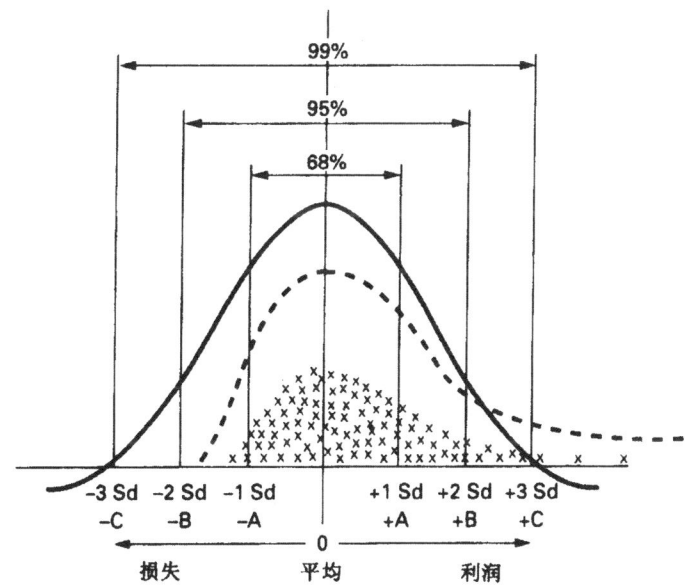

**图4-9 标准的与不对称的分布标准差**

标准差（Sd）测量假定交易利润和亏损将围绕平均值0均衡地分布。但是大多数系统却有其各自的不对称模式。一个趋势跟踪系统的交易（图上用X标记）有群集的许多亏损和几笔很大的利润，标准的分布图不能正确地展现它们。

## 不对称的分布

标准差假定收益和亏损均衡地围绕资产的净值趋势上下波动，如图4-2所示。该图均衡地展现了间隔的平行线。但这并不是一个符合真实情况的假设。许多趋势跟踪系统倾向于给出较大的收益，而小亏损的数量则较多。在此前提下，观察一个典型的收益/亏损趋势跟踪分布图，其右边会有一个长"尾巴"，而且最大的收益在中心的左边小于0处。这表示大多数常见的交易是小亏损的。图4-9也给出了可以作为与不对称趋势绩效相比较的标准分布曲线。

**频率分布**。为了显示交易绩效，一个实用的方法是使用一个"频率分布"或"柱状图"，这图看起来和电子表格条形图相同，只不过条形之间有宽度差别。例如，图4-10给出了10个条形，每一条代表交易的10%，按最大亏损至最大收益分类。在右边的宽条形图表明，在最大的那些收益之间变动很大，靠近左边最窄的条形图，表明由于快速的止损，许多亏损是很接近的。

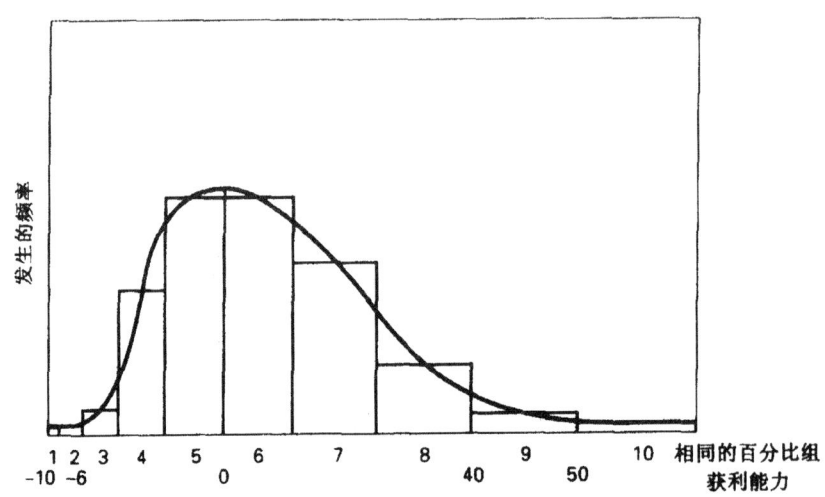

图4-10　一个绩效的频率分布图

10个不等的条形图，每一条代表10%的交易，小亏损聚集在一起，最高的10%利润扩得很开。左边一个小的尾巴表示由不可避免的价格跳空带来的较大亏损。

分析了图4-10后，我们可以这样说，收益将大于50%或少于-10%；也存在20%的机会收益将大于40%或少于-6%。

**半方差**。一个有效的测量资产分配风险的方法是"半方差"，它简单地把资产净值分割为几个分离的连续收益与亏损的集合。例如，如果一个交易程序有如下一序列的收益和亏损：

2.5%，-1.0%，4.1%，3.5%，-0.6%，-1.1%，-0.7%，1.5%

这些数字重新组合后，给出交替累计的收益与亏损：

2.5%，-1.0%，7.6%，-2.4%，1.5%

亏损可以单独评估，以给出由连续交易造成资金损失的概率，而不是在单一交易上亏损的概率。这是一个评估风险的实用方法。

# 毁灭性风险

另外一个有用的测量是毁灭性风险，它是指你亏损太多以致必须停止交易的情况。下面的公式允许我们指定自己可承受的最大亏损。在看下面内容之前，请考虑一下这些前提：

（1）在实际交易中，如果将收益进行累计，毁灭的机会就减少了。最大的风险出现在刚开始的时刻。

（2）如果我们打算取出利润，但同时又维持原先对市场走势的看法，则毁灭性风险就会较大，要大于我们累计利润而保持同样交易仓位的情况。(比如说获利50%，但随后取出利润，那么风险承受能力并没有提高，还是原来的样子；如果不取出，那么风险承受能力就提高了很多，因为账户资金多了50%——译注)

**毁灭性风险的概率表达为：**

Risk_of_Ruin = ( ( 1-Edge ) / ( 1+Edge ) )^Units_ Capital

这里，Edge = 2+Probability_ of_ Win-1，"交易者的优势"

Units_ Capital 指风险可以相对于投资的大小而给出。

例1 一个典型的趋势跟踪系统将具有比单笔亏损额多的单笔收益额，并且有比获利交易次数更多的亏损交易。假如：

Probability_of_Win = 40%

Units_Capital = l(1 单位资本,对于一个1万美元的投资来说)

Risk_of_Ruin = ( ( 1-0.40)/( 1+0.40 ) )^1

    = (0.60/1.40)^1

    = 0.42857 或 42.8%

如果投资增加至2万美元，或2单位资本：

Risk_ of_ Ruin = ( ( 1-0.40) / ( 1+0.40) )^2

    = (0.60/1.40)^2

    = 0.18367 或 18.3%

加倍投资时，毁灭性风险下降了57%。

# 利润目标

取出部分利润将减少毁灭性风险。获利平仓目标越近，毁灭的机会越少：

Risk_of_Ruin_2=((((1+Edge)/(1−Edge))^Goal)−1)/(((1+Edge)/
(1−Edge)^(Units_Capital+Goal)−1)

这里所有项都和前面计算相同，除了"目标"是指利润目标，用交易资本单位（一个单位的交易资本除以利润目标）表示。

**例2** 如果你用与例1相同的趋势跟踪系统交易，采用2单位资本投资，但是1资本单位的一半作为利润目标（即5000美元），则：

Risk_of_Ruin_2=((((1+0.40)/(1−0.40))^0.5)−1)/(((1+0.40)/
(1−0.40))^(2+0.5)−1)

=(((1.40/0.60)^0.5)−1)/(((1.40/0.60)^2.5)−1)

=0.5275/7.3165

=0.0721 或 7.21%

## 指定收益、亏损和风险

更实际地看，进行一个风险评估，必须首先明确运行中的交易系统的绩效。这包含了利润和亏损的大小，以及投资者愿意接受的风险程度。下面的公式来自 Ralph Vince 的《投资组合管理公式集》（纽约，Wiley 出版社，1990 年版）。该公式是 P. Griffin 的"黑 JACK 理论"（拉斯维加斯，Gamblers 出版社，1981 年）的综合，给出了一个风险的"公平近似值"。

Risk of Ruin = ((1−P)/P) ^ (MaxRisk/A)

先需要定义各项：

AvgWin　　　平均收益的交易（例如 400 美元）
Avgloss　　　平均损失的交易（例如 200 美元）

Investment　　　投资数额（例如 20000 美元）
ProbWin　　　一个收益交易的概率（百分数，如：0.40）
ProbLoss　　　一个亏损交易的概率（百分数，如：0.60）
MaxRisk　　　用百分数表示的最大可允许损失（例如：25%）
AvgWin%　　　@ ABS（AvgWin /Investment）
AvgLoss%　　　@ ABS（AvgLoss/Investment）

Z 是可能发生事件之和

　　ProbWin*AvgWin%−ProbLoss*AvgLoss%

A 是可能发生事件平方和的平方根

　　(ProbWin*AvgWin%^2+ProbLoss*AvgLoss%^2)^(1/2)

P 是 0.5*(1+(Z/A))


**例3** 使用定义后的那些值，我们可以得到：

AvgWin% =@ ABS(400/10000)= 0.04

AvgLoss% =@ ABS(200/10000)= 0.02

Z= 0.40+0.04−0.60+0.02= 0.016−0.012= 0.004

A =(0.40+(0.042)+0.60'(0.022))"(1/2)

　= (0.00064+0.00024)"(1/2)

　= 0.02966

P= 0.5+(1+0.004/0.02966)= 0.5674

Risk_of_Ruin =((1−0.5674)10.5674)^(0.25/0.02966)

　　　　　　= 0.7634^8.4288

　　　　　　= 0.1016 或 10.16%

在一个 60% 概率损失 200 美元以及 40% 概率获利 400 美元的 10000 美元投资中，有 10% 的机会可能损失 2500 美元。如果保持其他条件不变，我们降低每单交易利润到 350 美元，那么毁灭的概率将增加到 25%。如果平均每单交易利润落到了 300 美元以下，那么有 100% 的可能会损失 2500 美元。

## 小 结

　　风险是重要的，但它并不是很复杂的。经过风险调节之后，对交易绩效最简单的测量尺度是回报/风险率，它允许公平地比较不同时间段中的价格。对于所有被评估的信息来说，仅仅只需要使用风险和回报来衡量。时间周期会有一定的迷惑性。所有的时间周期取样都平滑了绩效，消除了暂时的净资产值波动（可能很大）。为了抵消这些问题，知道最大回撤量是必要的——它对于亏损给出了一个绝对的数值。随着时间推移，甚至最大的历史亏损都将被一个更大的亏损所替代。当然，被测试的历史数据越长，这个更大亏损产生的机会越少。但不可避免的是，所有的程序在实际运行中都给出了比历史记录中更多的利润和更大的亏损。

　　分散投资是减少风险的最好方法。用组合资产来确定能获得多少安全性，是一个严格的数学过程；但现在，一个简单的电子表格程序就允许任何人去组合历史绩效，并且评估投资组合计划的回报/风险率。

　　成功的交易其实还需要具备些常识。波动性和基本面联系的改变很快就能被人所观察到，这比电脑更快。因此，交易需要持续不断地观察。风险也在变化。曾经提供分散性投资的资产和交易策略可以同向移动，它们在每日交易中能够降低些风险也许并不重要，保证它们在价格突变时不会随波逐流更加重要。

# 第二部分

## 使用新旧交易工具来达到合理的目标

# 5 获利平仓的执行

向一个趋势跟踪者提问:"你是如何成功地交易的?"回答将是:"截断亏损,让利润奔跑。"这似乎表达了趋势跟踪程序的重要理念。一个最经典的例子是,1980年1月起黄金从每盎司100美元上升到每盎司850美元。期间有很好的机会获利平仓,例如在250美元/盎司和400美元/盎司的点位上。但如果你使用几乎任意一种趋势跟踪方法简单地长期持有,都远远超过在这两个点位上所取得的利润。在图5-1(a)中可以看到白银的类似模式,图5-1(b)中显示了1987年10月那令人难忘的S&P大崩盘。

---

**获利平仓**

缺点: ■ 失去厚利

优点: ■ 更频繁的获利交易

■ 较少地带有滑失退出交易

■ 比反转交易(例如做多转为做空)有更少的滑失

■ 较好的回报/风险率

当决定使用获利平仓时,唯一的缺点是担心"错过最大的价格移动",但与此同时得到的好处就是交易结果可以改进。

---

获得厚利只是代表了在一次价格波动的一种可能性结果。本章将说明,等待一个少见的大幅度走势,不如更频繁地获利平仓更好。巨大价格移动发生的频率,并没有高到足以让人去牺牲一个出色的、节奏更快

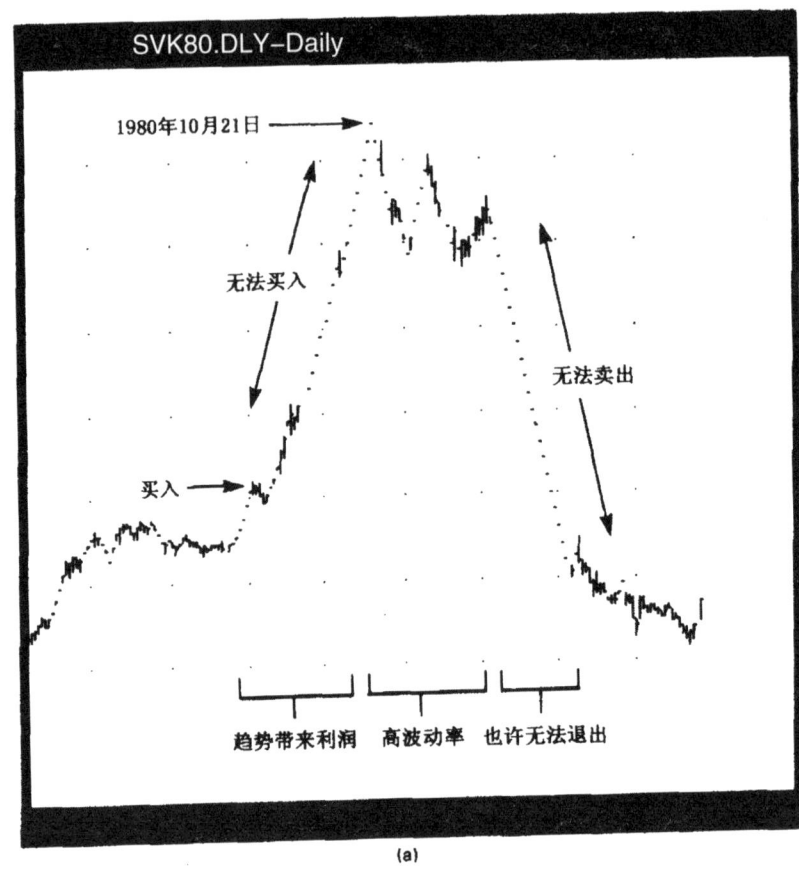

**图 5-1 异常的市场移动**

（a）1980 年 5 月银价启动，1980 年 10 月 21 日为峰值。巨大的趋势跟踪利润可依靠在顶端附近退出而获得。坐以待毙，许多利润将丢失，顶部附近的高波动性也带来了交易滑失，从而减少了回报。

的交易计划。此外，与巨大价格移动相关联的巨大风险，也需要一个固定的投资额度，这个额度在大多数时间内会大到不合常理；即便如此，有风险保障的交易，也仅仅只能进行几次而已。

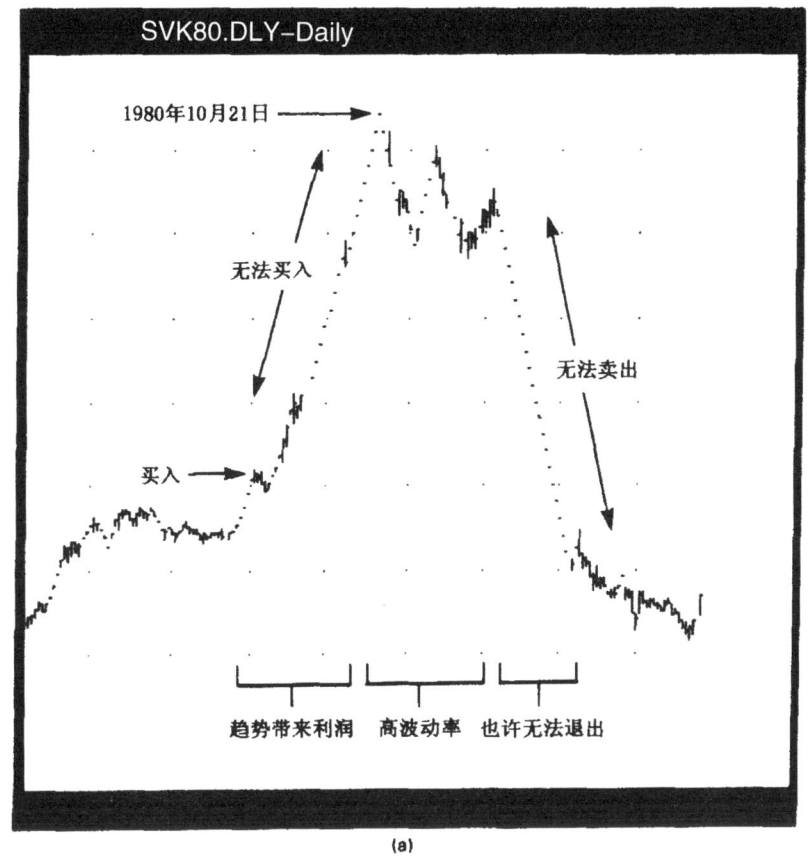

图 5-1（续） 异常的市场移动

（b）1987 年 10 月 S&P 降落，趋势跟踪者在市场剧烈下降前做空，但是紧跟其后的波动将使他们很难持有一个趋势方向上的仓位。回过头来看，很清楚，趋势在 10 月 19 日结束了。在那之后，趋势跟踪者将回吐利润，等待反转。

# 一个获利平仓的测试

本章将表明，一个获利即平仓的简单法则，将比等待趋势变化要好，它也意味着在"大"的移动到达其峰值前就可以获利。这将通过测试一个以价格百分比为尺度来获利平仓的移动平均值系统来完成。其他更复杂的测试,可以查看不同的交易策略以及不同的获利平仓方法,其中一些是基于价格波动的特性而建立的。最重要的是,我们要先看看获利平仓的思想是否合理。

## 如何测试

一个简单的指数移动平均值系统在 Telerate 的 TeleTrac 程序中被测试,我们将其测试结果相互比较,并且用一个电子数据表画出来。用于趋势的公式为:

@ exp_ma(price,period) = ema[1]+sc * (price-ema[1])

其中:

@ exp_ma——指数移动平均值

period-@ exp_ma 被计算的天数

ema[1]——昨日指数式趋势值价格-今日的收盘价

sc——平滑常数,sc = 2/(周期+1)

实验中测试了 6 种趋势速度:5,10,15,25,50 和 75 天。选择这样的分布便于在每一次测试周期中拉平百分比的变化。

交易和获利平仓的规则是:

1.当指数式移动平均值拐头上行时,在当日收盘时买入,而当其掉头下行时卖出。

2.如果未平仓利润(以收盘价计算)大于一个预定的水平:PT = p×close,p 是一个百分数。则在当天收盘价位上退出。

3.在曾经获利的同一方向上不再重新启动交易。

如果一日内出现的高低价被使用,在利润达标的那一瞬间即可取出利润,不必等待收盘,这种方法能够为许多交易改进效果。在这个基本测试中,所有的交易都是在收盘时退出,这里我们将仅仅观察以交易收盘价计算的决策。如果你使用银行间市场(Interbank market)、日内数据或任意一个 24 小时价格流,那么只要达到目标价位,你就可以平仓。

## 获利平仓的位置

为了确保所有获利平仓的位置都包含在仅有的几个测试中,利润价位在交易进入价的一倍开始,然后除以2,直到绩效变坏为止。因为价格永远不会翻倍,在百分之百的价位上没有利润可取,这些结果将会被当作一个控制尺度来衡量改进的效果。

获利价位是:

100%,50%,25%,12.5%,6.0%,3.0%,1.5%

对于认真的技术专家来说,这种方法也很方便地用于将获利平仓事件的频率与正态分布的样本作比较。

## 测量结果

尽管许多交易者只用利润的大小来衡量是否成功,但这些测试还是对利润与风险进行了比较,目标是寻找最低风险下的最大回报。证券经理将会认可这样的"风险调节后的回报"(第四章中曾经讨论过)。一个较好的经风险调节过的回报,可以简单地通过抬高杠杆或减少备用金而转换成较高的利润,因为其风险较低。用这种方法来表示结果,也能帮助投资者清晰判断自己愿意承受多少风险。

在这个例子中,正常的佣金和滑失也被加在了交易上,但是分析者在这一点上必须小心谨慎,以便得到正确的交易结果。

利润、亏损和风险都用点来给出,风险用一个日累计利润和亏损的标准差来测量。

以下三个市场被用于测试:

|  | 起始 | 终止 |
|---|---|---|
| 恒生指数 | 1988年1月 | 1993年2月 |
| 德国马克指数 | 1988年2月 | 1993年2月 |
| Unilever | 1987年11月 | 1992年11月 |

**将测试编程**

TeleTrac 代码如方框 5-1 所示。这也可以用电子数据表来完成,但是很重要的一点是:一旦一笔利润被平仓,就不要在原方向上再进入。你可以在电子数据表中增加一列用于表示趋势方向的单元格(例如,+1 用

**方框 5-1　TELERATE TeleTrac 代码(只用收盘价)**

| 1 | Item | "DMX | 数据是德国马克 |
|---|---|---|---|
| 2 | Date | "DATA(date,880201,930226.item) | 用%编制指数 |
| 3 | Close | "DATA(close,ilem) | |
| 4 | Speed | 40 | 移动平均值速度 |
| 5 | Exp | Exp_ma(close,speed) | 指数式 MA 计算 |
| 6 | Buy | exp-exp[1]>0&exp[1]-exp[2]<0 | 买信号法则 |
| 7 | Sell | exp-exp[1]<0&exp[1]-exp[2]>0 | 卖信号法则 |
| 8 | Buysell | Trade(buy,sell,sell,buy) | 交易策略规则 |
| 9 | Openbs | Open_PL(buysell,close,0,0) | 开仓利润或风险 |
| 10 | Ptlevel | 3.0 | 获利平仓水平,以百分比计 |
| 11 | Ptrule | openbs * 100/close> ptlevel | 获利平仓规则 |
| 12 | Stralegy | Trade(buy,sell I ptrule,sell,buy I ptrule) | 最后策略规则 |
| 13 | Realized | Close_PL(strategy,close,0.001,0.001) | 最终盈利/亏损,含交易费用 |
| 14 | Openpl | Open_PL(strategy,close,0,0) | 新策略下的开仓利润/亏损 |
| 15 | Netpl | realized+openpl | 净利润/亏损 |
| 16 | Risk | Std_dv(netpl,1200) | 风险=1200 天的标准差 |
| 17 | Ratio | netpl/risk | 回报/风险比 |

上述代码给出当使用 exp-ma 时用于指数式移动平均值的计算。这些代码首先测试无获利平仓的简单趋势利润逻辑,并且计算开仓的交易利润(open-bs)。它将开仓交易利润与获利平仓价位作比较,然后创建一个新的买卖规则,称为策略。

如果高的或低的价格被用于多头或空头获利平仓,行 11 和 12 将由下面三行取代。

  Ptlong　　(openbs[1]+high-close[1]) * 100/close>ptlevel

  Ptshort　　(openbs[1]+close[1]-low) * 100/close>ptlevel

  Strategy　Trade(buy,sell I ptlong,sell,buy I ptshort)

于长，-1用于短），而另一列给出仓位是否依然持有（+1是持有仓位，0是已经获利退出）。这需要一些技巧，但它是可行的。策略测试程序（例如Omega的Trade Station或Tele Trac）使它更容易完成。

# 结 果

测试结果的原始数值（用点表示）在表5-1（a）~（c）中给出。趋势速度是最左边的一列，获利平仓的价位横向平行给出。在"100%"列中的利润和风险代表了趋势系统的无获利平仓的绩效。每一张表的每一行都是提高利润的各种测试结果，但同时风险也随之加大。表5-2以回报/风险比率表示恒生指数的交易结果，可以很容易地看出风险和回报的组合是否能得到更好的绩效。

**概括获利平仓的模式**

表5-1的恒生指数测试结果在图5-2中以图形表示，最慢的趋势（75天）在获利价位12.5%下给出了最好的绩效，50天和25天趋势在6%以下给出了最好绩效，15天趋势是在3%下最好，而更快速度的趋势在1.5%获利价位下，效果仍然可以提高。因为较慢的趋势允许较大的利润积累，因此平仓获利的价位也更大些。快的趋势则需要相对来说较小的目标。

结果的一致性也是令人放心的。我们可以有更强的信心，来使用一种由逻辑分析为前提并进行测试确认的方法。

**获利平仓的原因 下面是获利平仓的强有力的理由：**

（1）获利平仓使得滑失减小，因为交易是在价格向获利方向移动时退出。

（2）在许多情况下，都不要做由多到空或者由空翻多的大仓位反转，小仓位会带来更好的执行价。

表 5-1 测试结果

a. 恒生结果（以点计）

恒生指数 1988 年 1 月 1 日至 1993 年 2 月 16 日（恒生点表示）

| MA 天数 | 100% | | 50% | | 25% | | 12.5% | | 6% | | 3% | | 1.5% | |
|---|---|---|---|---|---|---|---|---|---|---|---|---|---|---|
| | 利润 | 风险 | 利润 | 风险 | 利润 | 风险 | 利润 | 风险 | 利润 | 风险 | 利润 | 风险 | 利润 | 风险 |
| 5 | 4603 | 1109 | 4603 | 1109 | 4865 | 1186 | 4494 | 1010 | 4284 | 1099 | 3174 | 770 | 1652 | 325 |
| 10 | 5833 | 1221 | 5833 | 1221 | 6493 | 1335 | 4846 | 940 | 3437 | 710 | 1869 | 328 | 1666 | 328 |
| 15 | 4105 | 984 | 4105 | 984 | 4362 | 1063 | 3069 | 657 | 2103 | 397 | 1565 | 319 | 1358 | 244 |
| 25 | 2645 | 744 | 2645 | 744 | 2991 | 861 | 2626 | 655 | 1436 | 335 | 1106 | 359 | 59 | 222 |
| 50 | 1298 | 397 | 1298 | 397 | 1776 | 432 | 2181 | 423 | 1813 | 268 | 341 | 257 | 69 | 258 |
| 75 | 743 | 524 | 743 | 524 | 907 | 442 | 951 | 338 | 328 | 175 | -33 | 190 | -256 | 231 |

b. 德国马克百分数结果

德国马克 IMM 指数, 1988,2,1—1993,2,26(点)

| MA 天数 | 100% | | 50% | | 25% | | 12.5% | | 6% | | 3% | | 1.5% | |
|---|---|---|---|---|---|---|---|---|---|---|---|---|---|---|
| | 利润 | 风险 | 利润 | 风险 | 利润 | 风险 | 利润 | 风险 | 利润 | 风险 | 利润 | 风险 | 利润 | 风险 |
| 5 | 9.83 | 4.09 | 9.83 | 4.09 | 9.83 | 4.09 | 10.47 | 4.04 | 5.79 | 4.63 | 10.88 | 4.98 | | |
| 10 | 8.79 | 6.34 | 8.79 | 6.34 | 8.79 | 6.34 | 9.96 | 6.57 | 11.00 | 7.36 | 10.15 | 7.58 | | |
| 15 | 23.47 | 8.04 | 23.47 | 8.04 | 23.47 | 8.04 | 26.73 | 8.59 | 26.58 | 9.49 | 25.90 | 9.90 | | |
| 25 | 37.76 | 12.01 | 37.76 | 12.01 | 37.76 | 12.01 | 37.92 | 11.91 | 30.93 | 9.97 | 22.79 | 8.68 | | |
| 50 | 39.61 | 12.75 | 39.61 | 12.75 | 39.61 | 12.75 | 50.24 | 14.49 | 26.00 | 8.00 | 21.59 | 7.35 | | |
| 75 | 18.53 | 7.17 | 18.53 | 7.17 | 18.53 | 7.17 | 34.00 | 10.42 | 5.87 | 2.98 | 1.80 | 2.35 | | |

c.联合利华(Unilever)结果(用点表示)

联合利华 1987,11,4—1992,11,23(点表示)

| MA 天数 | 100% | | 50% | | 25% | | 12.5% | | 6% | | 3% | | 1.5% | |
|---|---|---|---|---|---|---|---|---|---|---|---|---|---|---|
| | 利润 | 风险 | 利润 | 风险 | 利润 | 风险 | 利润 | 风险 | 利润 | 风险 | 利润 | 风险 | 利润 | 风险 |
| 5 | 240 | 1387 | 240 | 1387 | 240 | 1387 | 240 | 1387 | 4330 | 1576 | 6350 | 1801 | 5620 | 1417 |
| 10 | -1040 | 1313 | -1040 | 1313 | -1040 | 1313 | -890 | 1313 | 300 | 1377 | 3530 | 1260 | 4960 | 1108 |
| 15 | -3420 | 1630 | -3420 | 1630 | -3420 | 1630 | -2440 | 1630 | -2480 | 1645 | 1200 | 1214 | 1010 | 1232 |
| 25 | -3360 | 1149 | -3360 | 1149 | -3360 | 1149 | -2010 | 1149 | -940 | 1107 | 6430 | 841 | 4640 | 676 |
| 50 | -3620 | 967 | -3620 | 967 | -3620 | 967 | -3680 | 943 | -3260 | 857 | 310 | 366 | 2944 | 431 |
| 75 | -10060 | 1190 | -10060 | 1190 | -9710 | 1190 | -1150 | 1092 | -8080 | 1313 | -2200 | 610 | -2600 | 921 |

**表 5-2 恒生回报/风险率**

由于风险下降比获得利润要快,回报/风险率改进了。在同样的风险下使用杠杆可以带来更好的利润。

| MA 天数 | 回报/风险率 | | | | | | |
|---|---|---|---|---|---|---|---|
| | 100% | 50% | 25% | 12.5% | 6% | 3% | 1.5% |
| 5 | 4.15 | 4.15 | 4.10 | 4.45 | 3.90 | 4.12 | 5.08 |
| 10 | 4.78 | 4.78 | 4.86 | 5.16 | 4.84 | 5.70 | 5.08 |
| 15 | 4.17 | 4.17 | 4.10 | 4.67 | 5.30 | 4.91 | 5.57 |
| 25 | 3.56 | 3.56 | 3.47 | 4.01 | 4.29 | 3.08 | 0.27 |
| 50 | 3.27 | 3.27 | 4.11 | 5.16 | 6.76 | 1.33 | 0.27 |
| 75 | 1.42 | 1.42 | 2.05 | 2.81 | 1.87 | 0.17 | -1.11 |

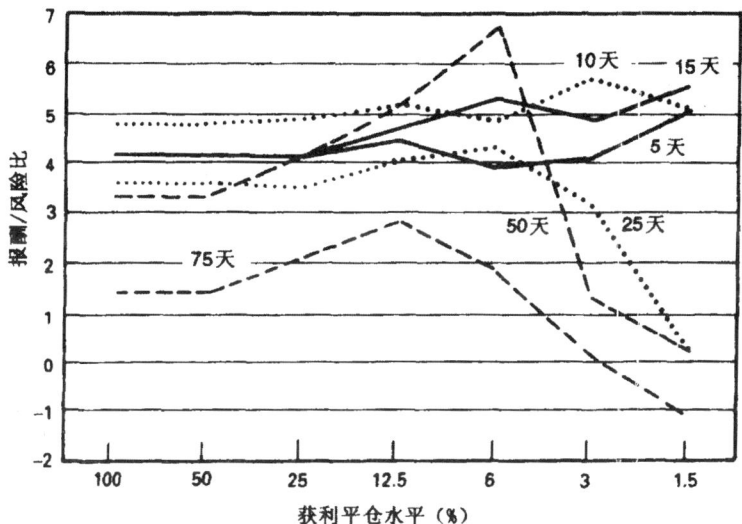

图 5-2 恒生指数回报/风险图

在 50% 或 100% 价位时,无获利平仓产生,但是在较低的百分数水平下,通过那些相对一致的可预期的模式可以看出一些提高。由于有较大的获利目标,在慢速趋势下风险回报率会得到改进;同时在较快速趋势中,使用较小的利润目标时风险回报率也会一致向好。

（3）获利平仓越多，市场的不确定性就暴露得越少，并且净资产的波动更小。这就避免了不必要的波动性和经常出现的价格突变，因而风险减少。

（4）在趋势结束时，有较高的波动率，可以带来一些附加的利润。

（5）如果选择长线持有的投资方式，绩效会因波动而降低，因此所需资金量较大；使用获利平仓的方法进行投资，风险较低，所需资金可以较小。

（6）设置一个较小的获利平仓目标价位，意味着系统不依靠几笔高额利润，而是依靠更多有规律的价格移动。

将一笔已经产生利润的交易了结，不仅是个人满足，也是合乎情理的。不过和其他同样的法则类似，它还必须正确地执行。在一个趋势跟踪系统中，亏损次数要比利润次数还多，因此利润额必须大于亏损额。如果你只看到蝇头小利就平仓，并不能确保这个交易系统成功。为了选择合适的平仓获利价位，你必须首先测试你的系统，以便了解回报/风险率是怎样变化的，然后你才有依据，能够将获利平仓手法纳入你的计划。

# 利润目标和时间

本章的第一部分指出，及时获利平仓会改进各种速度的趋势跟踪系统。趋势发展越长久，利润就越大。趋势越快，需要的利润目标越小。在一个长线系统中使用一个较小的获利平仓目标，会产生小额利润和相对较大的亏损。在一个快速的趋势系统中，一个高额的利润目标则很难达到。

时间间隔（趋势的速度或交易的时间长度）和获利平仓目标大小之间的关系，与波动性相对于时间的模式很相似（见图5-3）。当评估周期变得较长时，获利能力降低。这是在测试全段时间内发生的最大价格移动时得出的结果。

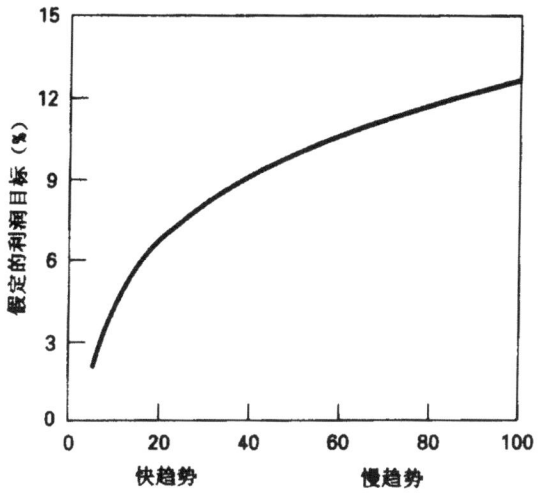

图 5-3 用于不同趋势速度的获利平仓目标大小

当趋势周期增加时，获利平仓的目标大小增加。其模式十分类似于随时间变化的风险或波动性的特性。

## 只在一个点位获利平仓

一笔交易仅在一个明确的目标价格上获利平仓，这是一种最容易想到的方法。一般情况下，交易者会采用一个固定的价格或入场价的百分数作为目标。

例如，买 IBM 股票，在 60 美元的价格位使用中速趋势买入，确定一个获利目标价位为上涨 5 美元（大约 8.3%）。一位外汇交易者在英镑上面寻找 0.0075 镑的利润目标，相当于 0.5%（百分之一的一半）。使用一个百分数来指定利润的大小，比指定某个固定价格要合适一些。

简单的获利平仓目标容易测试和交易。在某个点位操作完全与离场在同一时间。但是这样不如使用多个退出点位更好，因为后者给你更多成功的机会，并减少风险。

### 使用一个获利平仓目标的问题

用单一价格目标平仓并不切合实际,经常遭受打击。例如,如果 30 元买入 GM,目标价格 33 美元,当价格总是停留在 $32\frac{3}{4}$ 美元或 $32\frac{7}{8}$ 美元时,你怎么办?

单一获利平仓的某个价位,通常会是一个在过去某个历史时期中的"平均值"。不论它是几周或许多年。在 1990 年取的平均值很好,而在 1994 年就可能很糟。即使是更出色的获利平仓方案(基于波动性),也可能在很长的时间周期中显示出问题来。

## 制定多个利润目标的好处

获利平仓的最大好处,就是由于不在场内而减少风险。它的原理是:你开始获利平仓越早,你的风险下降也越快。要做这项工作,你需要交易一个足够大的仓位,以便至少分两次,甚至是分四次退出。两步获利平仓的策略如图 5-4 和图 5-5 给出。在两种情况下,在同样的点位(50 美元)做多,并期望价格上升 2%。

价格移动看起来很像是随机分布,它在到达上涨 2% 的目标之前,将会上下移动 1% 至少两次以上,上下移动 0.5% 至少四次以上。这是你设定利润目标时的重要信息。如果在每十笔交易中你只有一次抓到 2% 的利润,那么你应当达到两次获利 1% 和四次获利 0.5%。如果市场更加波动,并且在十笔交易中你抓到 2% 的获利两次,则你应当有 1% 的获利 4 次和 0.5% 的获利 8 次。

很重要的一点是:我们首先要知道,在你执行交易策略的过程中,有多少次曾达到了总的利润目标。这也就告诉了我们,你大概能有多少次达到较小的利润目标。这种方法是从实践中得出的理论。让我们再次看一下达到利润水平的次数:

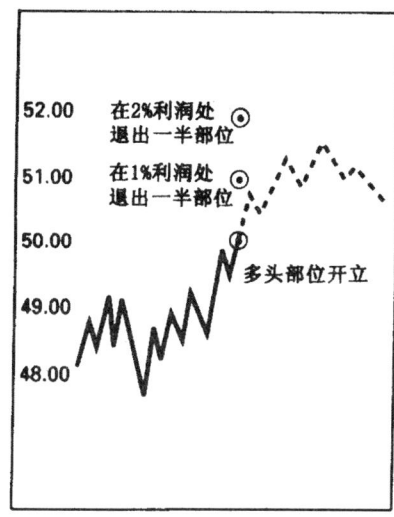 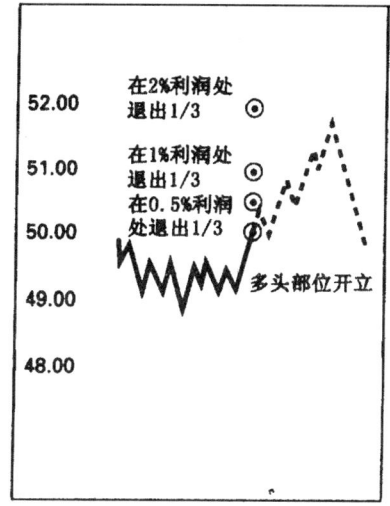

图 5-4  两个等距离分开的利润目标
这里使用两个利润目标,每一个大小都等于交易的相同部分,大大增强了你达到其中一个目标的机会。一旦部分交易成功地平仓,风险就少了一半。

图 5-5  3 或 4 个利润目标较理想
当利润获得较多时,它们被分开较远。这种模式有减少市场噪音的优点,如果所有目标皆达到,则平均利润应该与用一个单一目标的结果一样。

如果一个 2% 的利润目标在十次交易中达到过两次,则有:

| 达到目标次数 | 利润 | 总利润 | |
| --- | --- | --- | --- |
| 2 | 2% | 4% | (从测试中知道) |
| 4 | 1% | 4% | (另外再多 2 次) |
| 8 | 0.5% | 4% | (另外再多 4 次) |

首先,我们看到总的利润是保持相同的,当你将利润目标除以 2 时,你将会得到达到该价位原目标的翻一倍的达到次数。这是正态分布理论的重要特性。当然,如果获利平仓的目标很小而且频繁,则交易的手续费就会成比例地加大。对于实际进行的交易来说,非常小额的利润目标和频繁的获利平仓方法,并没有什么实用性。

其次，达到1%利润目标的四次交易中，也包含了达到2%利润目标的两次。也就是说，在四次交易中只有另外两次的价格是达到1%水准，而不是2%水准。相似地，还有四次价格仅仅达到了0.5%水准，而没有达到1%的水准。别忘了这个缺点：频繁的交易会增加不菲的手续费。

例子：两个利润价位。假设我们应用上述概念去交易。我们用两个合同，即200股（200万美金）去替代原来的100股（100万美金）的一个合同，来把全仓确定单个2%的利润目标，与半仓分别用两个不同的目标（1%和2%）进行比较。首先我们观察所取得的利润：

从上述例子可以看出，设置多于一个利润目标和设置单个大目标的获利是一样的。既然如此，为何不使用最小的价格目标呢？原因有二：

1. 你必须达到同样大小的平均利润。因为亏损的大小仍一样，所以平均值利润目标也必须相似。如果你没有增加系统交易的数量，当你以小利润目标去替换大利润目标，并保持同样的亏损水平时，你将会得到糟糕的绩效。

案例1　对比一个和两个目标的获利平仓

| 单元 | 次数 | 每次利润 | 单元总计 | 总计 |
|---|---|---|---|---|
| 具有一个2%的获利平仓价位： | | | | |
| 2 | 2 | 2% | 8% | 8% |
| 具有两个获利价位（2%和1%）： | | | | |
| 1 | 2 | 2% | 4% | |
| 1 | 4 | 1% | 4% | 8% |

2. 交易成本（手续费）变得太高。支付交易成本费以后，利润可能变得微不足道，因为手续费是始终同样的。每一笔交易都付出了中间佣金和滑失的组合费用。这些交易成本是相对固定的，即它们是基于交易资金的大小，而不是交易的次数。在较小的目标价位去获利平仓，使得这些固定的交易成本减少了利润中的一个较大百分数，同时增加了同样的数额给亏损的交易。

使用小目标获利的平仓方法，只要你能够获利，你就有下列的优势：

（1）执行价格会比较理想。

（2）更多的交易是获利的。例如，你交易10次将有8次获利，而不是进行10次交易只靠其中的2次来获取全部利润。

（3）结果更加一致化。因为市场的噪音能够帮助价格达到某些获利价位，你会有更多的离场机会，而不受随机市场模式的支配。

（4）你不必担心因几个点位而错过了获利的价位目标。

（5）总体风险较低。最重要的一点，就是由于多出场而减少了风险。获利平仓越多，你就越不容易受到意外的不愉快的价格移动影响。唯一的局限就是交易成本吞掉了一部分利润。

**将风险纳入考虑范围**

我们讨论了正常的价格分布是如何产生一个清楚的模式，它告诉你能多少次达到预置目标。现在让我们来看一下风险。

可以相信，当价格上移 0.5% 时，在同样时间周期中存在下移了 0.5% 的可能。如果我们没有一个很好的时机选择策略，或者我们选择了一个价格移动的套利周期，上述的观点就特别正确。在我们的10单交易中，我们曾假定对于每一个利润价位目标也存在相等的风险。观察一个趋势跟踪系统的交易概况，有10笔亏损和2笔利润：

案例2　无获利平仓

| 单子 | 次数 | 利润（亏损） | 单子总计 | 总计 |
|---|---|---|---|---|
| 当使用一个2%的获利平仓价位： | | | | |
| 产生的利润： | | | | |
| 2 | 2 | 2% | 8% | 8% |
| 承受的风险： | | | | |
| 2 | 10 | -2% | -40% | -40% |
| 回报/风险比：8/40=0.20 | | | | |

注意，10次交易，每次都有2%的风险，因为没有使用获利平仓。在下一种情况中，利润在两个价位上被提取，风险总是2%（除非利润在较低的水准上提取，则风险等于那个水准），对于两个获利平仓价位来说，结果是：

**案例3　两个获利平仓价位**

| 单子 | 次数 | 利润（亏损） | 单子总计 | 总计 |
|---|---|---|---|---|
| 当使用一个2%的获利平仓价位和一个1%的获利平仓价位： | | | | |
| 产生的利润： | | | | |
| 1 | 2 | 2% | 4% | |
| 1 | 4 | 1% | 4% | 8% |
| 承受的风险： | | | | |
| 1 | 10 | -2% | -20% | |
| 1 | 4* | -1% | -4% | |
| 1 | 6* | -2% | -12% | -36% |
| 回报/风险比：8/36＝0.22 | | | | |

注意，星号（*）表明了那四次在1%目标达到的时候提取交易利润的交易，和余下的6次未提取利润的交易（因那里有2%的亏损）。这是最坏的可能情况，但是回报/风险率改进了10%。这种收益是在几个单元中减少风险至1%的结果，而非暴露在全部2%的风险下。

在回报/风险率中能够有10%的改进，与增加10%的利润或减少10%的亏损具有同样的意义（在相同的投资和相同的风险条件下）。

## 更好的交易策略

在当前讨论的交易策略中，我们在观察已经达到利润水准的获利平仓。我们假定，当利润没达到目标时，价格在错误方向上的波动性是一样的。

一个更好的交易策略也许只在一个很短的时间里进行一笔交易。如果在预定的天数之内利润不能达标，就要将此笔交易止损。因此，如果市场变得沉寂并且不能达到1%的利润水平时，这笔交易将以微小的利润或亏损而退出——避免出现一个2%的风险，这将很有效地改进回报/风险率。

## 止损单

如果设定一个止损小于最大的获利标准（例如，2%），那么它可以在50%的情况下阻止你达到获利目标。若止损是最大获利标准的一半，则将会使交易在75%的时间中停止。这个结论基于一个简单的原理：即由市场噪音引起的价格移动的机会是均等的。

**案例4 在更好的系统绩效上使用获利平仓**

| 单子 | 单子达到的次数 | 利润（亏损） | 单子总计 | 总计 |
|---|---|---|---|---|
| 当使用一个2%的获利平仓价位： | | | | |
| 产生的利润： | | | | |
| 2 | 4 | 2% | 16% | 16% |
| 承担的风险： | | | | |
| 2 | 10 | -2% | -48% | -48% |
| 回报/风险比：16/48=0.33 | | | | |
| 当使用2%和1%的两个获利平仓价位： | | | | |
| 产生的利润： | | | | |
| 1 | 4 | 2% | 8% | |
| 1 | 8 | 1% | 8% | 16% |
| 承受的风险： | | | | |
| 1 | 10 | -2% | -20% | |
| 1 | 8 | -1% | -8% | |
| 1 | 2 | -2% | -4% | -32% |
| 回报/风险比：16/32=0.50 | | | | |

止损使用时要小心，否则它会影响绩效。如果你的交易策略是出色的，价格会更经常向获利方向移动，并不会达到止损位。如果进场时机选得不好，则止损将被触发，阻止你完成获利目标。

### 更多的获利平仓

如果你的交易能够以 10 次亏损对 4 次获利，而不是上例中的两次，则使用获利平仓的结果将会更好：

使用一个能够以 10 次亏损对 4 次获利的系统，则可改进回报/风险率 50%（从 0.33 到 0.50），这是一个相当巨大的改进，但它只能靠多次获利才能实现。它只适用于一个有密切监测市场能力的专业交易团队。

## 小　结

获利平仓减少了风险，在不同的价位上获利平仓次数越多，就越能减少风险。此外还须注意：

（1）交易成本限制了小额利润的目标设定。

（2）在更宽阔的范围上扩展获利水平，可以得到最大的改进；太局促地设定目标只能带来很小的改进。

（3）使用小于最大获利平仓价位的止损点，将会在一定程度上妨碍价格达到利润目标。

（4）限制你某单交易持仓时间，及时出场可以减少交易风险。因而，你越经常获利平仓，你的风险也就越低。

为了发现如何找出获利价位，你首先需要假定一个单一的获利平仓点来试验你自己的策略，它将会给出你利润目标的平均值，然后你就可以结合利润标准和仓位大小来制订出一个可获利平仓的简单模式。最常见的方式是：设置更多较低的获利平仓目标，当利润目标变大时进一步扩展开其余的获利平仓目标。由于出场减少了风险，可以使得利润目标被设置得很低，但这样仍然能得到较好的回报。

# 6 用来控制风险的止损具有多重角色

将亏损保持在很小幅度，这意味着使用一个比较靠近介入价格的止损单，这样做一般会被认为是合理的风险控制，但是它却很可能比所能解决的问题要带来更多的麻烦。短线交易产生的一系列亏损，加起来可以比一次长线交易产生的巨大亏损还要大。此外，如果当你止损出场后趋势仍然没有明显变化，你该如何决定重新入场的时机呢？

一个止损订单其实是福祸相倚的，这不是因为止损单本身有什么错，因为监测市场并使用限价单去了结一笔交易，也具有同样的结果。大的止损单提供了对灾难事件和价格突变的保护作用。可是要试图使得风险非常小，反而会引起较大的亏损和难以揣测的特定风险。过小的风险限制经常被市场噪音所激发，在止损出场与价格移动方向（或方向改变）之间只有很少的联系。

检视历史数据时，会看到有些风险保护设定的标准曾经对某次交易起到了良好作用。但长期测试的结果表明，这种绩效改进的因素仅是单方面的，因为止损控制了一个反向的价格跳动，但不是很清楚这种情况是否会再次发生；即使发生了，止损订单是否可以被顺利执行也是个未知数。

在某些情况下，一个表现不佳的交易策略可以通过使用止损进行改进。但同时，它也可以简单地通过不进行交易来完成改进。使用系统化的风险控制，在绩效的回报/风险率方面可以有偶然的改进。当程序控制仓位为零时，风险已经被完全限制，净资产不受价格上下波动所支配。如果一个大的亏损在这段时间被避免，则总的绩效就改进了。一种可替代的方法是交易一个较小的投资组合，这是常见的降低风险的较优选择。

## 风险控制的必要性

理想的情况是,当价格背离你心目中的运动方向时,一个已经下好的止损单自动地帮你于某点位出场。这迫使你事先要确定自己承受得起多少亏损,以便交易风险处在控制中。这避免了最后一分钟的仓促决策,或者持有某个亏损仓位去翘首盼望价格会回升。

止损通常是一张"清场订单",它被授权给中间经纪人,准备当价格触发时执行。我们的讨论适合任何交易者,只要他打算将亏损限制在一个固定数量级上,而不管此订单是否是已经下好的止损单。

## 风险保护或虚假的希望

止损单的使用,或者打算在一个预先确定的固定价格上限制亏损,可能给人一种虚假的安全感(见表6-1)。例如,某个止损单在一个流动性差或不活跃的市场中触发,将会导致大的滑失;在一个快速流动的市场中或是出现价格跳跃时,经常以最坏的价格成交。大资金交易者不能输入止损单,因为他们的单子会推动市场并由此产生大的滑失。

表6-1 止损使用效果

| 期望 | 实际 |
| --- | --- |
| 限制亏损至预定标准 | 滑失和价格突变大大增加了亏损幅度 |
| 亏损将大大小于利润 | 个别的亏损可能较小,但一系列亏损之和可能很大 |
| 可以有比亏损交易更多的获利交易 | 交易者有很好的策略,否则市场噪音将使得亏损比利润更多 |

**根据你能亏损多少来设置止损单**

止损的设置来自两个主要的原因：

（1）它们可以触发市场方向的变化。

（2）它们可以以一个预设值来限制亏损。

对市场方向变化进行反应的止损，其意义并不止于限制市场风险，这时风险限制的作用还是次要的。例如一位外汇交易者，他根据自己的移动平均值趋势信号在100.50做多美元对日元，于是他会放一个99.50美元的止损单，来假定美元的新低意味着趋势重新变弱。这张止损单既是一个可接受的风险价位，同时也是一个市场方向变化的信号。

仅为限制亏损而放入的止损单更为常见，也更难评估。小幅风险控制的使用，可以被用来产生一个特殊的绩效特色，如案例1。

案例1 一位外汇交易者，他用1000万美元进行美元对马克交易，在自己一个日内波动性策略的支持下，期望这笔交易可有2万美元或0.20%利润。交易者可接受的亏损额在1万美元以下，即平均利润与平均亏损比率为2:1，以作为合适的风险控制。该交易者还希望，在整个长线绩效记录中至少有一半交易是获利的。总的状态是稳定的获利能力和合理的小亏损，这是个非常令人高兴的绩效。

但是，市场并不按这种方式工作。人们不可能在控制回报/风险率的同时也控制可获利交易的数量。

**市场噪音带来的干扰**

"噪音"是一个术语，意即不可预测的价格移动。通常情况下噪音体现为小幅价格变动，但实际上它也包含了大的价格突变。噪音是因为交易者带着不同的目标从不同的时间窗口进入和退出市场而形成的——一个机构由于有新资金注入而增加了仓位，俄罗斯人卖出黄金去支付购买小麦的费用；或者一家汽车公司出清部分股份去补偿外汇上的亏损。

虽然上述的每一件事都是独立发生的，但将这些噪音组合起来，却可以创建一个可预测的、带有某些特性的随机分布图形。图6-1给出了总的规律——如果不稳定的价格（噪音）成倍放大，那么发生频率就会减少一半。

S&P的价格变化在图6-1（a）中准确地沿着随机分布线下降，同时债券和德国马克的1%和4%的移动幅度大约两倍于随机分布的幅度，但十分重要的是，债券和德国马克的偶发事件数目，当移动的幅度以每步0.5%增加时依然下降了50%。

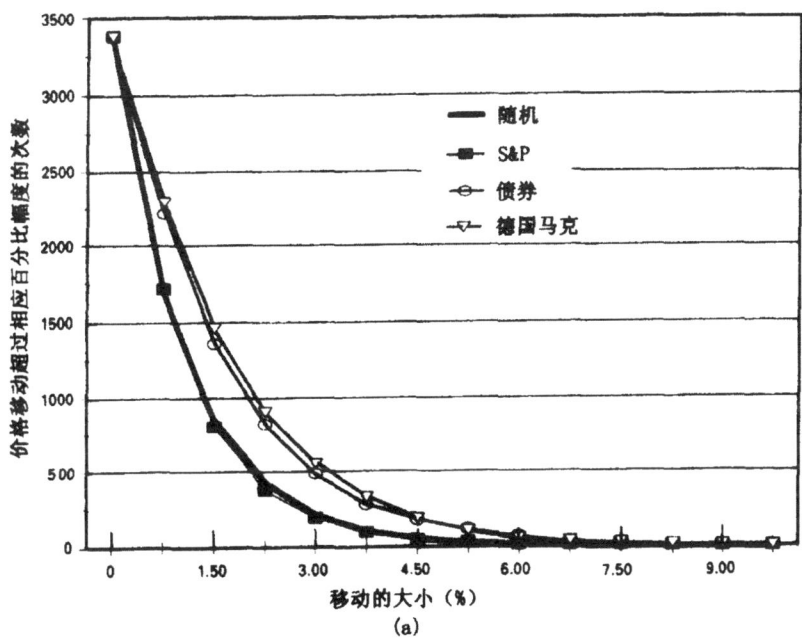

**图6-1 噪音的随机分布**

（a）价格移动的频率相对于该移动的大小绘出。一个随机分布有个唯一的特征：价格移动的大小加倍，则频率就减少一半。对于每个0.5%增量，频率下降一半。多于10年的数据（总计3375天）被用于比较S&P、美国债券和德国马克相对于一个随机分布的情况（分布图中的粗实线）。价格不能保持该模式的幅度数值就是测量该非随机模式的途径。

当我们紧密注视图 6-1（b）中较大的移动（称之为分布之"尾巴"）时，S&P 有较任何其他市场更加极端的变化，远大于一个随机分布所具有的概率。这些大的移动是由价格突变所引起的。

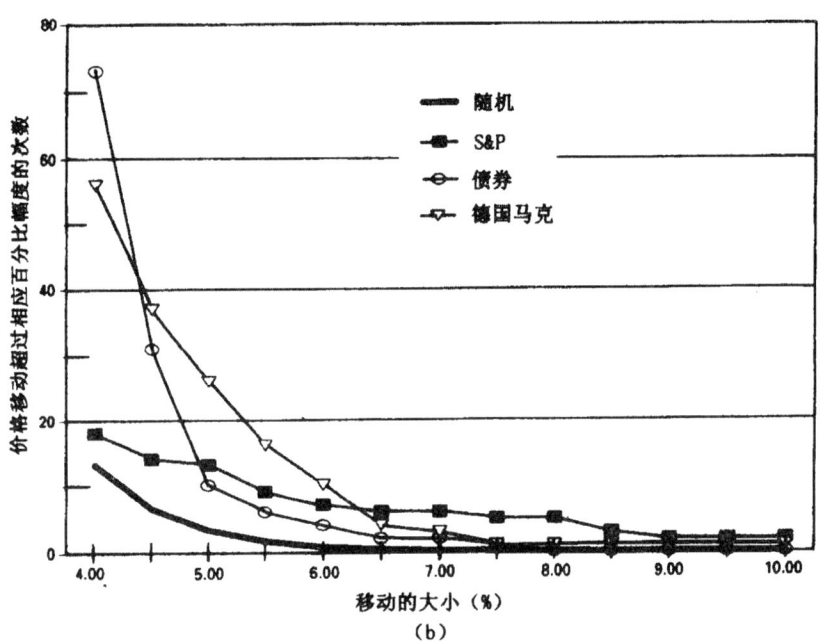

图 6-1（续） 噪音的随机分布（b）是图（a）的分布图最右边的放大。所有三个市场与相比较的随机曲线比有很大的价格移动。这些是由价格突变产生的。

## 总的亏损是相同的

观察不稳定价格噪音的大小和频率，会发现很有意思的一个现象：偶发事件数目乘以该波动幅度的大小，结果总是一样的。虽然债券和德国马克与一个随机分布是大不相同的，但它们却惊人相似地遵守同样的法则。

指定绩效特性。根据图 6-1 和表 6-2 中给出的价格正态分布，上述那个外汇交易案例（例1）就不可能成立。如果一个交易者抱有 2 万美元的利润目标，同时将此目标一半大小的亏损额作为控制目标，则亏损就将会有两倍的数量。当利润幅度与平均亏损相比增加时，小的亏损的数量也同时增加。如果一个原始的交易模型给出4次平均为2万美元的利润和8次平均为1万美元的亏损，那么一个好的交易策略必须能捕捉更高一些的利润，减少亏损，或将一至两次亏损转为小的利润。

表6-2　止损的大小相对于频率（随机价格移动）

| 止损的大小 | 偶发事件数目 | 亏损的大小 |
| --- | --- | --- |
| 5点 | 20 | 100点+滑失 |
| 10点 | 10 | 100点+滑失 |
| 20点 | 5 | 100点+滑失 |

## 期　望

在上述这些情况中，实际价格情况与随机移动非常相似，不进行仔细的数学研究就不能发现其区别。我们可以设想，降低止损的幅度，就会产生一批可以预料的额外被止损出局的交易，这基本上是遵循着表6-2中的规律。如果设计为大幅度的止损点，就可能有例外的情况。

对于使用一个小额止损单来改进绩效，应该不要抱太大的期望。随着止损幅度变小，止损出场的交易数目将随之增多。每当一个止损被触发时，都存在附加的滑失，因为止损单通常会在市场移动方向上被迫执行。

大幅度止损也许是不同的。如果价格波动巨大，则一个大幅度的止损设计可能挽回一些亏损。如果你计划在受到价格突变冲击时出场，大幅度止损点也不会把事情搞糟，反而可能更好，因为它已经成为一种主要的风险控制手段。大幅度止损仅仅是在长线交易中适用，一个快速的趋势总是在一个较大止损将达到的同一时间给出反转。因此，小幅度止损一般是无效的，但大幅度止损则有时可以改进绩效。

根据分布来投入资金。一个成功的系统，需要去捕捉比正常利润状态更多的利润，或者要能及时砍去亏损。对于止损的使用就是成功的关键点。当不寻常的价格骤变出现时［见图6-1（b）］，要能控制其产生的亏损，捕捉到其产生的利润，那么整个系统的绩效将会提高。

## 测试一个带有止损的系统

这里我们根据日K线数据来测试一个简单的趋势跟踪系统，看看使用止损是否有助于获利和控制风险。该系统包含了以下的主要特性：

■一个指数式移动平均值，@ Exp-MA 被用于趋势。

■当趋势线上行时，得到一个买入信号，

@ Exp-MA >@ Exp-MA [1]。

■当趋势线下行时，得到一个卖出信号，

@ Exp-MA<@ Exp-MA [1]。

■如果亏损（在收盘时）超过了预置的百分比标准（止损位），或者当一个反转的买卖信号产生时，退场。

■在本地交易日收盘时所有订单被执行。

■任一单交易皆无手续费或滑失。

■风险定义为证券价值的1个标准差。

在实际交易中，更加活跃的系统将给出更多附加的亏损，这主要是因为交易成本（手续费）。由于所有的交易都是在价格移动的方向上被执行，个别的费用估算可以从每单交易利润中减去。即使没有交易成本，这个试验结果仍将给出一个不同止损大小的合理比较。

### 试验结果

表6-3给出了用于Chrysler、Siemens（仅有五年）、德国马克和欧元的趋势速度与止损百分数之比的10年优化数据，终止日期是1993年6月。只有经过调节后的回报率被列出，以方便比较（见第四章"在货

币和债券投资组合间选择"中，关于经过调节后的回报率的描述）。在表6-3中最右边的一列标志"无"，给出了没有任何止损的趋势系统的结果。最左边的一列标志"0.2"，给出了一个非常小的0.02%止损。

测试结论是：改进是不一贯的。这次测试集合的最佳结果看来是Siemens，在100天以内的趋势上它有较高的调节后回报，并且绩效改进主要分布在表的中部，集中靠近0.50%的止损位。

主要的硬通货币据说有更多的趋势，我们在观察德国马克的价格变化时，就期望一个止损能产生更好的交易结果——价格达到了止损标准，然后又在同样的方向上继续移动，直至触发一个新的反转趋势信号为止。但是，这并没有发生。使用最小止损产生的结果，与十年测试中不使用止损是一样糟糕的，只在表的中心一小部分区域中存在一些改进。

大的止损幅度设置，或者无止损设置会得出一个更加一致的结果。当我们使用一个优化测试去选择最好的交易规则时，希望最好看到平滑一致的结果，而不是交替的利润和亏损。Chrysler和德国马克这两个品种在表的左下角皆有相当差的回报。

## 具有一个较短测试周期的另一视角

表6-4比较了德国马克和欧元在整个四年里经风险调节后的现金回报，该表结束于1992年11月，使用了可参照比较的止损。德国马克的现金回报表现比欧元要好，但是有较高的不一致性风险。经过风险调节后，欧元的回报更好。

欧元止损测试的等高线图。图6-2给出了一张欧元测试的等高线图，越白的区域表示越高的利润，越黑的部分表示有越大的亏损。和10年的测试相同，小的止损给出的结果是不一致的（见图左边），黑白交错，既没有最好也没有最坏的结果。当止损向右边变大时，绩效就更加一致和容易预测。我们可以做出结论：小的止损对指定的价格模式和噪音很敏感，因而它们是不稳定的。

**表6-3 止损：长线测试结果**

数值是按年计的回报率，按25%最大跌幅调节。

a. Chrysler Motors：2329天（1984年1月5日—1983年3月18日）

| 天数 | \multicolumn{11}{c}{止损百分数} |
|---|---|---|---|---|---|---|---|---|---|---|---|
|  | 0.02 | 0.05 | 0.10 | 0.15 | 0.25 | 0.50 | 1.0 | 2.0 | 4.0 | 7.0 | 10.0 | 无 |
| 5 | -2.8 | -2.8 | -2.7 | -2.7 | -2.7 | -2.8 | -2.8 | -2.7 | -2.8 | -2.8 | -2.8 | -2.8 |
| 10 | -2.8 | -2.8 | -2.8 | -2.8 | -2.8 | -2.8 | -2.8 | -2.8 | -2.8 | -2.8 | -2.8 | -2.8 |
| 25 | -2.8 | -2.8 | -2.8 | -2.7 | -2.8 | -2.8 | -2.6 | -2.6 | -2.6 | -2.6 | -2.6 | -2.6 |
| 50 | -2.6 | -2.6 | -2.6 | -2.6 | -2.6 | -2.6 | -2.2 | -2.3 | -2.2 | -2.2 | -2.2 | -2.2 |
| 75 | -1.2 | -1.2 | -1.2 | -1.4 | -1.4 | -1.5 | -1.5 | -1.6 | -1.4 | -1.5 | -1.5 | -1.5 |
| 100 | -1.5 | -1.5 | -1.5 | -1.6 | -1.7 | -1.9 | -0.6 | -0.7 | -0.5 | -0.6 | -0.6 | -0.6 |
| 150 | 5.8 | 5.7 | 5.7 | 5.3 | -5.4 | 4.9 | 4.5 | 4.0 | 3.6 | 3.5 | 3.5 | 3.5 |
| 200 | 2.2 | 2.2 | 2.2 | 1.9 | 1.7 | 1.6 | 1.4 | 2.8 | 2.7 | 2.7 | 2.7 | 2.7 |
| 250 | -2.5 | -2.5 | -2.5 | -2.5 | -2.5 | -2.5 | -2.5 | -0.4 | -0.1 | 2.0 | 2.0 | 2.0 |
| 300 | 3.6 | 3.6 | 3.4 | 3.4 | 3.2 | 3.1 | 3.0 | 2.5 | 2.4 | 2.4 | 2.4 | 2.4 |

b. 西门子：1452天（1987年2月3日—1992年11月23日）

| 天数 | 0.02 | 0.05 | 0.10 | 0.15 | 0.25 | 0.50 | 1.0 | 2.0 | 4.0 | 7.0 | 10.0 | 无 |
|---|---|---|---|---|---|---|---|---|---|---|---|---|
| 5 | 1.5 | 1.5 | 2.1 | 1.6 | 0.9 | 1.4 | 1.9 | 1.5 | 1.2 | 1.2 | 1.2 | 1.2 |
| 10 | 11.8 | 11.7 | 12.0 | 11.4 | 10.6 | 8.5 | 8.2 | 7.5 | 6.7 | 6.0 | 6.0 | 6.0 |
| 25 | 10.1 | 10.1 | 9.4 | 8.8 | 7.4 | 6.8 | 5.0 | 3.7 | 3.5 | 3.0 | 3.0 | 3.0 |
| 50 | 6.3 | 6.3 | 6.1 | 5.6 | 8.9 | 6.7 | 6.7 | 8.4 | 8.8 | 7.7 | 7.7 | 7.7 |
| 75 | 9.8 | 9.4 | 11.4 | 11.6 | 12.1 | 11.1 | 8.3 | 10.0 | 9.7 | 8.7 | 8.7 | 8.7 |
| 100 | 5.2 | 5.2 | 4.8 | 4.9 | 4.1 | 3.1 | 4.8 | 5.9 | 5.9 | 5.3 | 5.3 | 5.3 |
| 150 | 5.0 | 4.9 | 4.9 | 5.0 | 5.0 | 4.2 | 3.0 | 4.7 | 7.8 | 7.7 | 7.0 | 7.0 |
| 200 | 3.6 | 3.6 | 3.6 | 3.2 | 2.9 | 2.2 | 2.9 | 1.8 | 2.9 | 2.8 | 2.8 | 2.8 |
| 250 | 4.5 | 4.4 | 4.4 | 4.3 | 3.9 | 3.3 | 4.4 | 5.2 | 4.9 | 4.9 | 4.9 | 4.9 |
| 300 | 4.4 | 4.4 | 4.4 | 4.2 | 5.4 | 4.9 | 4.1 | 2.7 | 2.4 | 2.4 | 2.4 | 2.4 |

（续上表）

| c. 德国马克：2570天（1982年11月24—1992年11月23） | | | | | | | | | | | | |
|---|---|---|---|---|---|---|---|---|---|---|---|---|
| 天数 | 0.02 | 0.05 | 0.10 | 0.15 | 0.25 | 0.50 | 1.0 | 2.0 | 4.0 | 7.0 | 10.0 | 无 |
| 5 | −1.9 | −1.9 | −1.9 | −1.9 | −1.9 | −1.8 | −1.8 | −1.8 | −1.8 | −1.8 | −1.8 | −1.8 |
| 10 | −1.4 | −1.1 | −1.0 | −1.0 | −1.1 | −0.7 | −0.6 | −0.6 | −0.6 | −0.6 | −0.6 | −0.6 |
| 25 | 1.7 | 2.6 | 3.6 | 2.9 | 3.8 | 3.8 | 5.5 | 5.7 | 5.3 | 5.2 | 4.9 | 5.4 |
| 50 | 5.2 | 6.9 | 6.8 | 6.4 | 3.7 | 12.8 | 11.0 | 11.5 | 10.8 | 10.8 | 10.8 | 10.8 |
| 75 | 3.4 | 4.8 | 6.1 | 5.6 | 8.5 | 13.4 | 10.0 | 8.7 | 7.8 | 7.6 | 7.6 | 7.6 |
| 100 | 5.3 | 7.2 | 8.5 | 8.3 | 4.5 | 10.8 | 11.5 | 7.4 | 9.1 | 7.5 | 7.5 | 7.5 |
| 150 | 0.5 | 0.3 | 0.0 | −0.4 | 1.6 | 8.1 | 6.8 | 7.7 | 5.3 | 3.6 | 3.6 | 3.6 |
| 200 | 0.7 | 2.0 | 1.7 | 1.1 | 10.1 | 11.7 | 7.7 | 9.6 | 6.9 | 7.6 | 7.0 | 7.0 |
| 250 | 8.0 | 9.1 | 8.1 | 8.1 | 6.5 | 5.5 | 7.2 | 8.8 | 5.4 | 11.0 | 9.1 | 10.4 |
| 300 | 0.7 | 0.4 | 0.2 | −0.1 | 0.5 | 5.1 | 5.1 | 5.6 | 4.3 | 12.3 | 10.7 | 10.4 |

| d. 欧元：2556天（1983年1月3日—1992年12月14日：以整个百分数止损 | | | | | | | | | | | | |
|---|---|---|---|---|---|---|---|---|---|---|---|---|
| 天数 | 0.02 | 0.05 | 0.10 | 0.15 | 0.25 | 0.50 | 1.0 | 2.0 | 4.0 | 7.0 | 1.0 | 无 |
| 5 | 1.2 | 1.3 | 1.4 | 1.0 | 1.0 | 1.0 | 1.1 | 1.1 | 1.1 | 1.1 | 1.1 | 1.1 |
| 10 | 1.8 | 2.1 | 3.1 | 2.7 | 2.7 | 2.6 | 2.7 | 2.7 | 2.7 | 2.7 | 2.7 | 2.7 |
| 25 | 3.8 | 3.0 | 6.7 | 6.1 | 8.2 | 7.4 | 7.4 | 7.4 | 7.4 | 7.4 | 7.4 | 7.4 |
| 50 | 4.0 | 8.5 | 10.5 | 7.7 | 8.1 | 7.8 | 7.7 | 7.7 | 7.7 | 7.7 | 7.7 | 7.7 |
| 75 | 6.5 | 10.2 | 8.1 | 9.2 | 10.8 | 10.0 | 9.9 | 9.9 | 9.9 | 9.9 | 9.9 | 9.9 |
| 100 | 7.1 | 4.8 | 8.9 | 6.3 | 6.4 | 7.2 | 7.8 | 7.8 | 7.8 | 7.8 | 7.8 | 7.8 |
| 150 | 4.1 | 1.8 | 2.9 | 2.6 | 6.4 | 5.0 | 7.6 | 7.6 | 7.6 | 7.6 | 7.6 | 7.6 |
| 200 | 7.3 | 5.4 | 0.8 | 0.4 | 2.9 | 5.9 | 6.5 | 6.5 | 6.5 | 6.5 | 6.5 | 6.5 |
| 250 | 1.1 | −0.8 | −0.8 | 0.1 | 4.1 | 3.8 | 6.9 | 5.6 | 5.6 | 5.6 | 5.6 | 5.6 |
| 300 | 0.2 | −0.1 | −0.6 | −0.8 | 0.3 | 6.7 | 5.6 | 5.4 | 5.4 | 5.4 | 5.4 | 5.4 |

长线测试的结果：上表给出了一个趋势系统的风险调节测试结果。所有年回报率基于一个被调节至初始投资25%的最大跌幅，以允许进行公平的结果比较。最右边一列"无"是表示没有止损，因而有最大的风险。在最左边一列使用了最小的止损（0.02%）。虽然采用止损在特定的情况下提高了绩效，但那并不是一个一致性的模式。当趋势拉长时间时，小幅止损非常随机地发生，绩效的好坏结果经常交替出现。

**表6-4 止损:4年测试结果**

现金回报对风险调节回报的比较

| 德国马克:1030天(1988年11月22—1992年11月23) | | | | | | | | | | | |
|---|---|---|---|---|---|---|---|---|---|---|---|
| 年回报率(现金,百分数表示) | | | | | | | | | | | |
| 以整个百分数表示止损 | | | | | | | | | | | |
| 天数 | 0.02 | 0.05 | 0.10 | 0.15 | 0.25 | 0.50 | 1.0 | 2.0 | 4.0 | 7.0 | 10.0 | 无 |
| 5 | -7.5 | -7.1 | -7.3 | -8.3 | -9.9 | -8.5 | -7.1 | -7.1 | -7.1 | -7.1 | -7.1 | -7.1 |
| 10 | -6.8 | -5.0 | -5.3 | -6.2 | -7.6 | -7.0 | -4.4 | -4.3 | -4.3 | -4.3 | -4.3 | -4.3 |
| 25 | 2.8 | 5.5 | 5.4 | 5.4 | 5.4 | 4.2 | 6.5 | 7.4 | 7.4 | 7.4 | 7.4 | 7.4 |
| 50 | 5.6 | 10.2 | 9.9 | 10.1 | 9.6 | 8.3 | 8.3 | 8.7 | 8.0 | 8.0 | 8.0 | 8.0 |
| 75 | 2.8 | 2.2 | 1.6 | 1.6 | 5.0 | 7.0 | 5.1 | 5.0 | 3.6 | 3.4 | 3.4 | 3.4 |
| 100 | 1.3 | 4.2 | 3.6 | 3.5 | 7.4 | 5.4 | 8.7 | 8.6 | 9.3 | 9.1 | 9.1 | 9.1 |
| 150 | 1.2 | 0.9 | 0.7 | 0.7 | -1.1 | 7.6 | 9.3 | 11.2 | 8.8 | 7.5 | 7.2 | 7.2 |
| 200 | 5.3 | 9.1 | 8.9 | 8.7 | 8.2 | 6.4 | 7.9 | 9.7 | 7.0 | 5.2 | 4.6 | 4.6 |
| 250 | 5.9 | 8.3 | 8.1 | 8.0 | 7.7 | 6.7 | 6.1 | 7.9 | 5.2 | 5.6 | 4.9 | 4.7 |
| 300 | 2.0 | 1.8 | 1.5 | 1.2 | 0.9 | 4.5 | 6.4 | 8.1 | 5.4 | 6.6 | 5.9 | 5.5 |
| 年回报率(按25%资金回撤调节) | | | | | | | | | | | |
| 天数 | 0.02 | 0.05 | 0.10 | 0.15 | 0.25 | 0.50 | 1.0 | 2.0 | 4.0 | 7.0 | 10.0 | 无 |
| 5 | -3.7 | -3.6 | -3.6 | -3.8 | -4.2 | -4.0 | -3.6 | -3.6 | -3.6 | -3.6 | -3.6 | -3.6 |
| 10 | -3.9 | -2.8 | -2.9 | -3.2 | -3.6 | -3.5 | -2.5 | -2.4 | -2.4 | -2.4 | -2.4 | -2.4 |
| 25 | 2.7 | 4.8 | 4.6 | 4.6 | 4.6 | 3.3 | 7.1 | 10.9 | 10.9 | 10.9 | 10.9 | 10.9 |
| 50 | 12.7 | 23.3 | 22.5 | 25.2 | 21.7 | 17.3 | 16.0 | 16.8 | 15.5 | 15.5 | 15.5 | 15.5 |
| 75 | 4.4 | 3.6 | 2.2 | 2.2 | 7.8 | 14.5 | 7.5 | 6.6 | 4.4 | 4.2 | 4.2 | 4.2 |
| 100 | 2.8 | 8.7 | 7.0 | 6.8 | 18.1 | 9.5 | 18.1 | 11.3 | 19.1 | 18.6 | 18.6 | 18.6 |
| 150 | 3.7 | 2.4 | 1.7 | 1.7 | -1.7 | 12.1 | 12.0 | 14.6 | 10.8 | 8.3 | 8.0 | 8.0 |
| 200 | 14.0 | 22.0 | 19.3 | 19.2 | 17.1 | 13.4 | 13.2 | 15.1 | 9.1 | 5.9 | 5.3 | 5.3 |
| 250 | 14.7 | 18.8 | 17.6 | 16.7 | 16.0 | 12.8 | 9.9 | 12.9 | 7.4 | 8.2 | 7.2 | 6.9 |
| 300 | 5.7 | 4.5 | 3.4 | 2.8 | 1.9 | 8.3 | 9.8 | 12.8 | 7.0 | 10.3 | 9.2 | 8.7 |

（续上表）

| 欧元：1042天（1988年11月22—1992年12月14日） | | | | | | | | | | | |
|---|---|---|---|---|---|---|---|---|---|---|---|
| 年回报率（现金，百分数） | | | | | | | | | | | |
| 以整个百分数表示止损 | | | | | | | | | | | |
| 天数 | 0.02 | 0.05 | 0.10 | 0.15 | 0.25 | 0.50 | 1.0 | 2.0 | 4.0 | 7.0 | 10.0 | 无 |
| 5 | 0.3 | 0.3 | 0.3 | 0.3 | 0.3 | 0.3 | 0.3 | 0.3 | 0.3 | 0.3 | 0.3 | 0.3 |
| 10 | 0.9 | 0.9 | 1.0 | 1.1 | 1.0 | 1.0 | 1.0 | 1.0 | 1.0 | 1.0 | 1.0 | 1.0 |
| 25 | 0.3 | 0.4 | 0.9 | 1.2 | 1.3 | 1.3 | 1.3 | 1.3 | 1.3 | 1.3 | 1.3 | 1.3 |
| 50 | 0.3 | 0.5 | 1.0 | 1.3 | 1.6 | 1.6 | 1.6 | 1.6 | 1.6 | 1.6 | 1.6 | 1.6 |
| 75 | 0.7 | 0.8 | 1.1 | 1.1 | 1.3 | 1.3 | 1.3 | 1.3 | 1.3 | 1.3 | 1.3 | 1.3 |
| 100 | 0.9 | 0.8 | 1.0 | 1.0 | 1.1 | 1.0 | 1.0 | 1.0 | 1.0 | 1.0 | 1.0 | 1.0 |
| 150 | 0.0 | 0.1 | −0.1 | −0.1 | 0.6 | 0.9 | 0.9 | 0.9 | 0.9 | 0.9 | 0.9 | 0.9 |
| 200 | 0.1 | 0.1 | 0.1 | 0.1 | 0.7 | 1.1 | 1.1 | 1.1 | 1.1 | 1.1 | 1.1 | 1.1 |
| 250 | 0.2 | 0.2 | 0.2 | 0.9 | 1.2 | 1.2 | 1.2 | 1.2 | 1.2 | 1.2 | 1.2 | 1.2 |
| 300 | 0.2 | 0.3 | 0.2 | −0.3 | 0.4 | 0.6 | 0.6 | 0.6 | 0.6 | 0.6 | 0.6 | 0.6 |
| 年回报率（调节至25%跌幅） | | | | | | | | | | | |
| 以整个百分数表示止损 | | | | | | | | | | | |
| 天数 | 0.02 | 0.05 | 0.10 | 0.15 | 0.25 | 0.50 | 1.0 | 2.0 | 4.0 | 7.0 | 10.0 | 无 |
| 5 | 2.9 | 2.4 | 2.4 | 2.4 | 2.4 | 2.4 | 2.4 | 2.4 | 2.4 | 2.4 | 2.4 | 2.4 |
| 10 | 21.9 | 22.4 | 25.7 | 19.5 | 25.9 | 25.9 | 25.9 | 25.9 | 25.9 | 25.9 | 25.9 | 25.9 |
| 25 | 2.9 | 4.6 | 11.3 | 28.6 | 32.9 | 32.9 | 32.9 | 32.9 | 32.9 | 32.9 | 32.9 | 32.9 |
| 50 | 7.6 | 12.6 | 23.8 | 33.0 | 38.8 | 38.8 | 38.8 | 38.8 | 38.8 | 38.8 | 38.8 | 38.8 |
| 75 | 18.5 | 20.7 | 27.4 | 27.1 | 32.6 | 32.0 | 32.0 | 32.0 | 32.0 | 32.0 | 32.0 | 32.0 |
| 100 | 22.1 | 18.3 | 25.9 | 25.6 | 28.5 | 25.6 | 25.6 | 25.6 | 25.6 | 25.6 | 25.6 | 25.6 |
| 150 | 0.7 | 1.4 | −1.3 | −1.3 | 7.3 | 11.4 | 10.9 | 10.9 | 10.9 | 10.9 | 10.9 | 10.9 |
| 200 | 3.5 | 1.7 | 1.2 | 1.0 | 9.1 | 13.8 | 14.1 | 14.1 | 14.1 | 14.1 | 14.1 | 14.1 |
| 250 | 4.4 | 5.9 | 4.9 | 4.4 | 16.8 | 14.8 | 15.1 | 15.1 | 15.1 | 15.1 | 15.1 | 15.1 |
| 300 | 4.3 | 6.5 | 5.6 | −3.4 | 4.1 | 5.2 | 5.4 | 5.4 | 5.4 | 5.4 | 5.4 | 5.4 |

4年结果的比较在"无"列（表示无止损）中的模式表明，一般情况下，风险调节过的结果比未进行风险调节的回报更加有一致性。某些因使用了止损的风险调节过的回报，会有较大的提高，但总的图像非常不具有一致性。用最左边0.02%止损的一列与最右边无止损的一列进行比较，变化是十分明显的。大的止损首先影响长线趋势（见表的底部），而当止损的大小取较小值时，就慢慢开始对快速趋势起作用。德国马克的回报若采用2%止损，则会较一致性地提高，但当止损变小时，

又变得不均匀。欧元回报在无止损时是最佳的，这也符合其强趋势的特点。

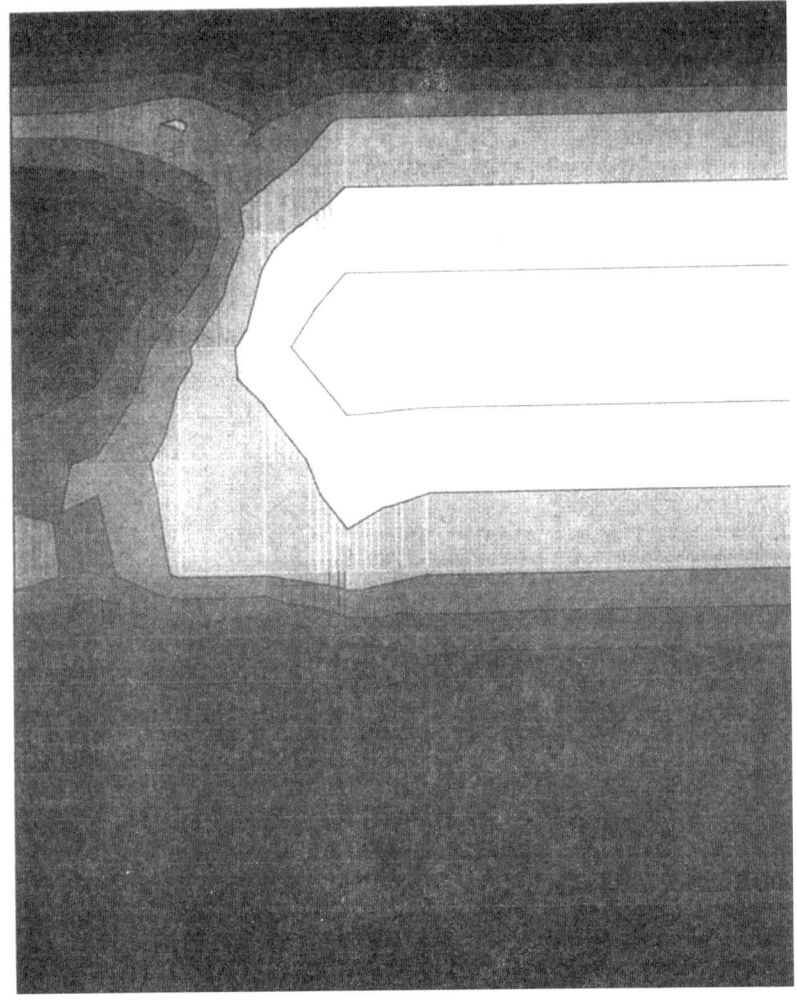

**图 6-2 欧元绩效的等高线图**

使用小幅止损的结果（沿着图的左边部分），比起大止损或无止损（图的右边）要更加不一致。

**结果的模式**。止损的大小必须取决于趋势的速度，在慢速系统下的小幅止损很容易触发，很少获利。而针对快速系统设置的大幅止损，在趋势信号反转之前将永不会被触发。毫不奇怪，针对某个速度的趋势，止损幅度大小的范围将是比较狭窄的。

## 在一个日线系统上使用日内止损

当价格出现反向移动时,很快进行反应以便将亏损控制在最小,这个想法是很诱人的。虽然趋势是使用日收盘价确定的,但一个止损却会因为价格在交易日内产生恶性移动时被触发。市场的噪音将会使许多止损被触发,这很不幸。如果你只是呆坐着等收盘价,在一天交易结束后,你将会遭遇到许多本不该发生的亏损。日内亏损的累计和增加的交易数目,比起把止损建立在系统趋势计算的日数据上要糟得多。

## 离市的好处

离市出场可以减少净资产的波动,即使到交易结束时只取得一些较小的收益。如果使用止损既不有利也不有害于获利能力,那么它会使得在资金离场的那些时间里避免某些随机的价格移动,从而提高了交易绩效的回报/风险率。持有一个由获利而最终转为亏损的仓位,对你的交易来说没什么好处。

图 6-3(a)给出了经调节后的德国马克十年数据测试回报率等高线图,最好的绩效是在图中下部的小尖峰。这个点对应于一个较慢的趋势和相对较大的止损值 0.50%。当我们移到图左上部时,这个黑暗区表明了较快的趋势和较小的止损。

图 6-3(b)是同样的十年周期中回报/风险率的等高线图(年回报除以净资产变化的一个标准差)。白色区域表示最佳绩效,它比前一图中要大,并包含了底部左边的区域,这意味着一个慢速趋势和一个小幅止损的使用确实改进了德国马克交易的绩效,这是靠离市退出那些波动性高而无法获利的交易来达到的。最左边边缘的不一致性很高,而右边仍然很一致。

观察回报/风险率的结果表明了更清楚的情景。对于德国马克来说(通常被认为是一个"趋势"市场),止损可以改进绩效,因为在长线交易中,对于大多数止损(很小的止损除外)来说,它们缩减的风险要多于减少的利润。具有更多噪音的股指市场以及大多数股票则不能给出这样的结果。

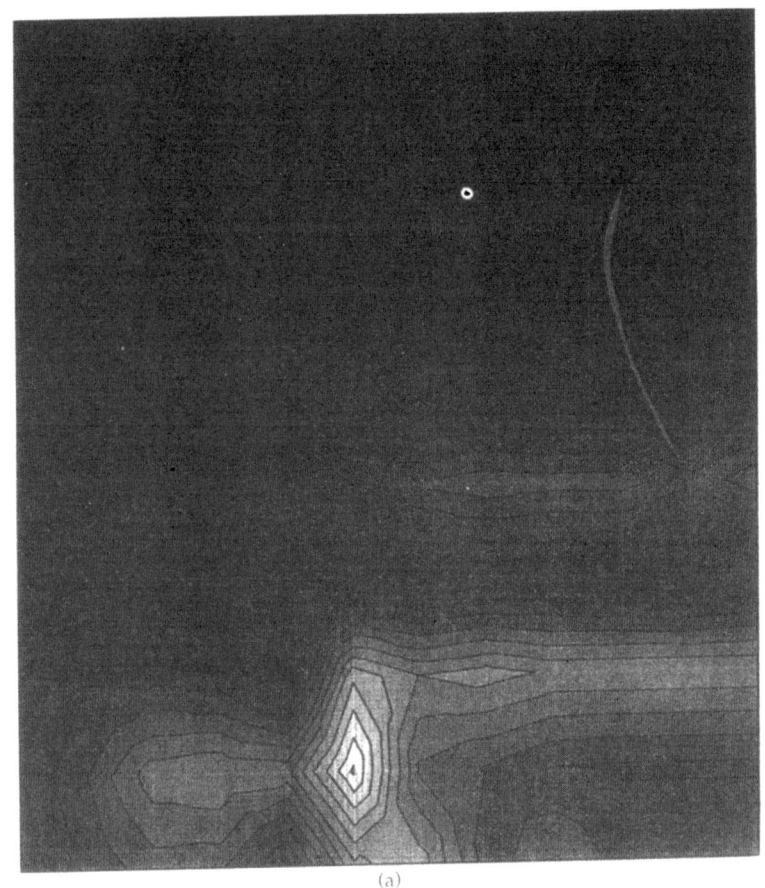

(a)

图6-3（a） 十年德国马克的止损测试等高线图

（a）调节后的回报率，大的止损和较慢的趋势产生最佳结果，如图中底部峰值所示。一个系统必须很好地调整以捕获这个结果。

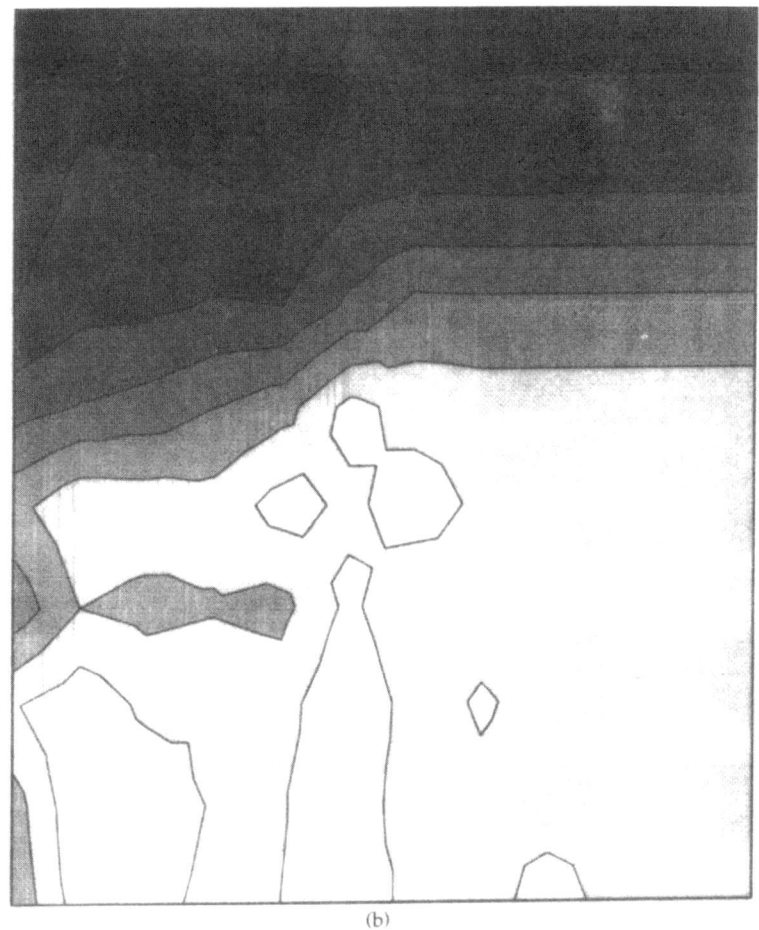

图 6-3（b）　十年德国马克止损测试轮廓图

回报/风险率较小的止损不能改进获利，但是可以提高长期趋势的回报/风险率（见此图）。一个较好的回报/风险率可以借助使用杠杆而被转换为一个较高的回报率。

## 止损可能会与策略相冲突

一个止损单的实质是经常与所使用的系统相对抗，它也许会和一个趋势跟踪程序刚好成为对头。一个趋势均线的目的是平滑和过滤掉价格噪音；趋势线取代价格，以便更好地显示价格的运行方向。一个太接近的止损将会被一个随机的价格移动所触发，从而抵消了趋势的价值。

### 趋势系统

当一个止损被触发时，可能趋势尚未反转，系统会指示这个趋势仍然保持原方向。如果是这样，趋势将会持续，亏损将会转为获利，但你却已经没有仓位，因为你已止损出场了。如果在大多数时间里止损设置是正常工作的，且无论何时止损被触发时，趋势都改变了，这等于是说趋势均线太慢了，那么一个更快速的趋势均线将能较快地赶上方向的变化。在任意一种情况中，问题的答案都不取决于止损的使用。

### 反趋势系统

反趋势交易需要多次小的获利。为了得到更多的利润，就有必要忍受较大的账面亏损，并等待价格再向你希望的那个方向移动（无论是因为噪音还是因为出色的预测）。一次止损将产生更频繁的亏损，并阻止利润扩大。这二者将无法一起工作。

### 明显的改进

测试表明止损能够改进结果，包括对于交易利润或是回报/风险率。但我们不能对此只进行简单理解。短时间区间内的测试，不能描述长线状态；日内止损的使用会很容易让人们错误理解一个止损单；在交易期间缺乏流动性或价格突变触发的止损，也不能被大多数计算机化测试软件察觉。

突发事件有可能出现，从而使得止损的使用凸显出价值。将一个由价格突变引发的大幅亏损缩减至一个合理的水准，是以大批小的止损为代价的。一个交易者必须能够实际作出判断：场内定单或目测控制的止损，是否能够提供所需的保护。要设计一个为了防止单次的巨大亏损而频繁付出小止损代价的系统，是很困难的。

### 止损后再次进场

一个交易被止损出场，但是随势仓位并没有出现反转或自然退出，则交易者面临着另一个问题：你是重新进入这市场，还是在这一个交易中再次亏损呢？这样，每一单的复合风险将会大大增加。如果决定重新进入，将依据什么样的标准呢？由于趋势跟踪信号仍然是同样的，就不存在新的买入信号或卖出信号，因此，交易者必须有用于重新进入市场的附加法则，这就使得系统会更加复杂化。

# 在有止损和无止损的情况下管理风险

如果小幅止损的效果无法预期，那么控制风险的最佳选择就是降低杠杆，把风险减少至可接受的水准。抑制杠杆作用总是安全的替代方案，它可用下列简单的步骤来完成。

1. 使用一个最大回撤与净资产标准差的组合来寻找该交易项目的长线风险标准（见第四章）。

2. 调节系统风险至你可接受的水准。你大概需要在任一年中有小于1%的机会失去多于10%的投资；因此，设置要使得年风险的3个标准差相等于你投资的10%。

3. 确定投资的大小或要进行交易的资金额，根据以上第2步中的被调节后的风险来决定。

4. 为了防护恶性价格突变的冲击，使用一个较大幅度的止损点，使其不易由市场噪音所触发。

例如，你有一个交易项目，在10年的测试期间，每年有40%回报，并有95%的机会将亏损保持在15%以下（净资产变化的一个标准差等于7.5%）。但是你想保持风险在10%以下，即目前水准的2/3。如果所需的资本是 100 万美元，则应增加投资 1/3，即总资本变为 133 万美元。

由于风险受到控制，较高的利润就更为重要，我们接受 20% 的期望回报，并保持风险值于 7.5%，依靠使用大的止损，测试优化的结果会更加连贯一致，我们就有更强的信心：止损将不会干扰预期的回报。

## 职业交易者的窘境

投资机构分派给自己的专业交易员们一个特定的交易资本金额，交易员们的绩效将据交易结果判定。为了最大的利润和最小的风险，交易员们倾向于使用高比例的杠杆和小幅止损。其结果经常是得到的只是中等利润，却暴露在高度风险之下。

如同前面讨论过的，在外汇市场上的噪音总会使得小幅止损频繁地被触发，阻碍交易者们去达到自己的利润目标。但是，因为高比例杠杆和潜在的风险存在，小幅止损的设计看来又是需要的。许多外汇交易者将被迫去向他们的上司检讨。因为亏损已经超过本金的 10%。

因此，最好的绩效特性靠使用小幅止损是不能达到的。当项目是反杠杆的，并只设置大幅止损时，这个项目就是最好的，甚至不用止损也行。但是反杠杆意味着要使用一个较小的资本额。如第四章指出的，如果你取得了较好的利润，而只交易一笔较小的金额（业绩是从获利百分比来判断），则外汇交易部的上司就会说："如果你只用了一半的钱就能赚 20%，那么请用所有的钱去交易，赚到 40%！"不幸的是，原来用于后备的那部分资本，在不常见的高风险周期中是必需的。这种风险不常发生，但你无论如何必须有备无患。

你该怎么办？如果你不用更多的资金交易，这笔资金就很可能被拿走。但如果你用更多的钱投入交易，而市场受到了一次价格突变的冲击，你可能会失掉一笔无法接受的巨大的资金。回答是：不能交易更多的资金。你必须要能够解释清楚，使用反杠杆方式以便达到对风险的控制，对于投资组合和公司都是更安全的。在整个长线周期，以及经常地在短线周期中，人为的风险控制是降低交易效率的。这是一个必须要解决的协作问题。交易者只应该产生具有最佳回报/风险率的回报。

# 小　结

　　大多数交易者都同意,没有一个清楚的风险概念、一个止损或者一个固定的价位限制,去进行交易是很困难的。一个基于你愿意亏损的点数的止损,不是一个好的选择。但是,使用止损后,绩效就是不稳定的,在一个快速波动的市场或一个价格突变期间,当风险保护是最重要的时候,一个离场止损可能会导致在最糟的价格成交。基于逻辑价格位的止损,如支持、阻力或波动性,都很有可能提高绩效。测试证实:较大的止损比起较小的止损要有更好的绩效。

　　如果一个相对较小的止损始终如一地改进了一个趋势跟踪系统的绩效,那么交易者就应该试一试是否一个较快的趋势可以工作得更好。如果一个较大的止损改进了绩效,它很可能是某个单一事件的结果——仅围绕一种情况去建立一个系统将是很困难的。

　　用增加投资来减少风险或是降低杠杆比例是所有方法中最安全的一种。由于较小的风险暴露,风险总是成比例地变小。如果你增加了你的系统的杠杆(由于设置了止损保证安全),一个价格跳空足以产生严重的破坏,一个止损并不能100%担保风险防护。如果你需要降低杠杆倍率以避免偶尔发生的大风险,那么一个止损也许不再对提高绩效有什么帮助。

# 7 应对价格突变

价格突变是最高级别的风险，它是完全无法被预测的，来不及进行交易反应的巨大价格跳跃。价格突变比其他问题更容易使交易者破产。一个价格突变可以被看作一个大的跳空，或是一个突然加大的行情波动范围，它经常是 3 至 4 倍于通常大小，有时更大至 10 倍以上。因为它们发生不频繁且十分突然，许多分析家开发一个交易系统的时候，对价格突变会作不同的处理。一些分析家根据已经发生的特定事件制定专门的法则，另一些分析家将价格突变纳入正常价格现象的一部分，用策略测试来解决它。

## 交易风险通常高于期望值

本章将说明价格突变（平时它很小，但偶尔会很极端）的存在造成了交易风险总是大于期望值。当你回头看看过去的价格移动时，特别是采用计算机图形或某个测试程序（比如 System Writer、TeleTrac 或 MetaStack）观察时，识别一个价格突变是很容易的。它们通常表现为高度波动的交易日或很大的跳空缺口。

如何来处理它们呢？当你正在测试或开发一个策略时，你寻找一种趋势或模式，它们应当能够建立正确的仓位以便在任意一个主要移动中占优势。但是，真有此可能吗？你能预先知道价格将移向哪个方向？其他所有小的波动又会怎样？许多小的价格突变是不明显的，虽然它们不被注意（假设它们的大小不引起严重问题的话），它们和大的突变一样无法预测。

图 7-1 是一张 1991 年 9 月德国马克在 IMM 交易的图示，它表明 8 月 19 日的莫斯科劫持事件给许多交易者带来了巨大的利润。而当市场两天之后突然反转时这些利润就消失了。仔细看一下这张图，可以发现其他的价格突变也都是很大的，标志 A 点表明了一个不期望的方向变化，两天内跌了 300 点。莫斯科事件造成的变动跨距仅 250 点。

其他的突变可以由缺口或与前日相反方向的高波动性来体现。标志 1~5 的价格突变对于一个趋势跟踪者来说很可能获利。而 A、B、C 则可能带来亏损。我们可以看见存在许多突变和价格移动中的跳空缺口，每一个都代表了一个不在期望值的事件，这全都增加了系统的风险。

如果你假定自己能从一次大的价格突变中获利，你就错误地降低了你对市场风险的评估。你可以从一个图形分析或计算机测试中删除一个价格突变，但是你不能从实际的交易活动中忽略掉它。一个价格突变是不可预测的。这就意味着你不能假定自己能从价格移动中获利，当然也不能说所有的价格突变都产生亏损。你只能假定这种变化的一半是有利于你的，而另一半是不利于你的。

## 价格突变的类型

价格突变没有规则或模式可以被提前应用。因为它们总是不可预期的，它们可以于任何时刻发生在任何市场环境中。但是，突变是有区别的，即某些是结构变化引起的结果，而另一些则是暂时性的或不明确的（见图 7-2）。

一个基于一次暗杀或劫持行动而发生的价格大跳跃，是完全投机性的。你如何评估领导人的死亡对于瑞士法郎的影响呢？不管是暂时的或是永久的，一个国家的经济运转状况很少会受到这种事件的长期影响。

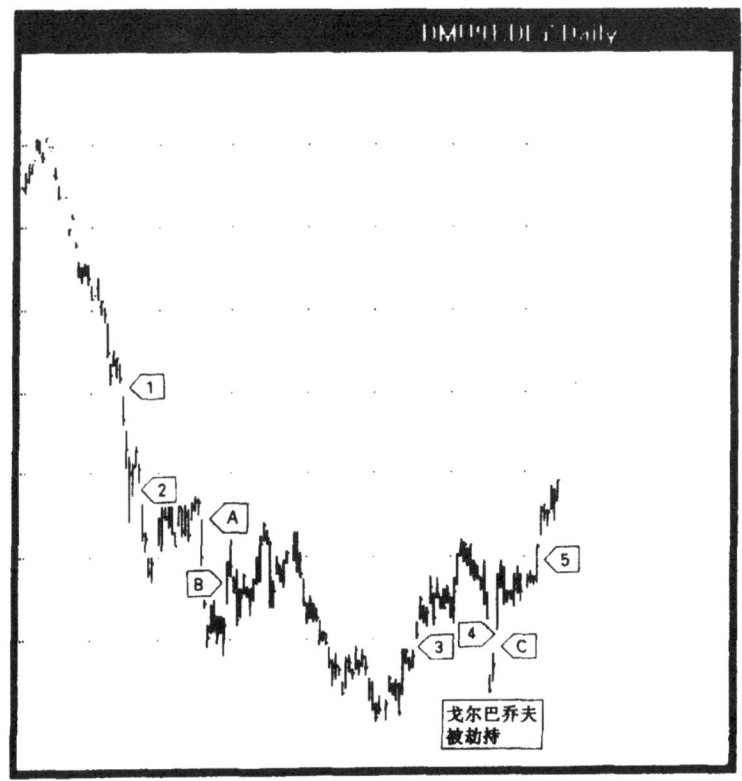

**图 7-1 典型价格突变的图形分析**

德国马克图形给出 8 个很清楚的价格突变。标志 1~5 是期望为一个趋势系统产生利润的地段，标志 A、B、C 则最可能产生亏损。莫斯科劫持事件首先表示为明显的价格突变，但是进一步研究表明，该市场平时就存在着许多缺口和高波动日。不幸的是，一些分析家依靠从这些过去移动中获利的能力作为依据，来选择他们的策略。

一般情况下，战争、谣言、暗杀和政变在价格方面有暂时的效应（见方框 7-1）。天气可能会引起供货方面结构性变化，但很少发生。它总是导致一种立竿见影的过度反应。季节性的缺雨或多雨、冰冻和季风全都会引起一种神经质的反应。收割季节，很明显玉米和大豆是供给异常旺盛的谷物，还有巴西总是乐于在美国橘子汁紧俏时以便宜的价格供货。

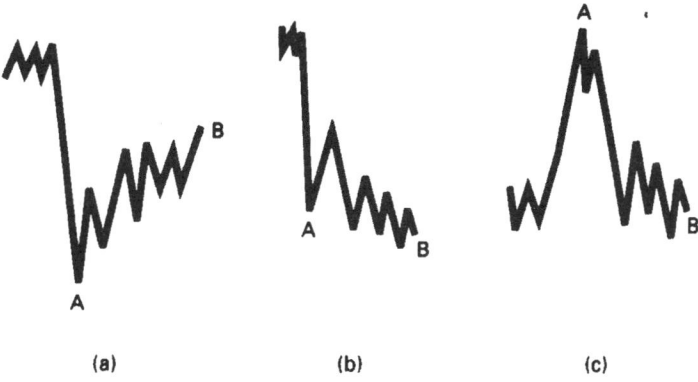

图 7-2 和价格突变相关联的三种模式

（a）一个突降至 A 点的波动，有一个基本面的理由，但被夸大了，因此价格部分地反抽回 B 点。

（b）一个结构性的突变将使价格继续保持向与 A 相同的方向 B 运行。

（c）一个"假"震动 A（没有基本面支持），当消息出来后得到校正。三天之后，效果已经消失。

基于令人吃惊的经济新闻的价格突变经常是结构性的。价格试图跳跃至一个新的水平，以消化该新闻的影响。市场可能会将价格推得稍微过远，但一个交易者难以从这种价格波动中获利。当中央银行宣布利率下降 0.5% 时，价格必然移动到由那个变化支配的水准。如果大众预期降息 0.25%，则价格下移。如果预期降息 1%，则价格上升。由于有周期性的经济和统计数据的发布，在新闻和预期之间的差别才真正确定了价格的反应。

许多长时间的快速价格移动并不算价格突变。有关天气的新闻经常由市场来先知先觉。一次寒潮或者台风一定是会有预警的。当冷空气南下到佛罗里达时，交易者和种植者都会十分关心寒冷继续加剧的可能性。他们开始靠购买期货合约来对冲风险，或者将空仓回补。其结果是某个商品市场在霜冻开始之前就开始上涨。使用一个简单移动平均值系统的投机者可以在严峻的天气之前得到一个买入信号，这是一些人对天气情况的预期所产生的行动而造成的结果。

### 方框7-1 三个典型的价格突变

1. 1990年8月科威特受侵略,大多数投资者做多,(图7-3(a)),石油持续短缺的可能性推动价格稳定上升。一月份美国的反击还不被知晓,而剧烈的反转证实市场的反常曾使投资者吃惊(见图7-3(b))。

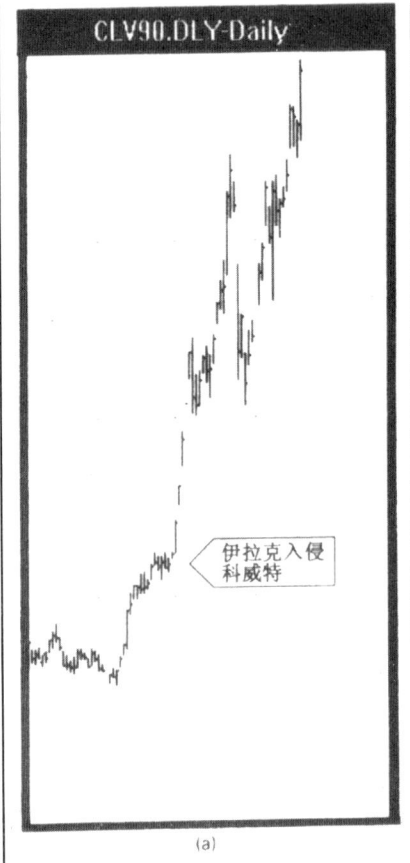
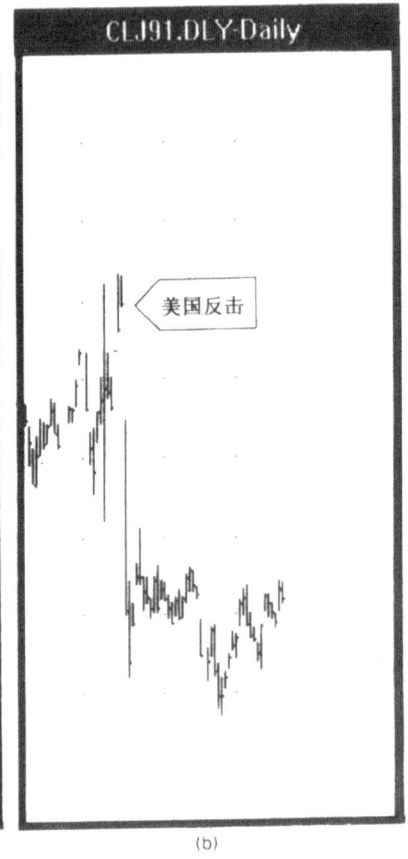

图7-3

(a) 伊拉克入侵科威特。

(b) 美国以沙漠风暴反击。

## 方框 7-1（续）　　三个典型的价格突变

2. 1992 年 1 月，市场不希望保守党在英国大选中获胜，而保守党的获胜使得英镑下跌（见图 7-4）。

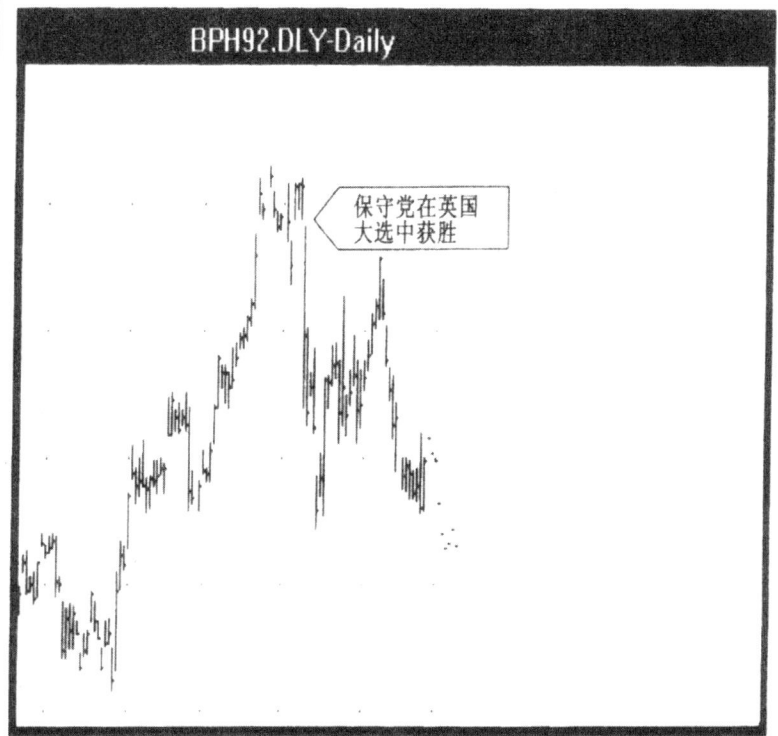

图 7-4 保守党在英国大选中获胜

## 方框7-1（续）　　三个典型的价格突变

　　3.8月16日（星期日）的苏联解体在外汇、石油和资产市场中产生了独一无二的形态。S&P（图7-5（a））大幅击破原上升趋势，原油则产生一个猛烈的拉升（图7-5（b）），而德国马克（图-1）也将有利可图。但是，当市场两天之后就反转时，它们都将带来巨大的亏损（在莫斯科形势平稳后）。

 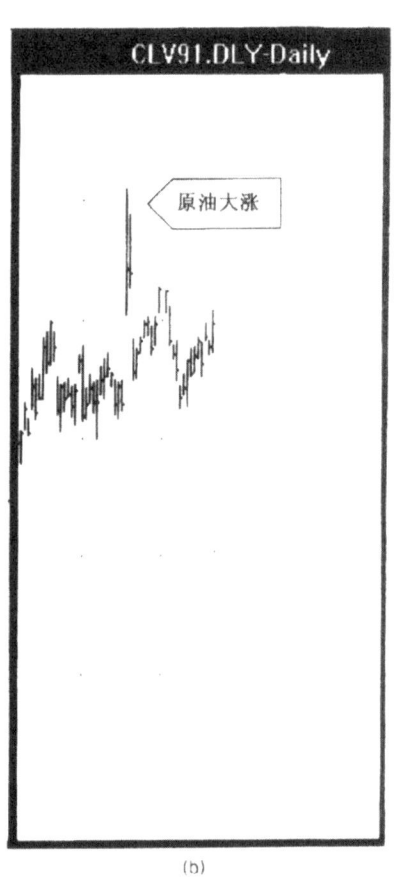

(a)　　　　　　　　　　　　(b)

**图7-5 苏联解体**

（a）苏联"8·19"事件在S&P中引发了剧烈的下跌。

（b）原油价格在对苏联供应将中断的预期下大涨。

许多长时间的快速价格移动并不算价格突变。有关天气的新闻经常由市场来先知先觉。一次寒潮或者台风一定是会有预警的。当冷空气南下到佛罗里达时，交易者和种植者都会十分关心寒冷继续加剧的可能性。他们开始靠购买期货合约来对冲风险，或者将空仓回补。其结果是某个商品市场在霜冻开始之前就开始上涨。使用一个简单移动平均值系统的投机者可以在严峻的天气之前得出一个买入信号，这是一些人对天气情况的预期所产生的行动而造成的结果。

与此相似，一个影响产业的规则的变化也经常会有预警。议会对于一个改变污染控制或标准的投票，对于一些公司有相当清晰的甚至有时是可以测量的效应，通过决议的可能性将首先使股票价格打折。

## 价格突变对于一项投资的冲击

一次价格突变可以在一个完全投资的账户中引起严重的资产净值波动。许多交易者都在尽可能地使用杠杆交易，波动幅度可以是从资产总值的3%至30%。如果你持有一个有50%现金储备和50%股票组成的保守型投资组合，或者除50%现金外，其余部分在期货中用5%比例的保证金交易期货合约，那么价格突变的冲击如下：

| 分派到这个仓位中的投资组合部分资金 | 价格突变大小（无杠杆） | 在股票组合中相应跌幅 | 在期货证券中相应跌幅（5%保证金） |
|---|---|---|---|
| 50%（最大风险暴露） | 3% | 1.5% | 30% |
|  | 30% | 15% | 300% |
| 10% | 3% | 0.3% | 6% |
|  | 30% | 3% | 60% |

在一个最坏的情况下股票投资组合能毫无问题地容忍一个3%的净资产跌落，是因为只有10%的资金（或1/5可用的交易资本）被风险暴露在一个相关联的组合中。甚至对于15%的亏损（在50%资金暴露情况下）来说，尽管是令人不愉快的，但也还不是致命的。期货则是另外一回事。大多数交易采用高杠杆作用，一个投资账户很少有为一个大的相反的价格移动作准备。最保守的期货投资组合（有分为5份的不同投资，每个10%，还有50%现金储备）仍然会在3%的价格回落时损失6%。

## 从系统绩效中消除价格突变

在一个新的策略测试过程中，大多数交易者和分析家会剔除由于价格突变而引起的亏损（或是从价格突变中得到的利润），他们的做法是：

（1）从一个优化试验中选择最可获利的系统。

（2）在震荡期间幸运地不在市。

（3）测试没有重大波动的数据。

在专心地寻找一个好的交易系统时，交易者将会选择那些在整个过去测试中绩效最好的系统，当利润明显时他们不怎么挑剔系统。如果一个25天移动平均值在星期五指示做多S&P（在戈尔巴乔夫被劫持前），它在之后整个三个交易日中将反复亏损。一个5天趋势则可能正好在那天开立一个新的空仓或结束一个多仓，并将从价格突变中得到好处。

当你仅仅选择最佳结果时（例如：使用一个TeleTrac优化自动进入市场时），选择错误的系统参数有可能发生。如果一个较慢的系统捕捉到5%回报的同时带有20%的风险，而同时有一个较快的项目得到4%利润却只带有6%的风险（由于莫斯科政变），这会清楚地表明：较快的趋势速度是必选的。没有一个人会去选择那个高风险低收益的系统。

究竟会发生什么样的事情？选择从价格突变中获利的系统，你其实是在无意识地假设自己能预测一个价格突变，但这是不可能的，因而你的结论是无效的。这并不是说较慢的系统就一定好，在这点上，我们真的没有足够的信息来判断，因为测试结果被不正确的假设歪曲得太多了。

## 短期测试可能看不到价格突变

某些系统是在近期数据范围内被评估的，因为过去的价格似乎不能代表当前市场的状况。欧洲通货制度（EMS）在硬通货成员国的汇率之间改变扩展的关系。依靠建立限制，价格受到支持，而模式不同于原先EMS 的数据。短期数据的数量有一个缺点：它没有足够多的价格模式去开发一个固定的交易模型。它们仅可能给出一个牛市或几个小的价格跳跃。在一个小的数据取样中很少见到大的价格突变。

## 价格突变的频率

你可能会认为基于新闻的每个价格变化都是价格突变。市场充满了许多小的跳跃，因为有着许许多多意料之外的事件。例如，失业率的周期报告、公司盈利、意外的支出、联邦储备或中央银行的金融政策上的改变（从不事先公布）、交易业绩公布、新政府政策的公布、谷物收成预估、活牲畜的每日市场行情、中西部的下雨量，或北半球的寒冷等等。市场对于一个事件的预期与事件的真实情况之间的差别，产生了价格突变。

许多价格突变是很小的。对将发布的信息较为准确的市场预期，经常可以消除在价格上的一些变化。有时，实际值与期望值之间的区别也不是最重要的，这是因为有其他更加引人注目的效应。经过了三年延续的衰退（于 1991 年开始）和稳定地降低利率，一个差劲的失业数字报告对市场来说，就不像预示着可能将有通货膨胀的消费者价格指数那样重要。

尽管小的价格跳动更常发生，但仅有较大的价格突变能够吸引我们的注意力，这是因为其不能预测和很少出现。价格突变是以一种很类似于随机分布的形态产生的。市场中存在着许多小的突变,而大的价格突变的数量则是迅速下降的。

**缺口和区间**。图7-6给出了3开口的频率和日内交易区间,并比较了十年内(1993年止)S&P与德国马克的情况。小插图是以0.5%的缺口和区间开始,但是频率下降很快并且更少的大百分比移动就看不到

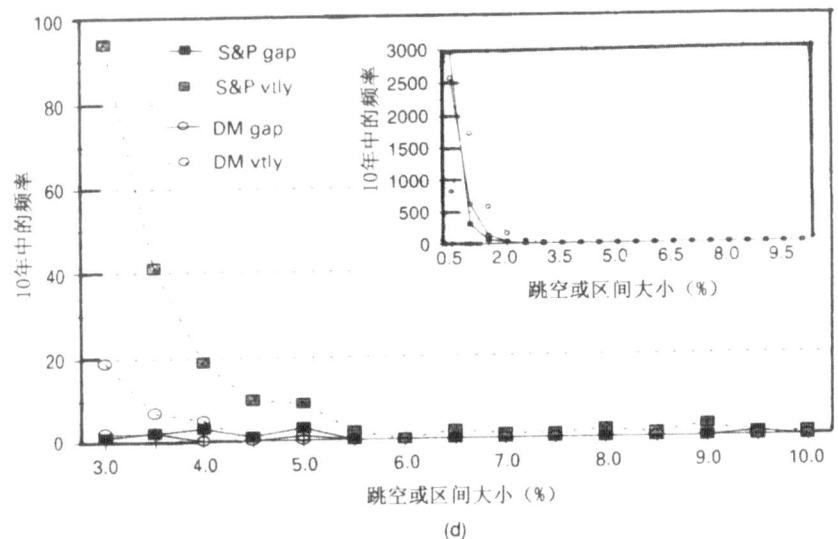

**图7-6 价格突变的频率**

S&P和德国马克价格突变的比较表明德国马克有更多的跳空开盘,同时S&P有更多较大的日内价格区间。这些较大缺口和区间的频率指出:价格突变和无控制的风险比我们期望的出现得更频繁。

了。大的图只给出了当前价格3%以上的缺口和日内区间。这些数值可以在表7-1中准确地看到。

在图7-6中,两个市场的模式(形态)各不相同。S&P(美国国内市场)与德国马克相比跳空非常少,因为德国马克一天24小时都进行交易(这将在第11章中"过夜风险"一节讨论)。S&P也表现出了更大的风险,具有一个9.5%的缺口和51天4%以上的日内价格波动;而德国马克在同样的周期内只有5次。S&P遭遇大于4%的价格突变的

可能性，要比德国马克多10倍。

这一点的含义是很重要的。在3375天中的51天，在S&P中会发生价格突变（平均计算则每年有4天）。由经验所知这些波动很可能是群聚出现的。因此，我们可以假设一年有四天的剧烈波动期。这一年可能会因此获利，而下一年则相反。不管哪种情况，一个4%的价格变动对于期货交易者来说是一个净资产40%的波动（10%保证金）。

表7-1 价格突变的频率（1983.1-1993.6）

| 移动大小(百分比) | S&P 缺口数 | S&P 区间数 | 德国马克缺口数 | 德国马克区间数 |
|---|---|---|---|---|
| 0.5 | 2963 | 118 | 2572 | 824 |
| 1.0 | 307 | 1273 | 622 | 1728 |
| 1.5 | 64 | 1069 | 133 | 581 |
| 2.0 | 24 | 510 | 34 | 164 |
| 2.5 | 6 | 219 | 10 | 48 |
| 3.0 | 1 | 94 | 2 | 19 |
| 3.5 | 2 | 41 | 2 | 7 |
| 4.0 | 3 | 19 | 0 | 5 |
| 4.5 | 1 | 10 | 0 | 0 |
| 5.0 | 3 | 9 | 1 | 0 |
| 5.5 | 0 | 2 | 0 | 0 |
| 6.0 | 0 | 0 | 0 | 0 |
| 6.5 | 0 | 2 | 0 | 0 |
| 7.0 | 0 | 1 | 0 | 0 |
| 7.5 | 0 | 1 | 0 | 0 |
| 8.0 | 0 | 2 | 0 | 0 |
| 8.5 | 0 | 1 | 0 | 0 |
| 9.0 | 0 | 3 | 0 | 0 |
| 9.5 | 1 | 0 | 0 | 0 |
| 10.0 | 0 | 1 | 0 | 0 |
| 总计 | 3375 | 3375 | 3376 | 3376 |

该图指出大的缺口和交易区间将周期性地产生，并且将大到足以成为一个问题。理论上说，风险可能借助很好地多样化的投资组合来被缓冲和吸收，但事实上，价格突变经常同时冲击很大一批市场和资产。

### 为何做无用功

在测试期间，许多交易项目没有把一个价格突变与其他的价格移动区别开来。如果应用专门的法则组合以及选择最佳的趋势速度，交易程序可以在每一个重要的价格跳跃发生时都站在市场的正确一侧。用一台计算机扫描股票市场过去的价格以识别一个极端跌幅的模式，是很容易的。一个系统如果从1929年到1993年间，在每年10月份下半月的每周五都卖出股票，并于周一下午买回，那么应用该系统可以赚到不少利润。尽管大多数交易产生了一些很小的利润或亏损，但几个主要的周一开盘向下跳空带来了最终的成果。

这种方法错在哪里呢？因为它收集、分类和创建了一些法则，去利用不可预测的价格突变来得到优势。你正在把专门的特征赋予本来毫无特征的事件。总之，如果你开发了一个没有产生大的单次交易亏损的系统，你一定是哪里搞错了。

### 为了防护风险而使用止损

除了期望利润的减少以外，无法识别一个过去的价格突变会影响到风险控制。你不能假设一个价格突变将产生利润，也不能假定一个止损就能挽回一部分亏损。场内的止损单通常在最坏的价格成交. 而目测的止损速度又太慢，无法有效控制损失。

■一个止损不能让你离开一个空头仓位（有出价限制）或一个新闻发布后价格迅速移动的股票。

■一个止损在市场开始交易时让你以最坏的价格离场。

■在以往的测试中，一个止损无法告诉你一个日内的波动是否产生了通过风险价位的价格跳跃，以及订单成交在那个期间的高位（总是假设在15分钟范围的高端买或在15分钟范围的低端卖，是更安全的）。

一个计算机系统如果能够在日内波动期间下单，通常会提供事实上无法达到的好结果。

■在一个价格突变期间存在一个"快速市场"，并且价格报价慢于屏幕显示，以肉眼来观察，永远也无法防止有效止损，因为事件可能在它出现于屏幕之前就结束了。

事先放好止损单，等待到达那个价格执行是令人放心的，但是，一个偶然的震动是险恶的，从这一点上来说，一个止损设置很少能够改进风险控制。

### 关键的价格突变概念

风险总是高于估值，因为历史数据的测试（无论是计算机化或手工的）不能把可用来预测未来利润的数据和无法预期的价格突变区分开。

■你不可能知道哪一个波动将对你有好处，或者哪一个波动将导致亏损。

■你不可能知道哪些日子包含了一些特殊的日内价格移动，这些移动使得一个止损或新的交易无法在一个合理的价位上被执行。

■当仅有历史价格数据时，很多导致糟糕的执行结果的小幅价格突变更加难以识别。

## 处理价格突变

至此，价格突变给出了一幅令人担忧的景象：它们不能被预测，它们中的许多例子后来再也不会发生，它们可能产生破坏性的亏损。令人高兴一点的想法是：当你接受了价格突变的不确定性，并不随意假定获利机会时，你就知道了最糟糕的风险处境。这是评估交易和投资回报的安全之路。盲目相信一个系统具有较小的风险，将导致更多严重的问题。

### 评估风险的准则

下面的准则将帮助你避免犯错和更加准确地评估风险。这些准则将不去识别每一个价格突变，也不大可能使最终风险价位与交易的实际风险一样大，但是它们将十分接近。

■更多的测试数据会给出更现实的结果。较大的数据测试周期包含了价格模式的更大变动范围和更多的价格突变，基于较长时间测试的参数选择倾向于长期预测和减慢趋势，这可以更好地吸收价格突变的效应。较快的策略必须由价格突变获得利润，以便防止巨亏。一个较长期的系统的期望利润可能是较低的，风险却较高（比起一个较快的交易方法），但是，实际的交易结果更可能较类似于较慢系统的测试结果，而远不同于一个快速系统的测试结果。

■选择参数可使用较少的数据，评估风险则使用较多的数据。如果旧的数据不能代表当前市场的情况，基于一个短的测试周期去选择参数可能更合理。一旦这些参数被固定下来，可测试一个较长期的旧数据集合去得到一个更好的风险评估。从一个小范围的测试数据取样中找到全部的风险是不可能的。使用旧的数据能够展现波动性和风险的更多形态，使用最近的数据则用来确定趋势的周期和获利的价格形态。

■在过去的价格中寻找一个最糟糕的情况。在过去的图表中去寻找明显的价格突变并不困难。寻找最大的价格移动，并考虑最坏的一幕，从而评估风险。假定过去发生的事情在未来会再次发生，这种看法是比较安全的。

## 创建一个人造数据系列

一个有用的数据变换可以给出现实的系统测试结果，用一台计算机做下列事是很有必要的：

1. 扫描历史日线数据，并从其中删除有价格突变发生的日子及其后两天的数据。突变的日子可以由一个较大的缺口或者一个非比寻常的大波动交易区间来鉴别。借助于选择缺口或波动区间是平时的3、5甚至10倍的办法，你可以选择不同大小的突变波动。

2. 创建一个价格指数，它与价格突变的那3天没有关联。这将会关闭由删除数据而产生的任何价格缺口，并将所有价格变化改变为百分比变化的形式。

3. 使用缺口调节后的数据系列来测试交易策略。这将得出一组不从价格突变中获利的参数选择，同时也假设其不会因价格突变而止损出场。这将会产生一个系统，该系统在"仿正常"的市场中运转顺利（"正常"必须实际上包含价格突变）。

4. 在原始的数据系列（包含所有价格突变）上运行这个具有所选参数的交易策略，将得出类似的利润结果，但风险要大很多。一半的波动将会产生利润，而另一半波动则带来大亏损。如果你发现了没有引起亏损的价格波动，则可以使用获利的那些波动去指示潜在的亏损大小。波动正好在当前持仓的方向上发生，仅仅是好运气而已，在实际交易中它可能正好相反。你应当以人工方式评估过去价格突变的大小，并假定它们代表了未来的风险。

你现在有了一个回报和风险数值的实际集合，去确定系统的优点和成功交易所需的必要投资。为了"正常市场"所选定的参数将会推导出更多经过粉饰的利润，而最终风险数字将给出有关价格突变的效应和频率的实际情况。如果仅依靠移除价格突变的数据，优化过程将永远不会调整参数，以使得系统能够从不可预测的价格突变中获利。

对用来创建一个缺口调节后的数据系列的价格突变的清楚定义，可以使得你在实际交易中自动地识别出系统中同样的波动。当突变产生时，你可以改变规则并当作特例处理。方框 7-2 给出了用于创建这个系列的 FORTRAN 代码。有关调节数据，在第十章中有更多论述。

# 管理一个价格突变

从一个价格突变中你可能获取一笔大的利润或是一笔大的亏损。因为你不能预测震动发生时间，你就必须假定你将持有一仓位，无论是多头还是空头。我们已经讨论过用来减少风险的止损的使用，并且得出结论：一个场内止损单更加可能捕捉到最糟糕的价格，那么该选择什么呢？

## 方框 7-2 创建一个"震动调节过"的价格系列

为创建一个缺口调节过的和震动调节过的价格系列,下列的代码不能由 TeleTrac、Easy Language 或电子数据表来完成。因为新的数据系列比旧的系列短。下列的代码用 FORTRAN 语言读取原数据系列 OLD 和创建一个调节后的新系列 NEW。

```
SUBROUTINE GAPADJ(PERIOD,GFACT,TRFACT,RDAYS)
C—— "GAPADJ"   subprogram for removing price shocks
C——PERIOD      the number of days to determine normal price movement
C——GFACT       the relative size of the overnight shock versus normal
C——TRFACT      the relative size of the intraday shock versus normal
C——RDAYS       the number of days to remove including the day of shock
     PARAMETER  (max $ =500)
     INTEGER    DATE(max $),RDAYS
     REAL       OPEN(max $),HIGH(max $),LOW(max $),CLOSE(max $),
    +           TRANGE(max $),GAP(max $),INDEXIF(RDAYS.LT.1)
     RDAYS=1
C——Open input and output files
     OPEN(10,FILE='N')
     OPEN(11,FILE='OUT')
C——Initialize output count
     N=1
C——Read original input data
     10 RFAD(10.1000. END=50)DATE(N),OPEN(N),HIGH(N),
LOW(N),CLOSE(N)
1000 FORMAT(16,4F8.2)
C——Start output file on day of full period
     IF(N.EQ.1)THEN
        NX=1
        INDEX(NX)=1000.
        WRITE(11,1100)DATE(N),INDEX(NX)
1100    FORMAT(16.F8.2)ENDIF
     IF(N.GT.1)THEN
        NX=NX+1
        INDEX(NX)=INDEX(NX)+ABS(CLOSE(N)-CLOSE(N-1)/CLOSE(N-1)
```

## 方框7-2（续） 创建一个"震动调节过"的价格系列

```
C——True range
      TOP = HIGH(N)
      BOT = LOW(N)
      IF(CLOSE(N-1).GT.TOP)TOP = CLOSE(N-1)
      IF(CLOSE(N-1).LT.BOT)BOT = CLOSE(N-1)
      TRANGE(N) = TOP-BOT
C——Gaps
      GAP(N) = ABS(INDEX(N)-INDEX(N-1》
      ENDIF
C——Test for a price shock
      IF(N.GT.PERIOD+1.AND.
     +  (GAP(N).CT.AVGCAP* CFACT.OR.TRANGE(N).GT.AVGTR*
TRFACT))THEN
C——Skip RDAYS+1
      D030I=1,RDAYS
        PRIOR = CLOSE(N)
        READ(10,1000.END=50)DATE(N),OPEN(N),HICH(N),LOW(N),
     CLOSE(N)
   30 CONTINLTE
      INDEX(NX) = INDFX(NX)+(CLOSE(N)-PRIOR)/PRIOR
      WRITE(11,1100)DATE(N),INDEX(NX)
C——If enough data,calculate average range and gap
      IF(N.GT.PERIOD)THEN
      SUMTR = 0SUMCAP = 0D0201 = N,N-PERIOD+1,-1
        SUMTR = SUMTR+TRANGE(1)
   20 SUMCAP = SUMCAP+GAP(1)
      AVGTR = SUMTR/PERIOD
      AVGGAP = SUMGAP/PERIOD
      IF(N.LT.max $)THEN
      N = N + IGOTO10ENDIFSTOP 'Data too big for array. Increase max $ and
      rerun.'
```

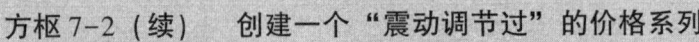

### 方枢 7-2（续） 创建一个"震动调节过"的价格系列

```
50   CLOSE(10)
     CLOSE(11)
     RETURN
     END
```

Identification of a price shock once the factor has been determined：

IF(open>@ AVERAGE((@ ABS(open-close [1])/close [1]),period) * GapFactor OR @ TrueRange>@ Average(@ TrueRange,period) * RangeFactor)THEN

---

在由于价格突变得到一笔可观利润或者蒙受亏损之后，你可以持有一个交易仓位一阵子再退场。因为你能够在计算机上自动地识别一个震动，你也能测试专门应对这种震动的策略。例如，如果这价格突变是向上移的，收盘时设置一个多头或空头仓位（这取决于震动的类型），然后在一两天后退出！（见表 7-2）。你能确定哪一个震动倾向于继续，哪一个将反转。如果有足够的实例，你可以开发一个很清楚的价格突变策略。

### 辨别突变的类型

有一种符合逻辑的、可接受的策略，即使没有计算机化测试也可以管理一个价格突变。首先，你必须了解突变的情况。如果这个价格突变是由基础的结构变化所引起的，则只能期望有一个小的反弹。中央银行公布提高利息率 0.25%，意味着债券价格将跌到新的价位。如果一个 0.5% 的增加是预期的，那么价格将会上升。这不是一个期望的问题，而是事实。利率比起大多数其他新闻是更加有决定性的。莫斯科事件会对价格产生巨大影响，而像种植意向、零售药价格或一个新的国民健康项目这样的因素，就比较难判断了。尽管大多数价格突变的移动都比所应该达到的幅度更远，一个结构上的变化意味着一个固定的价格迁移。一些校正是正常的，但向那个校正的新方向延续也是可能的。从一个结构性的变化中挽回亏损的机会一般都很小。

表 7-2　价格突变特性

|  | 结构变化 | 暂时性的恐慌 |
|---|---|---|
| 模式 | ■波动，平静快速<br>■有可能更多获利，但随之增长的风险大于利润<br>■小的反转 | ■连续的波动<br>■有可能反转<br>■大的反转 |
| 如果一笔利润 | 交易出场 | 交易出场 |
| 如果一笔亏损 | 等待一个小反转再退出 | 等待 25% 或 50% 反转或增加点位投资以补偿多于 50% 的亏损 |

政治上的新闻、自然灾害、传言支配了大多数其他的价格突变，暗杀是悲剧性的，但不一定会影响一个国家的安全或经济。台风、洪水和霜冻侵害了一些国家和地区，但很少在总体供需上产生根本性的变化。在过去，佛罗里达的霜冻会引起橘子汁的价格上升，但现在发生任何短缺巴西人都会来填补。不能被确定或被解释为价格变化的价格突变，都可能移动得太快和太远。这些移动就允许交易者去挽回他们亏损的一大部分。

## 震动对你有利

当一个价格突变快速给你带来利润时，在这个点位上应当迅速出场。即使一个结构性的变化很可能给出更多附加的利润，但风险方面的增长将大于潜在的进一步利润。如果这个震动产生了一个亏损，那么对该仓位可以设法挽回部分亏损。

图 7-7（a）给出了具有某些基本面因素的一个价格突变。价格迅速升高，然后开始一个波动性很高的不稳定的下降。一个短线和长线的

趋势如（1）和 2 所示。由于价格移动很快，系统（1）不能够退出。短趋势将在高点被止损退出，反转仓位做多，并在几天之后再次止损退出。这较慢的趋势取得了快的利润，但是在得到一个趋势反转信号之前回吐了 1/3 的利润。

在价格突变之后，快和慢的趋势都赶上了价格的跳跃。同时，在图 7-7（a）中价格实际上发生了反转。当趋势随着震动结束时，很难说"我们正顺应着趋势"。1987 年股票市场的下跌就是这种情况。明智的管理策略要求交易者在一个突发利润产生后立刻平仓出局，如果这种变化是结构性的，原有仓位是可能重新进入的。但是，在大多数情况下最好还是等待新的趋势信号产生再重新入市。

图 7-7（b）描述了一个结构变化。虽然价格继续抬高，较高的波动性却使得快速趋势系统被来回止损。较慢的趋势在遇到同样的横盘周期之前将会增加利润。无论如何，如果这两种策略在价格突变之后都能立刻获利平仓，那么绩效都可以改进。

### 风险削减

价格突变伴随着高的波动性。由于尽快获利平仓，在紧跟第一个价格峰值之后的高风险周期内你将不再持有仓位。当交易进行时，即使一个结构性的变化产生更多的利润，其风险（由波动性测量）远远大于可获得的少量利润。一旦这净资产波动成为绩效的一部分，它就不能被抹去。注意力应集中在低风险上，因为这对应着较高的杠杆和较大的利润。

### 突变产生了大亏损

一旦受到价格突变的冲击，而且与你持仓方向相反，那么风险已经不再是一个问题了。这时最需要关心的是找出最好的时机来补偿部分亏损。如果变化是结构性的，你只可以期望一个小的反弹，而且进一步亏损的风险可能是很高的。此时，时机选择非常重要。一个专业交易者可

# 应 结 价 格 突 变

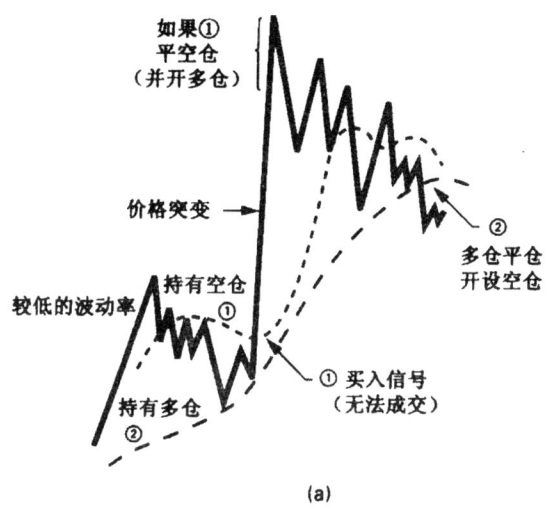

(a)

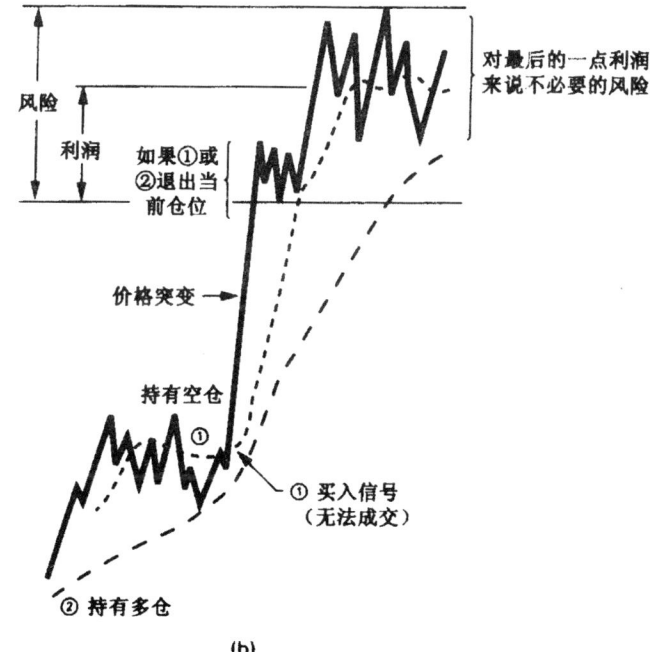

(b)

图 7-7 交易价格突变

(a) 突变带来损失的趋势跟踪。(b) 突变带来利润的趋势跟踪。

以监视着市场，等待交易正趋于平静、大批单子全都成交的迹象。无论怎样的修正都很可能在这个时候出现。之后，价格可能再向着突变的方向移动。一个长线交易者（他仅在收盘后才看到突变）将会竭力尽快离场，只要市场还在活跃地交易的话。

一个可能反转的由暂时事件引起的突变，可以用两种方式来处理。一个保守型的交易者可以持有原来的仓位，期望一个10%至30%的反弹。如果他被证明错了，价格达到了新高或新低，那么有可能在次日收盘前退出，如果震动的原因后来显示为结构性的，也在那时退出。一个激进型的交易者可能会补仓，设法去补偿20%至60%的亏损。在以上两种情况中，你都期望将部分亏损转为获利。这完全是一种防卫性的管理策略。

## 管理的责任

交易者经常感觉到他们有义务去跟踪他们的系统，不管周围发生什么情况。确实，如果规则是被严格遵守的，那么就很容易解释为何事情会变糟。不按计划行事而产生更多亏损，就将很难解释。

当一个价格突变之后价格按相反方向移动时，跟踪一个"趋势"是不合理的，这就和严格的系统交易规则冲突了。为了解决这个进退两难的问题，当一个"价格突变日"被确认时，使用下列很清楚的规则：

1. 鉴别突变。当一个缺口或交易区间大于某个极限时，一个价格突变就产生了。

2. 如果有赢利，则获利平仓并等待一个新的趋势信号。

3. 如果亏损，在市场交易时持有亏损仓位一天。在一个新的极端价格、一个50%回撤或一个相反的趋势信号产生时出场。

使用两组清晰的规则，一个交易者就可以衡量对一次价格突变的最合适反应。

当选择一个交易策略时，请记住：长线和较慢的系统更加可能有相似于历史测试的回报和期望。由于这个测试覆盖了很长时间的周期，它们包含了更多的价格突变、更多的价格模式和更多的风险。它们靠较长期持有仓位而产生了较大的利润；因此，一个价格突变对于绩效来说并不是很重要或具有太大的破坏性。长线仓位的大小给予它一定能力，去缓冲价格突变的影响。为了消除一个价格突变而向一个长线系统中增添一个短线规则，是很困难的事。短线规则通常会将一个慢的交易系统变为快的交易系统，并且还要包含不在场内的一些大段的时间。

# 小 结

我们喜爱交易一个看来只有低风险的系统，但是，因为不现实地假定了我们可以从价格突变中获利，我们经常产生了较大的风险。这些导致了资金不足的账户和令人不愉快的结果。一个价格突变以同样方式影响了所有的交易，不管你是做长线或短线，也不管你是趋势跟踪者或是反趋势交易者。如果一个政府报告引发日元跳动了300点，所有交易都会受到影响。当这种价格突变发生时，只有你是做多还是做空才是重要的。然而在总的绩效上，或在一个完全分散的投资组合中，一个震动的影响在长线上并没那么重要。

通过接受价格突变的不确定性，你可以执行另外的交易规则去限制进一步的风险，并有可能补偿某些亏损。一旦价格突变到来，它就启动一个新的交易计划。趋势跟踪系统不能适用于一个刚经历过结构性变化的市场，不管价格移动是向哪个方向。

理解交易的现实风险是系统测试和绩效评估的最重要部分。交易事业的目的是，期望为每一份能接受的风险获得一份相应的回报。若对每一个策略的风险缺乏清楚地理解，你就无法明智地选择最佳的交易系统，无法确定交易需要多少资本。

# 8 更聪明的趋势跟踪

在价格分析中，如果你想达到目标，那就只有一个：判断价格的运行方向，也称之为趋势。如果在这趋势方向上你建立仓位，你就该能捕捉最大的价格移动，并能够合理地控制风险。当你根据趋势的方向去选择交易，或者依靠确认正确趋势方向来设置对冲仓位时，你的交易绩效必然能够提高。

## 预测和跟踪

### 寻找趋势

有两种途径去寻找趋势。依靠分析主要的经济因素你可以得出结论：价格应当走高。需求旺盛、管理出色、技术提高以及降低成本都能对长线增长、高分红和股价走高做出贡献。能源价格可能会因巨大的消费被推动上升，一致行动的OPEC（欧佩克）减产或西伯利亚的供货中断也会引起油价上涨。但是，基本面的评估是困难的，并主要依赖于可靠的信息。如果引入了新的因素，结论就会改变。变化必须被不断地监控和权衡。

许多交易者用一个"移动平均值"补充或替代以识别趋势。看起来，在一个简单的数学公式和驱动价格的那些事件所造成的结果间没有什么关系，但事实并非如此。一个"移动平均值"用平滑随机价格移动的方法去创建一个趋势。由于它是一个过去几天的价格平均值，减少了那些局外人由消息引起的过激反应的影响。平均较长的数据周期给出了较平滑的趋势。其结果经常是长期市场方向的一种很好的代表，并且是一种对政府金融和利息政策的有效反映。移动平均值也应用于计量经济学中，平均化已知的季节或周期性效应。许多年来股票市场分析家使用200天移动平均值作为他们的基准。

一个移动平均值看起来和它的名字完全一样：一个先前的数据周期的价格平均值。一个三天移动平均值简单地等于：

average＝（price+price［1］+price［2］）/3

大多数的计算机交易软件，甚至电子数据表都有移动平均值的公式，只需打入下列符号即可：

@ average（price，n）

这里price是指要被平均的数据，n指所用周期的数量（例如，天数或小时数）。还有许多移动平均值计算的变种：

■加权平均值——可以对每一个数据项指定不同的价值，一个三天加权平均值是最近一天的价取60%，而先前两天值各取30%，即：

@ weighted_ average（price，3）＝0.60×price+0.30×price［1］+0.30×price［2］

■指数式移动平均值（称为指数值）是加权平均值的一种特定类型。在这种形式中每一数据项在数值上是逐渐减少的，从新到旧的数据以固定的百分数缩减。

Exponential ＝ exponential［1］+ percentage ×（price - exponential［1］）

它也可以下面的记号输入：

@ exp-ma（price，smoothing_constant）

这里smoothing_constant是百分数加权值。

本书中使用的移动平均值，大多数是指数式移动平均值。这是最简单的计算，因为它不需要全部以前的数据，并且其计算结果仍然很接近其他的移动平均值。

### 基本面分析和趋势跟踪

经济学或基本面的分析先进行预测，紧接着是趋势评估。基本面的分析试图事先评价对当前因素的反作用，及权衡可能发生事件对市场的冲击。趋势计算则观察以前的数据，把价格移动归纳为一个净方向，并假定那个价格将会继续沿着那个方向运动。趋势跟踪系统则是对事件进行反应，而不是对它们进行预期。

基本面分析和趋势跟踪二者都是好方法，但是都不那么简单，也都不能防止操作失误。本章最关心的是趋势跟踪方法和计算机程序。新的强大的图像设备使得展示历史数据十分容易，利用计算机化的策略测试程序去寻找一个成功的系统，尽管没那么简单，但从技术上来说是不难做到的。一种方法在过去曾经有良好表现，并不意味着它在将来总能如此——至少不那么好或并非全部时间都能正常运转。

# 趋势交易

### 噪　音

在趋势的方向上交易，是安全、保守的方法。趋势系统的一个重要特性是它们让利润奔跑和截断亏损。金融分析师们称这样的状况为"资本的保守"。最可靠的趋势是较慢的趋势，例如捕捉利率的长期方向或是美元的贬值。长线趋势反映了政府政策的方向。

趋势系统不指望能在数据周期小于 1 小时的情况下工作，当你在短周期上观察价格（例如 5 分钟）时，你看到的大多数是"噪音"，噪音是由各种不同原因从世界各处进入市场的买卖单引起的。因个人原因出清股票，瞄准不同时间周期的交易目标以及减少国际商业风险的外汇交易，全都在稳定地流入市场。定单的大小各不相同，并且某些较大的定单还在寻找低成交量的周期。这些因素导致了价格缺口和短暂的快速移动，这些移动看起来似乎是一个新的价格方向。

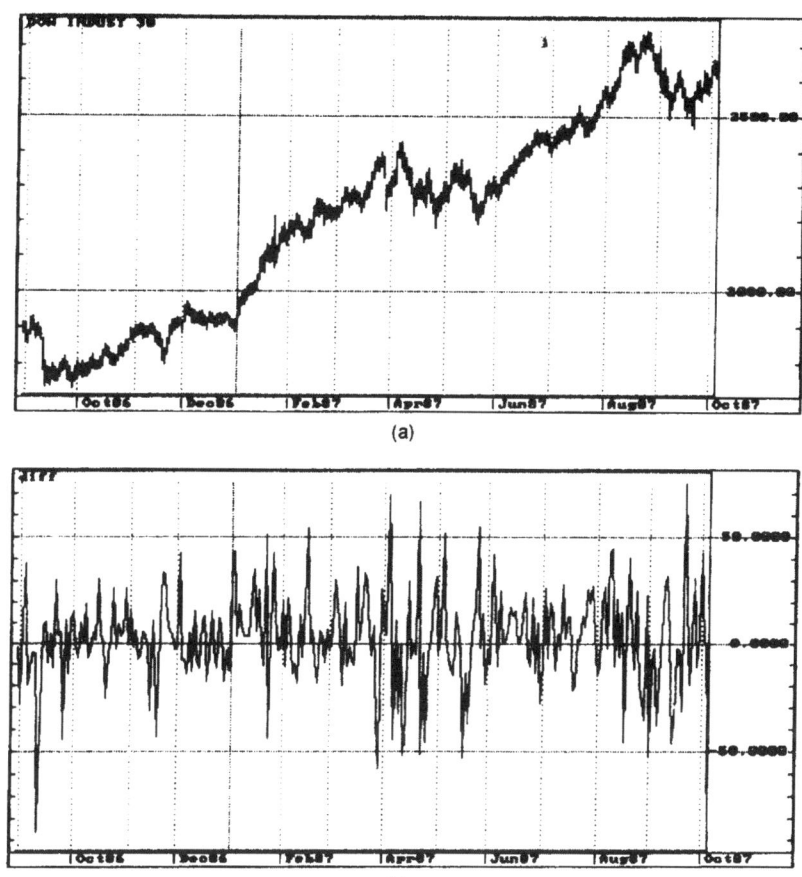

图 8-1　道琼斯工业指数中的内在噪音

（a）在最低的正常波动性价位可以观察到内在噪音。在 1987 年 10 月跳水之前那一年，DOW 显示了很明显的均匀波动性。25 点的日间交易区间，使得一个 25 点的止损命令很可能被执行（无须期望价格将在一个方向上持续）。
（b）由于噪音在日收盘价中小的变化不被重视，价格变化（从收盘到收盘）表明二至三天以上价格可能上移或下跳 30 点。当价格上移只有 20 点时，一个建议买入的趋势系统将是不可靠的。（图经 TeleTrac 同意转载）。

一个持续横盘期的波动性水平，可以很方便地用来测量内在噪音。如果一个价格趋势是由一个不大于市场内在噪音的水平移动所引起的，那么这个价格趋势就是不可靠的（见图 8-1）。

**慢趋势和滞后**

虽然长线趋势是最可靠的，它对市场情况变化的反应却很慢，一个 200 天移动平均值仅仅勉强地对于一个股票的 10 日突发性变动有一点反应。如果 IBM 股票在 20 天内从 50 美元跃升至 70 美元，一个 200 天移动平均值将上移不多于 2 美元。当一个移动平均值总是在一个时过境迁的价格移动时，称该种方法为"趋势跟踪"，就显得很勉强了。

# 自适应的方法

为了避免噪音产生的虚假信号，同时又想消除某些在长线趋势中的滞后特性，需要一种"自适应"的方法——当市场移动时加速，而在市场没有什么方向时不做任何事。"自适应"是一个技术术语，表示指标自己根据市场状态调整其参数。但是这里还要指出：依据什么价格模式来提示移动平均值去改变速度参数，并不总是那么清楚的。

**传统的解决方法**

寻找最佳移动平均值的最流行的方法，是在历史数据上简单地去测试所有可能的趋势速度。计算机计算出来的答案取决于被测试数据的数量。如果你使用长期历史数据，则最佳选择将是一个非常慢的移动平均值。如果被测试的是短时间周期，计算机将找到许多能够获利的快速和慢速方案，通常它们将依靠一次独立的大幅价格跳动以便获取大部分利润。因为这些价格模式无法连续出现，较快的趋势很少能成功。

典型情况是：被测试的数据越多，将越可能得到慢速的趋势跟踪系统。短期价格的波动是随机的、不可预测的，而长期趋势是稳定的。不幸得很，净资产的大幅摆动，是与持有一个交易部位的时间相关联的。

每个人都想要一个短期的、运转时不出现重大亏损的快速趋势系统，但那样的组合是不存在的。

另一个流行的解决方法，是使用一台计算机频繁地重复测试趋势的速度。因为总是包含了最近的数据，这个趋势速度总是被期望为最佳的。这种方法还需要确定：多久重复测试一次，重复测试要用多少数据。从一个快速趋势速度跳到另一个速度产生了两个附加的问题。计算机可能要你进入一单交易，这个交易是某些时候之前就早已经进入并且已经高度获利的。这会令你担心。它也可能导致"过度配合"，孤立出一个带来短暂成功的非常短期的模式，该模式在未来却不能有效地工作。如果"最佳"选择频繁地变化，那一定是因为上一次选择根本不是最佳。

## 适应不同的市场特性

一个可适应不同市场情况的趋势跟踪方法是必要的：当价格无目标进行移动时，它必须比较慢；而当有必要捕捉利润时它又必须较快。频繁的重复测试不能找到这个趋势。因为一个刚出现的模式仅仅用了总的数据中的一小部分。

有一种解决方案，这就是记住某些市场模式是如何影响趋势的。首先，什么样的价格移动可以帮助我们分析呢？

■ 当市场沿一个方向快速移动时，快的移动平均值是最好的。
■ 当价格在横盘的市场中拉锯时，慢的移动平均值是最好的。

因此，如果系统能够根据市场的方向和速度的组合变换其速度，这个系统就将是"聪明"的。图8-2给出了四种实例来解释这种变换。

另外要记住的一个重要原则就是：分析大量的数据可以产生稳定可靠的结果，这样做可能给出获利较少的方案，但更加牢靠。分析少量数据会产生许多答案，它们看上去很美，但很少能在交易中帮得上忙。

## 从特定的情况转向一个具有普遍意义的解答

要选出一个最佳移动平均值，就是在该市场条件下能使用的速度最快的那个。那么，这四个实例有什么相同之处呢？每个例子都指出：可

(a) 失控的市场：非常快。突破和不回头的市场可以使用最快速度的均线。

(b) 快速市场：快速。快速市场在一个可延伸方向的移动中可能有某些回撤。一个移动平均值必须有所滞后，以免被短期反转改变方向。市场上升得越快，在趋势速度方向上回撤的冲击就越少。

(c) 拥挤的市场：非常慢。进入（或已经处在）一个横盘模式的市场，是不能进行有效交易的。具有一个较大趋势变化标准的慢速趋势将保持同样的仓位，因而它可以避免拉锯。

(d) 带有某些波动性的中等趋势：有时较快。在一段横盘后市场趋势启动时，均线速度可以相应增加，这仅适用于噪音水准下降的情况，否则一个慢速均线仍是必需的。

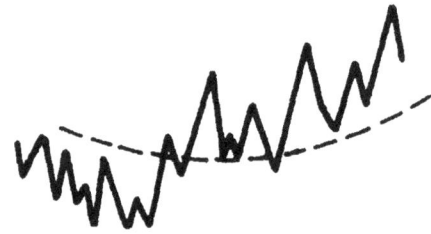

图 8-2 观察价格模式和趋势

以使用的最快趋势是由噪音或无法预期的价格移动的情况来决定的。当市场模式（形态）由理想的平滑状态转至非常嘈杂时（从图 8-3 的

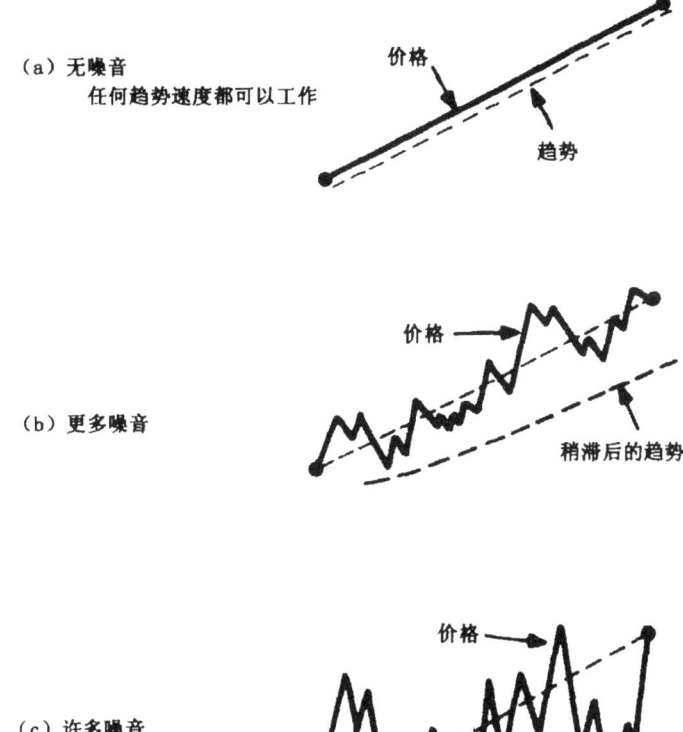

图 8-3 这些情况有哪些相同点？

（a）到（c）），趋势速度必须相应变慢，以防止拉锯产生亏损。

图 8-3 给出了两个相同的特性：价格变化的速度，以及与价格移动相关联的噪音数量。请观察具有不同数量噪音的相同的价格变化。

当价格移动向一个方向加速时，市场的速度使得噪音变得不那么重要。因此，一个趋势速度的选择是取决于噪音和方向。一个清晰的或是快速的价格移动都可以使用一个较快的均线来交易，所需要的是一个机制去感知市场的速度和拉锯的程度。这个信息然后就可以反馈回移动平均值，去调节它的速度。

"效率系数（Efficiency Ratio）"组合了这些特性。这个系数是净价格移动除以总的价格移动（每一个单独移动的绝对值之和）。它也可以被认为是价格的方向与它的波动性的比率。越是有效，趋势就越快。一个安全系数可以据此而建立，旨在选择正确的趋势。如果有任何不确定性，则一个慢速趋势就被启用。有些读者将会辨认出这个效率系数，因它近来被命名为"通用的分形效率（generalized fractal efficiency）"。

效率系数数值区间从 0 到 1，0 表示对于当前方向来说市场非常嘈杂，1 表示价格高度地方向化。这样的记号是很方便的，因为它很完美地成为一个指数式平滑常数。一个小的变换标定该值并增加了稳定度（见方框 8-1）。

## 定义趋势速度的范围

效率系数（ER）的范围是从 0 到 1，使用一个简单的公式可以将此范围映射在趋势速度的范围里。令 ER = 0 是最慢的速度，令 ER = 1 是最快的速度，则这系数本身可被用作一个百分数，它在最快与最慢之间移动。如果这个趋势速度（以日计）被近似地转换为一个平滑系数（sc）[使用 sc = 2/（N+1）]，则最慢的速度就有最小的数值，用于计算这个平滑系数的公式变为：

被标定的平滑系数 = ER×（快 sc − 慢 sc）+ 慢 sc

从快到慢的范围被选定为 2 至 30 天。它与平滑系数 sc 0.6667 和 0.0645 有同样的作用。

被标定的速度公式则为：

被标定的平滑系数：sc = ER×（0.6667 − 0.0645）+ 0.0645

= ER×0.6022 + 0.0645

还需要做最后一步，因为长期 30 天移动平均值将仍然慢慢地移上和移下，即使在横盘的市场也如此。一个自适应移动平均值是最好的，它能在市场方向不确定时停止移动。为了完成这功能，最终的速度就是标定速度值的平方：

c = sc×sc = sc^2

### 方框8-1　波动性测量

有三种流行的方法去测量波动性。对于不同的应用所选的方法也不同。图8-4（a）-（c）给出了三种方法。(a) 是简单地计算价格的净变化,从开始点到最后点位。这倾向于最保守的测量,因为它平滑了从开始到结尾之间发生的任何价格移动。(b) 高—低范围更好地描述了在周期内可能产生的任意极端值。(c) 是所有变化总和,它是最概括的测量,因为能识别一个价格移动从高到低的次数。效率系数使用了最后一种方法,因为如果这个总和取一个较低数值,那就是与"效率"的严格定义相一致的。

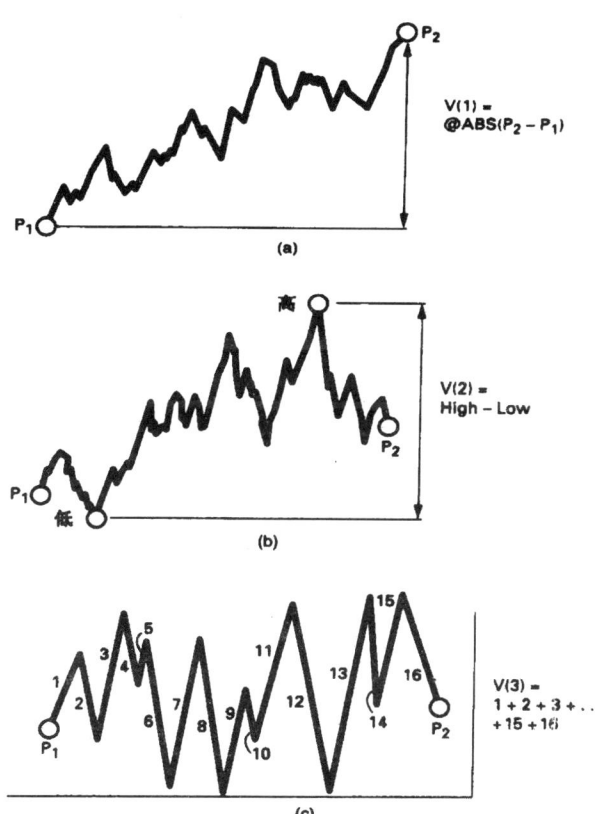

图8-4　波动性测量

(a) 价格中的正变化。(b) 高—低范围。(c) 所有正变化之和。

# 自适应移动平均值

平滑系数每一天都要计算并且使用在指数式移动平均值的公式中，这就是一个自适应移动平均值 AMA：

AMA = AMA［1］+ 平滑系数×（价格 - AMA［1］）

完整的 AMA 计算可在方框 8-2 中找到。这个趋势均线有下列特殊的性质：

■ 使用了一个很少的天数（本书中总是用 10 天）去指定一个从非常快到非常慢的趋势范围。

■ 当市场方向不明朗时，AMA 趋势线也暂停。

■ 当价格有重大的移动时，AMA 趋势线会赶上，只产生很小的滞后。

■ 只有一个参数可能被改变——效率系数可以基于一个 10 天的计算，而这个时间周期可以用于所有的市场。过滤器（稍后详述）的大小允许赋予不同的交易速度以某些灵活性。

■ AMA 的原理是从分析中得出的，而非基于测试。

## 股票与外汇实例

下面来分析 Castrol 的价格，以把自适应移动平均值与一个 30 天标准平均值和一个 30 天指数式移动平均值作比较，每笔交易的注释也包含在图中。德国马克用来给出如何在一个不断改变的市场模式和速度的周期中，产生一个平滑的趋势线。它们都说明了 AMA 与所选市场无关的自适应能力。

## 方框8-2 一个使用效率系统的更聪明的移动平均值

为了创立自适应移动平均值,首先需计算"效率系数",然后将该系数转换为一个趋势速度。

**步骤1:价格方向**

价格方向被表示为整个时间段中的净价格变化。比如,使用n天的间隔(或n小时):

direction=price-price [n] 或者

direction=@ momentum (price, n)

这里,direction是当前价格差或方向数值。

price是当前的价格(日收盘价或小时收盘价)。

price [n] 是n日前的收盘价(或n个周期前)。

**步骤2:波动性**

波动性是市场噪音的总数量,它可以用许多不同的方法定义,但是这个计算使用了所有"日到日"或"小时到小时"的价格变化的总和(每一个都作为一个正数),在同样的n个周期上。

它表达为:

volatility=@ sum (@ abs (price-price [1], n)

这里:volatility是指今日的波动性数值。

@ abs是指绝对值(任何数的正值)。

@ sum (value, n) 是n个周期中的值之和。

**步骤3:效率系数(ER)**

以上两个成分被组合起来,以表达方向移动对噪音之比,称之为效率系数,ER:

Efficiency_ Ratio=direction/volatjlity

用"有向性"除以"噪音",该系数的值就从0到1变化。当市场在全部n日以同一方向移动时,则方向=波动性,效率系数=1。如果波动对于同样的价格移动是增加了,"波动性"就变得较大并且ER往小于1的方向移动。如果价格不变化,则方向=0,ER=0。

这个结果作为一个指数式平滑系数是方便的,它每天改变趋势线的一个百分比,ER=1等效于100%,对应最快的移动平均值,它应当能有效工作,因为价格在一个方向上移动而没有回撤。当ER=0时,一个非常慢的移动平均值是最好的,可以在市场趋势不明时避免贸然止损离场。

> **方框 8-2（续表） 一个使用效率系统的更聪明的移动平均值**
>
> **步骤 4：变换上述系数为趋势速度**
>
> 为了应用于一个指数式移动平均值，比率将被变换为一个平滑系数 c，依靠使用下面的公式，每天的均线速度可以简单地用改变平滑系数来改变，成为自适应性的。这个公式是：
>
> @ exp_ ma=@ exp_ ma [1] +c× (price-@ exp_ ma [1] )
>
> 公式表明，EMA 以一个百分比 c 来接近于今日的收盘价。系数 c 与一个标准移动平均值中天数密切相关，这关系是 2/ (n-1)，其中 n 是天数。
>
> 测试表明，平方平滑系数的数值大大地改进了结果，这是依靠在一个横盘的市场中阻止了趋势均线的移动。在横盘的市场中这个过程选择了非常慢的趋势，而在高度趋势化的周期中加速至非常快的趋势（但不是 100%）。这个平滑系数是：
>
> fastest：2/ (N+1) ：2/ (2+1) = 0.6667
>
> slowest=2/ (N+1) = 2/ (30+1) = 0.0645
>
> smooth = ER× (fastest-slowest) +slowest
>
> c = smooth×smooth = smooth^2
>
> 平方平滑迫使 c 的数值趋向零。这意味着较慢的移动平均值将比快速移动平均值用得更多。这和在出现不确定状况时你就更加保守是一样的道理。
>
> AMA = AMA [1] +c× (price-AMA [1] )

## Castrol

Castrol 的图（图 8-5）表明三条趋势线在一些关键点汇集在一起。AMA 并没有提前朝上或朝下拐弯，但它给出了更少的滞后。请注意两个周期，一个是 1992 年 12 月，一个是 1993 年 3 月。在前一时期段中，AMA 在几天中上移，然后后面一个半月保持横斜走向，直到其他趋势线赶上为止。在 3 月份也有相似的情况发生，这里 AMA 继续慢慢地移低，这是因为市场有一较弱的方向。

趋势相对滞后。1992 年 12 月期间的 Castrol 图表显示，标准趋势线成功地上升移动，直到 1993 年 2 月底的顶峰出现，但是在 12 月并没有明显趋势（横盘）。12 月份价格剧烈波动，在中旬如果市场再走低一点，标准和指数式移动平均值将会回吐它们所有的利润。

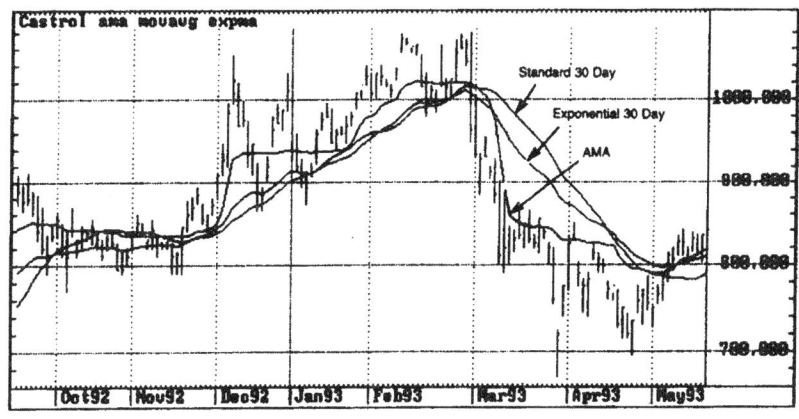

图 8-5　Castrol 图
图中给出了三种趋势：一个标准的 30 天移动平均值；一个 30 天指数式移动平均值；10 天自适应移动平均值。
（图经 TeleTrac 同意转载）

任何固定于一个速度的趋势均线都有个严重的问题，就是均线会花费许多时间去追赶那个已经结束了的价格移动。在 12 月和 3 月，价格移动只花了几天的时间，但趋势线却需要用一个月去追赶。当一个趋势线指标告诉你趋势下降了，它实际上只是意味着趋势均线正向下走，而价格很可能已经是上升的。

**获利平仓**。最快的 AMA 趋势速度（在 12 月和 3 月趋势剧烈上升和下跌期间所见到的）能够在重要价格移动结束之前显示出来。由于第 5 章中讨论过的原则，这就成为一个退出点位。12 月在 1000 点以上的顶部，和 3 月份第一个低于 800 的点，接近或优于等待趋势结束信号发出后再退出时的价格。与较好的执行与较低的波动性相组合，在效率系数很高的时候，笔者强烈建议获利平仓。

## 德国马克：效率系数和 AMA 趋势均线

图 8-6 使用了德国马克任意的一个周期给出效率系数和相应的

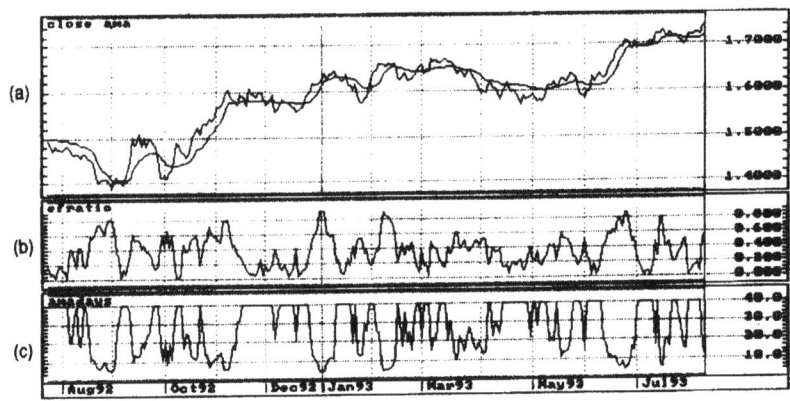

图 8-6　Tele Trac 的德国马克
（a）具有 AMA 趋势线的德国马克价格走势。
（h）效率系数。
（c）对应于变化中的 AMA 平滑系数的移动平均值天数。
（图转载经 TeleTrac 同意）

AMA 趋势线。在 1992 年 11 月中，效率系数跌到 0，指示出一个有更多噪音而并非趋势的周期，在这个周期中 AMA 趋势线变得几乎是水平的（见图 8-6（a））。它指示了一个横盘阶段，并允许系统保持它的多头仓位或离场观望，这取决于交易者自己的规则。

在 1992 年 10 月到 1993 年 6 月期间，清楚的趋势使得 AMA 趋势线开始变慢，然后当趋势发展时它的速度就增加了。在这两种情况下，效率系数峰值超过 0.80（见图 8-6（b））。效率系数可以从 0 到 0.40 改变，而不使趋势线的速度改变太多。

从 1993 年 3 月到 5 月，市场给出了相对大的噪音，但对于效率系数而言却是低水准，导致了 AMA 显示出非常慢的趋势。

图 8-6（c）给出了对应于平滑系数的移动平均值天数。天数显示相对于效率系数来说是颠倒过来的，因为当天数增加时趋势线变慢。天数也移动，以一种比效率系数更加极端的方式移动，停留在它的峰值价位很久（程序设置了 40 天的最大上限），但从快到慢的变动很快。这是由于在全部其他计算完成后平方了平滑系数的缘故：

# 交易法则

一个基本的趋势跟踪系统应当不会与一个完善的交易策略相混淆。这里不存在进出时机选择的精妙方法，它也不包括用于分批进入的技术、获利平仓或其他的风险控制手段，那些特性必须进行分别分析，以保持它们在一个横向解决方案中的完整性。想要知道一个趋势跟踪方法是否比另一种方法好，只需简单地在趋势线掉头上行时建立一个多头仓位，或在趋势线掉头下行时建立一个空头仓位。

## 基本的买卖信号

用于自适应移动平均的交易法则是：

■当自适应移动平均值向上拐头时，买入。

■当自适应移动平均值向下拐头时，卖出。

由于趋势线捕捉了全部价格移动的结果，它代表了对趋势最好的评估。因此，买和卖的信号是建立在趋势线的方向上的，而不是价格对于趋势线的突破。

当使用指数式平滑时，均线总是在价格突破该线的同时上升或下降，使用用于自适应移动平均值信号的趋势线，其好处是公式限制了在该趋势线上变化的数量，使它能够通过使用一个小的入口过滤器来增加可靠性。

## 一个对付假信号的过滤器

当价格横向移动时，任何交易系统都要避免由噪音产生的假信号，所以采用过滤器很有必要。在一个无方向周期中，价格将会穿过平滑趋势线上下移动。所有的移动平均值系统都受到同样的方式影响，但它对于较快趋势的影响更加明显。相对于过滤器的大小，趋势线必须移动更大的距离才能给出一个有效的买卖信号。

在嘈杂的市场周期中，自适应移动平均值产生了非常慢的趋势。30日最大值，或 0.0645 平滑系数（平方后就变成了 0.0041），等效于一个 486 天移动平均值。当价格通过 AMA 时，趋势均线只作出很小的变化。因此，要避免大多数价格拉锯，只需要一个很小的过滤器。

自调节式过滤器。为了与系统的自适应特性相一致，当价格波动变得更多或更少时，过滤器也要相应取较大或较小值。为了完成这点，过滤器被定义为 AMA 变化的一个小的百分数：

过滤器 = percentage×@ std-dev（AMA-AMA ［1］, n）

这里：percentage 是一个标准差的百分数。

@ std-dev（series, n）是价格系列 n 个周期的标准差。

AMA 是指 AMA 趋势线一天的变化量。

最小的过滤器百分数 0.1 可被用于较快的交易，而较大的百分数 1.0 将可以选择出有更重要意义的价格移动的交易。典型例证是：外汇和期货市场交易较快，股票和利率市场交易较慢。通常，过滤器大小是依据 20 天周期的数据来计算。

**向交易规则中添加过滤器**。使用过滤器时，在 AMA 趋势线中一个周期的变化必须大于或小于过滤器的大小，以便得到一个买或卖的信号。这对于选择交易和限制假信号都可起到良好的作用。但是，当这趋势线逐渐地改变方向时产生了一个问题：在 AMA 趋势线中的变化可能在第一、第二和第三天不大于过滤器的值。这也许是好的，因为一个慢的趋势变化可能会转为一个相反趋势方向的继续。但是，如果这些小的变化持续产生，趋势可能反转，却无法给出一个新的交易信号。

如果新的买和卖信号是基于把 AMA 趋势线中一周期变化与过滤器相比较，那么在新的趋势开始很久以后一个信号才会产生。为了消除这种可能性，在 AMA 上最近的最低点和最高点都被记录下来。这样我们就可以不使用 AMA 周期的变化与过滤器比较，而是使用在 AMA 中自最近的最高、最低点以来总的变化与过滤器比较。

趋势变化的头一天价格移动很少，在图 8-7 中标志为"1"，因此没有买入信号产生。分别再取第二天和第三天的变化值，也仍小于过滤器。我们用另一种方法，在第二天比较从趋势变化的第二天到先前最低的数值总变化，再与过滤器比较，那仍然很小。第三天，当距离最低值的总移动大于过滤器时，一个信号就产生了，AMA（low+3days）>Filter。

用于交易信号的新规则是：

当AMA-@ lowest（AMA，n）>过滤器，买入

当@ highest（AMA，n）-AMA>过滤器，卖出

当计算机编程时，卖出信号也可以写成：AMA-@ highest（AMA，n）<-filter

**备用的买卖规则**。在某些计算机和可编程交易机上记录最近高和低的趋势点是很困难的。一个简单的实用替代方法，就是把最后的三个趋势值的累计变化与过滤器相比较，以此产生一个买卖信号。

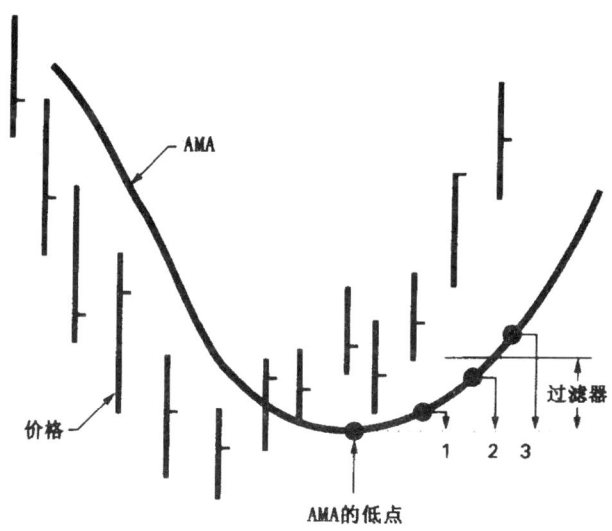

图 8-7 过滤一个较慢的趋势变化

因为一个较慢的趋势变化也许会导致一系列日子无法突破过滤器，需要用 1 到 3 天的净变化来代替单日的变化。

这种方法在正常情况下可以有效地工作，例如：

AMA-AMA[1] >filter，买入

或 AMA-AMA[2] >filter，买入

或 AMA-AMA[3] >filetr，买入

## 测试 AMA

在使用自适应移动平均值之前，测试每个市场很有必要，下列各点将有助于你：

1. 最基本的参数是用于计算效率系数的天数。这个天数对快速交易者来说是接近于 10。使用 5 以下的数字将会引起效率系数很快地从 0 跳到 1。使用一个较大的天数会使得效率系数成为更加抗噪音的，这种性能可能很吸引长线交易者。

2. 过滤器的数值被表示为趋势变化的标准差的一个百分数。因此它与价格无关。一个较大的或较小的过滤器百分数是用来改变交易的时间长度的，一个较小的数值允许较快地进入交易，而一个大的百分数将推迟进入的时机。

3. 用于确定过滤器大小的标准差天数可以被固定在 20，从统计上看，需要至少 20 天的数据取样，以获得一定的稳定性。

测试短期交易可以使用 AMA 天数为 10，标准差为 20，并只测试过滤器。更少的参数能给出一更可靠的解答。长线的仓位通常不受过滤器的影响，因而它可以被固定在 1 以下的某些值。

**获利平仓**。再观察一下图 8-6，给出的效率系数 ER 在 0.80 以上的峰值（b 图）和移动平均值的天数在 10 以下（图 c）的某些点位，这些点位利于获利。这是自适应移动平均值的一个特点：对于效率系数来说，一个高的数值不能长期保持，并将会紧跟一个反转。无论何时当该值超过了一个预定值时，都是获利的最好机会。这个预定值的大小将由市场的固有噪音来决定。

## 方框 8-3　使用电子数据表计算自适应移动平均值

自适应移动平均值可以很容易地使用一个电子数据表来计算。在表 8-1 中列 B 和列 C 是输入，其余的是被计算值。数值在第五行开始。行 15 给出重复的计算（行 5 是用于初始化）。AMA 计算（E-H）在行 15 开始，因为初始值需要先有 10 天的数据来计算出。

| 单元 | 名称 | 说明 | 公式 |
|---|---|---|---|
| 系数 | | | |
| C2 | | 2 天平滑系数 | =2/(2+1) |
| D2 | | 30 天平滑系数 | =2/(30+1) |
| J2 | | 过滤器百分比因素 | 0.10 |
| 初始值 | | | |
| B5 | Date | 日期 | [输入数据] |
| C5 | DM292 | 德国马克价格 | [输入数据] |
| I5 | AMA(t) | （使用价格 C5* 直到行 15） | [输入数据] |
| L5 | lows | 最近的 AMA 低值 | +15 |
| M5 | Highs | 最近的 AMA 高值 | +15 |
| 重复的公式 | | | |
| D15 | D(t) | 10 天记录 | +C15-C5 |
| E6* | IDP | 正的 1 天波动性 | @ ABS(C6-C5) |
| F15* | V(t) | 10 天波动性 | @ SVM(E6-E15) |
| G15* | ER(t) | 效率系数 | @ ABS(D15/F15) |
| H15* | C(t) | 平滑系数 | (G15|(5C52—5D12)+$D$2)^2 |
| I15* | AMA(t) | 自适应平均值 | +I14+H15 $ (C15-I14) |
| J6* | DAMA | 在 AMA 中的差值 | +I6-I5 |
| K15* | Filter | T/出溢出过滤器 | @ STD(J15…J6) * $J$2 |
| L6* | Lows | 最近的 AMA 低值 | @ IF(I6<I5,I6,L5) |
| M6* | High | 最近的 AMA 高值 | @ IF(I6> I5,I6,M5) |
| N15* | Buy | 新的买信号 | @ IF(I15-L16>K15,'BUY','') |
| O15* | Sell | 新的卖信号 | @ IF(M15-I15>K15,'SELL','') |

注：* 表示该单元的内容向下拷贝
@ 表示那是一个 Quattro 函数

## 将自适应移动平均值编程

自适应移动平均值可以被设计成程序放入电子数据表或策略测试软件。下列的例子给出用于 Quattro Pro（很类似于 Lotus）、Telerate TeleTrac 和 Omega Trade Station 的代码，最开始的 25 天没有信号值，因为过滤器需要 AMA 趋势线变化的 20 天数值，另外 AMA 需要附加 5 天数值以便启动。

### 电子数据表指令

方框 8-3 和表 8-1 给出了电子数据表指令和简单的结果。所有常数都放在第二行，最近的 AMA 高值和低值记录在 M 和 L 列中。

### Telerate 的 TeleTrac

Telerate's TeleTrac 代码（方框 8-4）使用了不同的买和卖信号计算方法，单独地比较 AMA 值变化的 3 天。它也使用 MACD 指标（"SIGNAL"）去计算一个具有变化平滑系数的指数式移动平均值。这个代码可以用来交易实时数据，实现的利润和亏损显示于最后一行。

表 8-1 用于自适应移动平均值的电子数据表数值

| | C | D | E | F | G | H | I | J | K | L | M | N |
|---|---|---|---|---|---|---|---|---|---|---|---|---|
| Line | | 0.66667 | 0.0645 | | | | | 0.15 | | | | |
| 3 | | | 10-Day | Abs | 10-Day | 10-Day | Smooth | | 1st Diff | E/X | AMA(t) | AMA(t) | Trade |
| 4 | DATE | DM292 | D(t) | I | DP | V(t) | ER(t) | C(L) | AMA(t) | DAMA | Filter | Lows | Highs | Silpal |
| 5 | 920601 | 6063 | | | | | | 6063 | | | 6063.0 | 6063.0 | |
| 6 | 920602 | 6041 | | 22 | | | | 6041 | −22 | | 6041.0 | 6063.0 | |
| 7 | 920603 | 6065 | | 24 | | | | 6065 | 24 | | 6041.0 | 6065.0 | |
| 8 | 920604 | 6078 | | 13 | | | | 6078 | 13 | | 6041.0 | 6078.0 | |
| 9 | 920605 | 6114 | | 36 | | | | 6114 | 36 | | 6041.0 | 6114.0 | |
| 10 | 920608 | 6121 | | 7 | | | | 6121 | 7 | | 6041.0 | 6121.0 | |
| 11 | 920609 | 6106 | | 15 | | | | 6106 | −15 | | 6106.0 | 6121.0 | |
| 12 | 920610 | 6101 | | 5 | | | | 6101 | −5 | | 6101.0 | 6121.0 | |
| 13 | 920611 | 6166 | | 65 | | | | 6166 | 65 | | 6101.0 | 6166.0 | |
| 14 | 920612 | 6169 | | 3 | | | | 6169 | 3 | | 6101.0 | 6169.0 | |
| 15 | 920615 | 6195 | 132.0 | 26 | 216 | 0.61 | 0.187 | 6173.9 | 4.9 | 3.6 | 6101.0 | 6173.9 | 6195 |
| 16 | 920616 | 6222 | 181.0 | 27 | 221 | 0.82 | 0.311 | 6188.8 | 15.0 | 3.2 | 6101.0 | 6188.8 | |
| 17 | 920617 | 6186 | 121.0 | 36 | 233 | 0.52 | 0.142 | 6188.4 | −0.4 | 3.3 | 6188.4 | 6188.8 | |
| 18 | 920618 | 6214 | 136.0 | 28 | 248 | 0.55 | 0.156 | 6192.4 | 4.0 | 3.3 | 6188.4 | 6192.4 | |
| 19 | 920619 | 6185 | 71.0 | 29 | 241 | 0.29 | 0.059 | 6192.0 | −0.4 | 3.1 | 6192.0 | 6192.4 | |
| 20 | 920622 | 6209 | 88.0 | 24 | 258 | 0.34 | 0.073 | 6193.2 | 1.2 | 3.1 | 6192.0 | 6193.2 | |
| 21 | 920623 | 6221 | 115.0 | 12 | 255 | 0.45 | 0.113 | 6196.4 | 3.1 | 2.9 | 6192.0 | 6196.4 | |
| 22 | 920624 | 6278 | 177.0 | 57 | 307 | 0.58 | 0.169 | 6210.2 | 13.8 | 2.8 | 6192.0 | 6210.2 | |
| 23 | 920625 | 6326 | 160.0 | 48 | 290 | 0.55 | 0.157 | 6228.4 | 18.2 | 1.0 | 6192.0 | 6228.4 | |
| 24 | 920626 | 6347 | 178.0 | 21 | 308 | 0.58 | 0.170 | 6248.6 | 20.2 | 1.1 | 6192.0 | 6248.6 | |
| 25 | 920629 | 6420 | 225.0 | 73 | 355 | 0.63 | 0.199 | 6282.7 | 34.1 | 1.6 | 6192.0 | 6282.7 | |
| 26 | 920630 | 6394 | 172.0 | 26 | 354 | 0.49 | 0.128 | 6296.9 | 14.2 | 1.6 | 6192.0 | 6296.9 | |
| 27 | 920701 | 6400 | 214.0 | 63 | 24 | 0.66 | 0.214 | 6318.9 | 22.0 | 1.6 | 6192.0 | 6318.9 | |
| 28 | 920702 | 6446 | 232.0 | 46 | 342 | 0.68 | 0.224 | 6347.4 | 28.4 | 1.6 | 6192.0 | 6347.4 | |
| 29 | 920706 | 6442 | 257.0 | 4 | 317 | 0.81 | 0.305 | 6376.3 | 28.9 | 1.5 | 6192.0 | 6376.3 | |
| 30 | 920707 | 6543 | 334.0 | 101 | 394 | 0.85 | 0.331 | 6431.4 | 55.1 | 2.0 | 6192.0 | 6431.4 | |
| 31 | 920708 | 6550 | 329.0 | 7 | 389 | 0.85 | 0.329 | 6470.4 | 39.1 | 1.8 | 6192.0 | 6470.4 | |
| 32 | 920709 | 6442 | 164.0 | 108 | 440 | 0.37 | 0.083 | 6468.1 | −2.4 | 2.2 | 6468.1 | 6470.4 | 6442 |
| 33 | 920710 | 6516 | 190.0 | 74 | 466 | 0.41 | 0.096 | 6472.7 | 4.6 | 2.4 | 6468.1 | 6472.7 | 6516 |
| 34 | 920713 | 6597 | 250.0 | 81 | 526 | 0.48 | 0.123 | 6488.0 | 15.3 | 2.4 | 6468.1 | 6488.0 | |
| 35 | 920714 | 6568 | 148.0 | 29 | 482 | 0.31 | 0.062 | 6492.9 | 5.0 | 2.5 | 6468.1 | 6492.9 | |
| 36 | 920715 | 6580 | 186.0 | 12 | 468 | 0.40 | 0.092 | 6501.0 | 8.0 | 2.5 | 6468.1 | 6501.0 | |
| 37 | 920716 | 6610 | 210.0 | 30 | 492 | 0.43 | 0.103 | 6512.3 | 11.3 | 2.6 | 6468.1 | 6512.3 | |
| 38 | 920717 | 6682 | 236.0 | 72 | 518 | 0.46 | 0.115 | 6531.7 | 19.5 | 2.5 | 6468.1 | 6531.7 | |
| 39 | 920720 | 6537 | 95.0 | 145 | 659 | 0.14 | 0.023 | 6531.9 | 0.1 | 2.6 | 6468.1 | 6531.9 | |
| 40 | 920721 | 6552 | 9.0 | 15 | 573 | 0.02 | 0.005 | 6532.0 | 0.1 | 1.8 | 6468.1 | 6532.0 | |
| 41 | 920722 | 6563 | 13.0 | 11 | 577 | 0.02 | 0.006 | 6532.2 | 0.2 | 1.0 | 6468.1 | 6532.2 | |
| 42 | 920723 | 6573 | 131.0 | 10 | 479 | 0.27 | 0.053 | 6534.3 | 2.1 | 1.0 | 6468.1 | 6534.3 | |
| 43 | 920724 | 6498 | 218.0 | 75 | 480 | 0.04 | 0.008 | 6534.0 | −0.3 | 1.0 | 6534.0 | 6534.3 | |
| 44 | 920727 | 6593 | 24.0 | 95 | 494 | 0.01 | 0.005 | 6534.3 | 0.3 | 0.9 | 6534.0 | 6534.3 | |

## Omega 的 Easy Language

Trade station 代码对于 System Writer 和其他的 Omega 产品都是一样的。图 8-8 给出了使用 "AMA" 系统（部分 1）来产生交易信号的 Trade Sta-tion 屏幕显示。AMA 指标（部分 2）与价格比例锁定，在主图中绘出 AMA 趋势线、"AMA 平滑"（部分 3），沿着图底部绘出平滑常数。

图 8-8　TradeStation 中绘在欧元上的自适应平均值

## 方框 8-4　用于自适应移动平均值的 TeleTrac 代码

| | |
|---|---|
| item | "DEUTSCHMRK — 3/93 |
| date | "DATA(date,first,last,item) |
| open | "DATA(open,item) |
| high | "DATA(high,item) |
| low | "DATA(low,item) |
| close | "DATA(c-lose,item) |
| vol | "DATA(vol,item) |
| oi | "DATA(oi,item) |
| period | 10 |
| diff | Abs_val(close-close[1]) |
| noise | Sum(diff,period) |
| signal | close-close[period] |
| efratio | Abs_val(signal)/noise |
| smooth | Power(efratio*(0.666-0.0645)+0.0645,2) |
| maed | close |
| ama | Signal(macd,smooth) |
| dama | ama-ama[1] |
| dama2 | ama-ama[2] |
| dama3 | ama-ama[3] |
| sdays | 20 |
| filer | 0.1 |
| sdama | Std_dv(dama,sdavs)+filter |
| buyif | dama>sdama 1 dama2>sdama dama3>sdama |
| buy | dama>=O&buyif |
| sellif | dama<-sdama I dama2<-sdama \| dama3<-sdama |
| sell | dama<O&sellif |
| strategy | Trade(buy,sell,sell,buy) |
| realized | Clos_PL(strategy,close,0.0001,0.0002) |

TeleTrac 代码使用了独特的函数和信号去计算一条基于变化的指数式系数的趋势线，这个代码也比较三天累计的趋势变化，以避免一个缓慢逐渐的变化无法给出新信号。周期、过滤器和天数（sdays）都被打入作为"系数"，以实现最优化。

方框 8-5　用于自适应移动平均值的 OMEGA EASY LANGUAGE 程序代码

**部分 1：作为一个"系统"输入**

```
inputs:period(10),filter(0.1);
vars:noise(0),signal(0),diff(0),efratio(0),
    extlow(0),exthigh(0),smooth(1),
    fastend(0.666),slowend(0.0645),AMA(0);
{ CALCLiLATE EFFICIENCY RATIO }
diff=@ AbsValue(close-close[1]);
if(currentbar<=period then AMA=close
if(currentbar>period)then begin
        signal=@ AbsValue(close-close[period]);
        noise=@ Summation(diff,period);
        efratio=signal/noise;
        smooth=@ Power(efratio*(fastend-slowend)+slowend,2)

{ ADAPTIVE MOVING AVERAGE }
        AMA=AMA[1]+smooth*(close-AMA[1]);

{ TREND CHANGF FILTER FROM LAST TURN }
        if(AMA>AMA[1] and AMA[1]<AMA[2])then extlow=AMA[1j;
        if(AMA<AMA[1] and AMA[1]>AMA[2])then exthigh=AMA[1];

{ TRADING SIGNALS }
        if(currenthar>period+5)then begin
        if(AMA>AMA[1] and AMA-extlow>filter)then buy on close;
        if(AMA<AMA[1]and exthigh-AMA>filter)then sell on close;
        end;
    end;
```

注意，这个代码保存了大多数最近的趋势转折点为"extlow"和"exthigh"它可以使用这些点把累计的方向变化与过滤器相比较，来避免由于非常慢的趋势变化而错过信号。

**方框 8-5　用于自适应移动平均值的 OMEGA EASY LANGUAGE 程序代码**

部分 2：作为一个"指标"输入，以便在图表页上显示趋势均线

```
inputs:period(10);
vars:noise(0),signal(0),diff(0),efratio(0),
    smooth(1),fastend(0.666),slowend(0.0645),AMA(0);
{CALCULATE EFFICIENCY RATIO}
diff=@ AbsValue(close-close[1]);
if(currentbar<=period)then AMA=close;
if(currentbar>period)then begin
    signal=@ AbsValue(close-close[period]);
    noise=@ Summation(diff,period);
    efratio=signal/noise;
    smooth=@ Power(efratio*(fastend-slowend)+slowend,2);
{ADAPTIVE MOVING AVERAGE}
    AMA=AMA[I]+smooth*(close-AMA[1]);
    Plotl(AMA."AMA");
    end;
```

部分 3：作为一个"指标"输入，以便在页面上绘出平滑系数

```
inputs:period(10);
vars:noise(0),signal(0),diff(0),efratio(0),
    smooth(1),fastend(0.666),slowend(0.0645);
{CALCULATE EFFICIENCY RATIO}
diff=@ AbsValue(close-close[1]);
if(currentbar<=period then AMA=close;
if(currentbar>period)then begin
    signal=@ AbsValue(close-close[period]);
    noise=@ Summation(diff,period);
    efratio=signal/noise;
    smooth=@ Power(efratio'(fastend-slowend)+slowend,2);
    Plotl(smooth,"AMA smooth");
    end;
```

*（考夫曼版权所有）*

# 9 计算机自学习，神经网络和新技术

用计算机可以开发专门的技艺，这和驾驶一辆车或学习一种新语言是一样的。与五年前相比，新的计算机应用在交互性上与用户更加友善。许多程序提供了人性化的设计，当你用鼠标指向专门的图标符号时，在屏幕上显示每种选择的解释。让人放心的是，现在就是打错了键也很难破坏一个程序，这消除了一部分人学习中的担心。如果你错打了"Enter"键去取代"ESC"键，则屏幕显示"输入无效，请再试"，或根本不理会你。

教一台计算机一些交易策略的规则，对你和计算机来说都是一种学习过程。与人类的大脑不同，计算机不能推断一个意思，而必须用精确的语言来描述。我们经常认为自己非常清楚地给出了指令，但是在本书后面的"模糊逻辑"一节中，将会指出我们的很多表达方式是怎样含糊不清的。下一节打算强调一下：为了使计算机可以给出正确的答案，你必须精确地定义规则。如果你从未对交易规则进行过编程，则通过下面的内容来学习是很有价值的。

## 教学过程：由训练者开始

由于一些重要的新技术能够"教会"计算机如何解决一个问题，而且策略测试程序允许你去定义某些专门的规则，这一章将指出这个过程是如何"人性化"的。我们用一个早期的奇妙工程技艺"Erector Set"做个实验，来解释这些步骤。

基本的"Erector set"（装配工具）由平的金属片、螺钉以及螺帽组成。我们的一套样版仅使用9片，可以方便地设计成相互可装配的形式（如图9-1所示），并在每片上标有号码用来识别。共有18副螺帽和螺钉，是总的转角数的一半。

你的任务是要建设一座桥梁，桥宽4英寸，长度跨距33英寸，你必须写出一个规则来建设这座桥，以便其他人能准确地按你的规则制作。你可以从五条规则开始（见方框9-1的第一部分）。

## 把价格应用在训练游戏中

当我们以同样的过程去寻找一个导致在DJIA中净移动+50点的价格序列时，一些有意思的相似和差异出现了。如果我们把每一金属片视为一个价格，我们可以重新叙述这些规则：

规则A：由一个已经部分构建的长度I开始建桥（相当于原始投资）。规则B：在开始前确定建桥的最终长度。

规则C：你必须以它们出现的次序接受价格（金属片），但是，如果它们太小，可以抛弃它们（前提是你事先确定了何谓"太小"）。

抛弃一个小的价格是一个阈值限定标准，它将在本章后面"神经网络"一节中使用。它允许我们去决定：一个非常小的价格与确定一个新的交易信号无关。

规则D：超过阈值的价格总是被"搭接"于相同的一端（指价格系列的一端）。

规则E：一个价格（片）可能增加或减去总长（正和负值）。

规则F：长度不能小于原来尺寸的1/2（最大亏损规则）。

规则G：这座桥的建造必须花费一定的时间，使用一个固定的金属片数目（投资回报规则）。

## 方框9-1 装配工具片

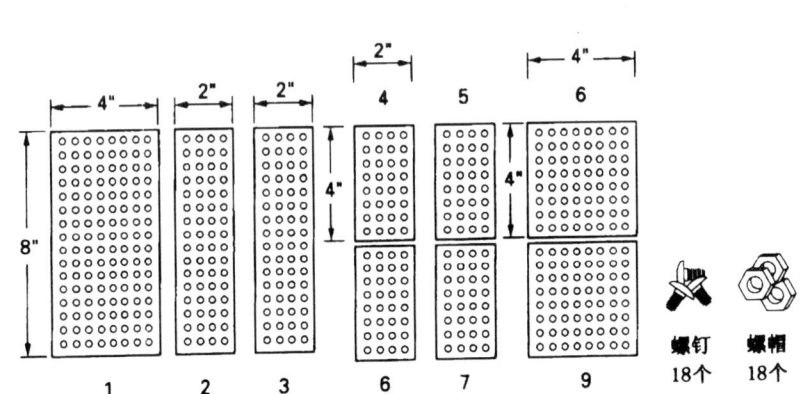

图9-1 装配工具片

**装配工具片**

这里有9个金属盘片,形成了四组平板,每组都有4英寸×8英寸的面积。每张盘片上都有许多孔。共有18只螺钉(Bolts)和18只螺帽(Nuts)。

**目标**

你能不能在所有的位置上任意起点建造一座长33英寸和宽4英寸的桥,并写出准确的规则去教导某人开始做这事呢?下列五条规则将引导你开始:

规则1:你可以以任意次序取这些金属片。

规则2:两片平面金属片可以连接在一起。在两个金属片的孔中插入螺栓并用螺帽固定之。

规则3:桥的各处都要有4英寸宽。

规则4:除桥两头的四个角外,其余每片的四个角必须被固定。

规则5:桥必须达到跨度33英寸。

**教导自己**

遵照这些规则,你闭起眼去选每一片。你已经写出一个不含糊的规则,为的是在你看见它之前可以使用任一金属片。这是很重要的,因为当你测试股票或期货价格时,你不知道接下来什么事情会发生。

## 方框 9-1（续）　装配工具片

你拿到第一片并观察它，你马上会醒悟到这上面五条规则没有包含用于第一片的指令。这规则至少需要从两片开始。这样一来，如果不增加规则6则无法继续。

规则6：从两片开始建桥，在开始以后一次拿一片。

再次开始，你拿两片金属片并应用规则2固定它们。你发现你不知道用哪一个孔固定它们。

规则7：重叠边缘，将最短边固定在一起（图9-2），使最靠近边缘的孔对准，如果短的边缘是相同尺寸，则搭接它们使其对齐；如果这两片是不同的宽度，搭接它们使一边对齐。

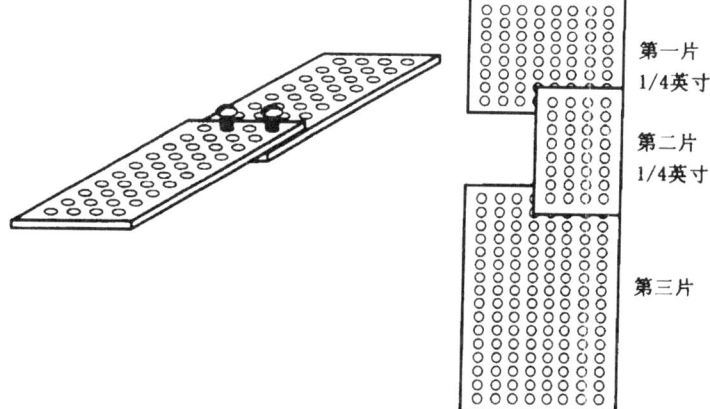

**图 9-2 重叠的金属片**
两片上螺栓，总长度减小了1/4

**图 9-3 搭接前三片**
需要附加规则

规则7将防止将一块小的金属片钉到一块大的金属片中间，并将防止桥成为一个圆形。

再开始，我们拿8号片和4号片并搭接它们端对端，形成一个"L"形（见图9-3），注意现在总长比两片之和小了1/4英寸，因为有重叠。接着拿来1号片，但有两种选择：它可以搭接8号片端，也可以搭接4号片端。这就又意味着两条新规则：

> **方框 9-1（续）　　装配工具片**
>
> 　　规则 8：继续在同一方向上增加金属片。
>
> 　　规则 9：在增加一片于斜坡最尾端前，首先要检查一下这片是否能用于一个没有其他片配合的位置，以完成 4 英寸宽的要求。
>
> 　　这个根据经验增加规则的过程，被称为从反馈中学习。这样继续下去，我们将最终完成一个跨距 33 英寸的桥，每端具有 1 英寸的重叠。这个冗长的过程和"教会"计算机是完全相同的。

　　另外一些附加的考虑是：

■价格变化以更多的方式出现，一些特别的大，另一些又非常之小，小到可以忽略不计。当一个非常大的正向价格出现时，目标成功地达到。而当一个非常大的负向价格出现时，游戏失败。灾难性损失的频率取决于大的负向价格出现的数目，或者说，价格突变的数量。第七章已经指出，没有方法可避免这些事件，但有办法存活。

■如果太多小的价格被使用，时间的消耗就不合算。

■如果有太多的金属片削减总的长度，你就不可能按时达到目标。

当使用价格来取代上述游戏时，最重要的是：

■在规则、时间和目标的限制之内也许没有一个解决方案。

　　再重复一次：也许没有一个解答，从价格模式和数据中强行得出一个答案不是个解决办法。以一个完全不同的观点来观察问题也许是必需的。

　　计算机不能思考，它只能简单地遵从你的指令。书写这些规则需要实践，当一条指令遗漏时回答就是错误的（即使结果看起来是好的）。要确认计算机的每一结果是否正确的唯一办法，是手工多检查几个不同实例的结果。交易策略越复杂，验证的时间就越长。

　　指定规则和输入公式时很容易犯错误。任何一个系统被写出来时，都需要细心的计算机调试。接下来的几节我们讨论几种新技术，来看看如何以一些有意思的方法来定义规则和做出决定。

## 人工智能和模式识别

人工智能（AI）的领域包含了许多用于价格预测的新技术，例如专家系统、神经网络和模糊逻辑。还有很多东西要向最初的人工智能方法学习，它们集中围绕着基本模式识别这一课题。

考虑价格的变化如下列方式：

向上，向上，向下，不变，向上，向上，向下……

接下来是什么呢？如果你正在参加学校考试，则回答就是"向上"。如果你正在一个市场中做交易，你下多少注赌明天将会上升呢？一个子儿也不押，因为这个模式没有重复足够多的次数，而且市场没有可能这样有规律地重复。

一个当前的模式与以前的模式相同，是无法作为投资的依据的。例如，你测试了 10 年的数据，找到了 74 例相同的 15 天模式，要么是"向上，向上，向下，向上，向上"或者是"向下，向下，向上，向下，向下"。如果这结果是随机的，则这个模式将被跟随 37 个向上日和 37 个向下日。如果有 42 个向上日和 32 个向下日，你是否考虑每次当这种模式出现时去买呢？这么做也许有一点优势，但很少。或者对于随机分布来说，在这 10 年中还没有找到足够的实例。

简单的模式识别在交易中是个很难使用的工具，它的成功完全是一个统计学的问题，并且要用统计学的眼光来看。下面介绍的人工智能的方法更加可能产生好的结果。

## 专家系统的应用程序

人工智能的应用程序是试图让计算机按人的思维那样去运行。也许这个进程还只是人们的一个愿望，但是，科学总把不可达到作为一种挑战，并且有时尚未理解原因就去追踪它。下面这些概念的开发，在当今的技术支持它们之前已开始很久了。

"专家系统"非常成功地复制了专家的忠告和决策。这种方法在医疗诊断中有巨大的成功，并且可能同样地应用到金融问题上，新的技术倾向创造术语去表达思想，专家系统也不例外，有些合适的词就成为过程的一部分：

■ "教计算机"指把数据和规则输入计算机的行动。

例如：

事实1：鲍勃的双亲是乔治和玛莎。

事实2：玛丽的双亲是乔治和玛莎。

规则1：如果你驾车速度较快，你将早些到达。

规则2：你不能超速驾车。

规则3：如果有许多车辆，你必须开慢点。

■ 推理（Inference）是指从已经存在的事实中推断出新的事实，使用事实1和事实2可得到：

推理：鲍勃、玛丽是兄弟与姐妹。

■ 修剪（pruning）指系统整理全部的信息以便找出最有关系的信息。由于人的大脑里和机器里充满了数据和规则，选择一些可应用于当前问题的信息是很有必要的。你将不可能用"因为亚美尼亚发生地震"去回答问题"为什么股票市场下跌了？"这可能各是一个有意思的事件，但并不相关。

■ 一个专家系统（expert system）是一个处理专门领域的软件。例如，医学诊断、出油量或股票市场的预测。依靠列出在专门领域中所有的事实和规则，这个系统可以被指望能代替一个专家队伍。

为了创建一个股票市场决策的专家系统，首先要写出是事实的各种关系，次序不限，如表9-1给出的10条规则集合。

**转逆链接**

在表 9-1 中的定义和规则组合起来形成了一个"知识库"。为方便起见,在表中用简缩名字代表"变量名",使用一个"转递"过程从一个重要的信息段开始,然后遵循一个规则转到另一规则,直到你找到答案,例如,假设华尔街杂志首页为:

$$\text{美联储将利率降低半点,到 } 4\frac{1}{2}$$

你想知道股市如何反应?规则 1 描述:如果利率降则股票上升,因而期望股市反弹。

如果杂志说:

$$\text{美元对日元下跌}$$

那么按规则 2,如果美元降则利率升,这条再链接到规则 1,规则 1 描述如果利率升则股票跌。

如果有新闻如下:

$$\text{失业率上升}$$

| | |
|---|---|
| 开始于规则 7(b) | 如果失业上升,则人均消费下降 |
| 然后到规则 6(b) | 如果人均消费下降,则库存上升 |
| 转规则 8(b) | 如果库存上升,则生产下降 |
| 转规则 9(b) | 如果生产下降,则 GNP 下降 |
| 转规则 4(a) | 如果 GNP 下降,则利率下降 |
| 最后转规则 1 | 如果利率下降,则股票上升 |

依靠链接一条规则至另一条规则,计算机应当可以得出和一位专家一样的结论,唯一的问题是这个回答没有意义。在本例中,虽然所有的规则都完全正确,但结论失业上升因而股票市场也上升就是错误的。

确切地说,这不是技术上的错误,而是时间的延迟所致。失业将引起利率下调,它将使股票市场上升,但这并不发生在同一天。首先,市场将会在消息发布时下跌。由规则所代表的每一个序列必须被指定一个反应时间或完成的标准,规则 7(b) 应当实际上改为:

**表 9-1 股票市场的专家系统细则**

| 规则 | 规则说明（a） | | | 反向规则（b） | | |
|---|---|---|---|---|---|---|
| 1 | 如果 | 利率 | 下跌 | 如果 | 利率 | 上升 |
|   | 那么 | 股市 | 上升 | 那么 | 股市 | 下跌 |
| 2 | 如果 | 美元 | 下跌 | 如果 | 美元 | 上升 |
|   | 那么 | 利率 | 上升 | 那么 | 利率 | 下跌 |
| 3 | 如果 | 通货膨胀 | 上升 | 如果 | 通货膨胀 | 下跌 |
|   | 那么 | 利率 | 上升 | 那么 | 利率 | 下跌 |
| 4 | 如果 | GNP | 下跌 | 如果 | GNP | 上升 |
|   | 那么 | 利率 | 下跌 | 那么 | 利率 | 上升 |
| 5 | 如果 | 德国债券利率 | 下跌 | 如果 | 德国债券利率 | 上升 |
|   | 那么 | 利率 | 下跌 | 那么 | 利率 | 上升 |
| 6 | 如果 | 人均消费 | 上升 | 如果 | 人均消费 | 下跌 |
|   | 那么 | 库存 | 下跌 | 那么 | 库存 | 上升 |
| 7 | 如果 | 失业率 | 下跌 | 如果 | 失业率 | 上升 |
|   | 那么 | 人均消费 | 上升 | 那么 | 人均消费 | 下跌 |
| 8 | 如果 | 库存 | 下跌 | 如果 | 库存 | 上升 |
|   | 那么 | 工业生产 | 上升 | 那么 | 工业生产 | 下跌 |
| 9 | 如果 | 工业生产 | 上升 | 如果 | 工业生产 | 下跌 |
|   | 那么 | GNP | 上升 | 那么 | GNP | 下跌 |
| 10 | 如果 | 联储货币供应 | 增加 | 如果 | 联储货币供应 | 减少 |
|    | 那么 | 利率 | 下跌 | 那么 | 利率 | 上升 |

| 变量名称 | 含义 |
|---|---|
| 利率 | 美国的利息率 |
| 股市 | 美国股市 |
| 美元 | 美元兑换率 |
| 通货膨胀 | 美国的通货膨胀速度 |
| 国内生产总值 | 美国国内总的生产值 |
| 德国债券利率 | 德国债券利息率 |
| 人均消费 | 美国国内人均消费 |
| 库存 | 美国企业的库存量 |
| 工业生产 | 美国工业总的生产活动 |
| 联储货币供应 | 美联储的货币供给目标 |

如果失业率增加，那么人均消费在下三个月中将下降。

如果在每条规则上加上时间，我们可以更加接近一个专家系统。

### 基于知识库来描绘不同的景观

一旦知识库建立，可以问许多不同的问题："当美联储想增加银根供应时对股市有何影响？""失业率上升对美元有何影响？"

在知识库里许多条款的反意（但非全部）也可以应用："如果利率 DONOT FALL（不降）以及 GNP IS NOT POSITIVE（GNP 不是正值），则股市 WILL NOT RISE（将不会上升）。"

### 解决多重事件的冲突

看起来从单个事件进行的顺序推理是挺容易的，但是这并不现实。两个或更多有重要意义的因素经常同时出现并互有冲突。哪个更重要呢？下面的规则可以被加上去，以帮助确定哪一个政府决策更重要。

W1：如果实际统计值离期望值最大，那么该统计值最重要。

W2：如果最后三项的实际与预期的累计差值最大，那么这三项最重要。

W3：如果实际统计值减去一年前的值最大，那么该项最重要。

W4：如果统计值减去长期平均值是最大的，那么该项最重要。

但这仍是不完善的。两个或更多事件可能以不同的方式表现得非常极端，它们在一个股票市场上可能会累加或抵消另一方的效应。必须制订规则来解决这些问题，而这些规则很可能就成为专家系统的弱点。

### 验 证

当数据全部输入计算机后，一个答案跳了出来，你如何知道它是否正确？因为这个过程是逻辑推理的，各个步骤都可以跟踪来证实答案。但是上述的例子"失业上升"，系统给出了正确的回答，却不是正确的时间。所以最终决定要由你来做。这个答案必须看起来是对的，并且符合合理性的测试。

## 神经网络

虽然对于一个计算机化的神经网络来说，其思想和辞义是来自人类大脑的生物特点，但是一个"人工"神经网络并不是一个大脑的模型，也不能以人类的方式学习。它仅仅擅长于寻找模式。事实上，它可以好到"过度匹配数据"，寻找到仅仅偶然出现的模式。从这个意义来说，几乎所有用于寻找最佳绩效系统的方法都有类似的问题，不管是使用简单的还是复杂的技术。

今天有非常多的神经网络软件供个人计算机使用，很多这方面的知识可以通过交易杂志找到，比如《股票、商品及期货技术分析》。

## 神经网络的术语

人的大脑是由称为神经的许多细胞组成的，它们处理和贮存信息。它们在人体的系统中很特殊，因为它们不会死亡，所以我们能拥有记忆。神经以组来工作，每个组称为网络，其中包含有几千根交错连接的神经。这些网络再连接到其他的神经网络。

信息被接收通过"树突"并直接进入"神经元"（神经细胞）。数据可以被传递到其他的神经元，这是通过一个称为"轴突"的输出连接器完成的。当信息从一个神经元传递到另外的神经元或神经网络时，它也许会通过一个"神经键"，该神经键可以抑制或增强在不同方向上运行的数据的重要性。一个神经键也可以认为是一个"选择器"。图9-4给出了一个生物神经网络及其组成部分。

人的神经网络在接受大量数据、存贮它们，并使你在知道最重要的信息方面的能力非常出色。这个精细复杂的处理过程可以因每个人和实际情况而不同。例如，你可能不会注意到在卧室中时钟的嘀嗒声，但是对于来自小孩房间的不寻常的微小声音却能立刻感觉到。我们实际上是

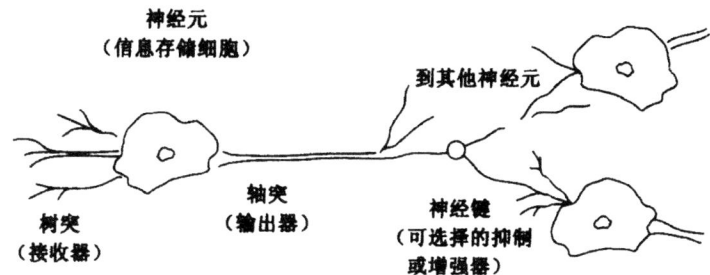

图 9-4 一个生物神经网络

信息被树突接收并传送至一个神经元存贮。数据可以被其他细胞共享，这是靠流过输出连接器（轴突）而完成。一个神经键可以处在某些独特的神经元或神经网络之间的路径上，它们通过抑制或增强该数据流来选择相关的数据。

听到了时钟声，但在这种声音变成一种规律之后，我们的神经网络就不再警告我们去响应。然而如果时钟停摆，一个有效的人脑系统就会注意到。

## 人工神经网络

使用类似图 9-4 中生物神经网络同样的结构，我们可以显示经济信息和价格信息是怎样通过一个计算机化的人工的神经网络（ANN）传送，以产生一个股票价格运动方向的决策。

第一步如图 9-5 所示。系统接收各类数据，就像人的神经系统那样。它必须选择这些数据中哪些与要寻找的答案有关，并对每一个数据赋予权重因子。因为"本国的经济健康（Domestic Economic Health）"影响了利率（Interest Rates），并进而影响了股票的价格，我们来分别选择 5 个输入的每一个，看其如何被使用。两个无关的因素被抛弃，赋予权重因子 0。但所有因素仍然存贮在"神经元"中待用。

失业（Unemployment）、GDP 和库存都被认为是影响本国经济健康运转的因素。对它们重要性的赋值将由计算机神经网络程序来确定。我们可以期望用于 GDP 和存货的权重因子是正数。因为提高 GDP 和库存表明了强势经济活动，存货的影响则不是很明显，因此取一个较小的值。失业率则取负数的权重因子。当失业率上升时，本国的经济健康度下降。

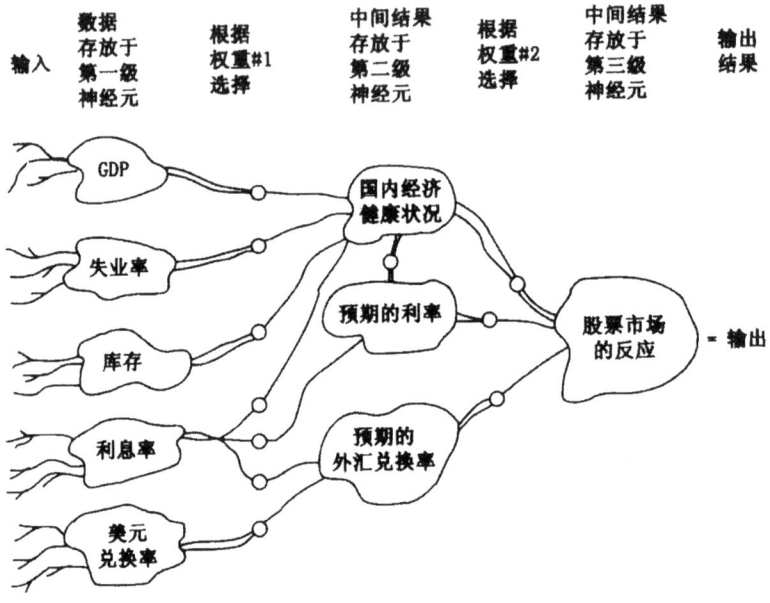

图9-5　一个三层的人工神经网络

经济和价格数据被接收并存贮在1级的神经元中。信息通过神经键被传送到2级神经元中，神经键增加或降低每一条款的"价值"，形成了新的合成的值，它们代表了国家的经济状况和美元的期望方向。这些数值然后被组合到3级神经元（美国股市的一个期望中的移动）。在大多数人工的神经网络中，每一个级别1的神经元连接到级别2的所有神经元。

## 三层系统

本国的经济健康状况只是预测股市价格所需的一个因素。当前利率和期望利率也许是最大的影响因素。但是，利率通常被用来达到一个经济增长的目标，它也许可以用本国的经济健康度来测量。因此，一个因素又影响到了另一个因素。政治事件使得资金流向世界上其他更安全的地方，使得情况变得更加复杂。如果东欧不顾当前利率而买入美国美元，则利率会走低。另一方面，如果美国想吸引外国投资者来支付它的负债，则美国的利率就必须上升，以吸引买者，而不顾国内经济的健康度。

在级别2和级别3中的每一个神经元的状态，取决于传送给它信息的每个神经元的权重因子。和专家系统不同，它无法预先知道相对应于每一组输入的效应，而是依靠比较历史实例来确定它的使用。例如，在图9-6中指派给本国经济健康的数值就是许多输入的结果，每一个输入皆有唯一的权重因子。

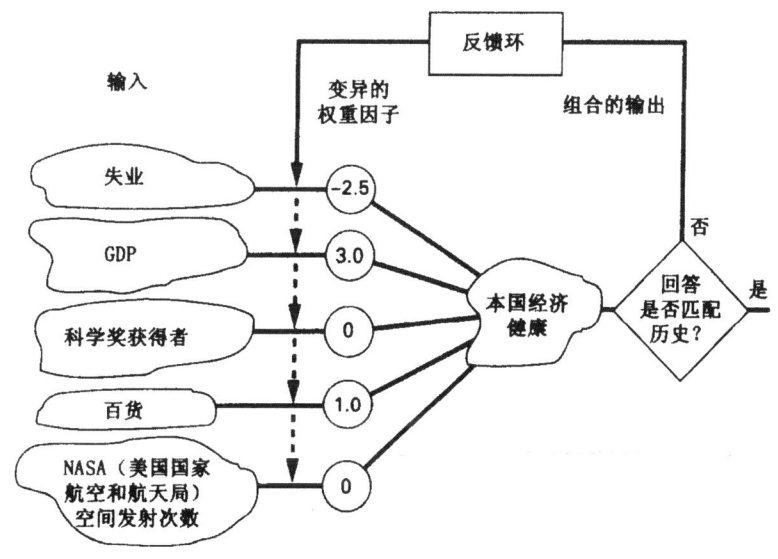

图9-6　依靠反馈学习
一个神经网络使用已知的答案来反馈，去寻找权重因子。

## 训练过程

ANN（人工神经网络）通过一个模式识别的计算机精细处理而得到一个答案。最为流行的方法称为遗传算法（genetic algorithm），因为用随机选择来确定每一输入的重要性，将会看到一个方案比另一个更好。"变异"以类似自然选择中适者生存的方式被使用。

神经网络使用遗传算法去学习如何在反馈处理中达到最好的解答，这个反馈处理称为"训练"。这种方法把输入数据和指标一起随机使用，把答案和已知的答案作比较，直到它找到最接近正确的组合为止。图9-6给出了"反馈环"，它变化权重因子和使用随机的数据，直至答案能够匹配一大批历史情况。

由于这是一个反复试验的过程，而不是一个分析的方法，最佳的结果产生是依靠数据的一致符合，而不是因和果。请记住著名的警语：Post hocergo prompter hoc（字面意思是，因为出现在这个事件之后，所以就是由这个事件而引起），意指思考方式中的错误逻辑：因两件事有统计关系，从而误认其为因果关系。

### 一个"训练"的例子

我们想"训练"一个神经网络来告诉我们：我们在股市上现在该买还是该卖？

我们只有表9-2所给的5个输入，简单地说：

1. 每一个输入给定一个可调节的数值，从+100到-100，指出当前的陈述是强还是弱，高或低，或中性。

2. 当总的数值超过+120给出买入信号，当数值低于-120时产生卖出信号。

3. 任何处于+120到-120之间的值被认为是中性的。

初始的试验只有两个训练案例，即计算机被给定两个输入数据集合和正确的回答。过去的历史告诉我们，当正确评估时，案例1将给出一个强信号而案例2给出弱信号。如同9-2（a）所示，开始试验时，权重因子都被设为1.0，案例1和案例2都产生了中性的结果，这是错的。

### 反复试验

通过随机指派权重因子的处理（它被选为遗传算法），网络变异了模式。当ANN产生了一个错误的回答时（通过与过去案例比较），它就给出了一个出错信号，这个信号就告诉神经网络：需要再次试验。这就是反馈过程（处理）。系统随后就不断改变权重因子，直到它偶然发现在利率和失业率的正负设置需要反转为止。该神经网络启动时假定"低"意味着负值，"高"意味着正值。但是低或高的利率效果表现在股票市场中正相反，借助于链接权重因子到-1.0，一个正确的答案可以产生于表9-2（b）中。

**表9-2　两个训练案例**

| (a) 具有1单位权重的第一次测试 | | | | | | | | |
|---|---|---|---|---|---|---|---|---|
| 输入 | 案例1 | | | | 案例2 | | | |
|  | 相对 | 值 | 权重 | 净值 | 相对 | 值 | 权重 | 净值 |
| GNP | 强 | 50 | 1.0 | 50 | 弱 | -60 | 1.0 | -60 |
| 失业 | 低 | -25 | 1.0 | -25 | 高 | 40 | 1.0 | 40 |
| 库存 | 低 | -50 | 1.0 | -50 | 中等 | 15 | 1.0 | 15 |
| 美元 | 很强 | 75 | 1.0 | 75 | 中等 | 0 | 1.0 | 0 |
| 利率 | 跌 | -25 | 1.0 | -25 | 升 | 45 | 1.0 | 45 |
| 全部测试值总和 |  |  |  | 75 |  |  |  | 40 |
| 买/卖阈限值 |  |  |  | ±125 |  |  |  | ±125 |
| 计算机训练回答 |  |  |  | 中等 |  |  |  | 中等 |
| 实际答案为 |  |  |  | 强 |  |  |  | 弱 |
| (b) 具有变异的权重因子的训练案例 | | | | | | | | |
| 输入 | 案例1 | | | | 案例2 | | | |
|  | 相对 | 值 | 权重 | 净值 | 相对 | 值 | 权重 | 净值 |
| GNP | 强 | 50 | 1.0 | 50 | 弱 | -60 | 1.0 | -60 |
| 失业 | 低 | -25 | -1.0 | 25 | 高 | 40 | -1.0 | -40 |
| 存货 | 低 | -50 | 1.0 | -50 | 中等 | 15 | 1.0 | 15 |
| 美元 | 很强 | 75 | 1.0 | 75 | 中等 | 0 | 1.0 | 0 |
| 利率 | 跌 | -25 | -1.0 | 25 | 升 | 45 | -1.0 | -45 |
| 全部值总和 |  |  |  | 125 |  |  |  | -130 |
| 买/卖阈限值 |  |  |  | ±125 |  |  |  | ±125 |
| 计算机训练回答 |  |  |  | 向上信号 |  |  |  | 下降信号 |
| 实际答案是 |  |  |  | 强 |  |  |  | 弱 |

表中被指派的相对值从-100到+100。权重指权重因子，设置于1.0启动。最

后一行实际答案是你所要的回答，或者是在下面 10 天内实际价格的变化。

这里只有两个案例，而更多的权重因子组合也是能够给出正确答案的。例如，当全部其他输入被给定 0 值时，利率可以被指派一个 -5.0 的因子。当参与"训练"的案例增多时，这些不明确性很快就被消除。

### 指定一个神经网络测试

"训练"神经网络可以是一个非常长的过程。让计算机指派权重因子给无数的数据项，并不断地将结果与正确答案作比较，需要花费的时间可能比我们的预期要多得多。为了控制这个过程，给训练增加一些限制，以及给电脑一些帮助，是很有必要的。

**预处理**。选择最有意义的信息输入系统，而不是所有可能的影响因素。不是分别使用汽车和百货的零售额，而是采用一个总的零售额。消除性质类似的因素，因为每一条信息都将不断地被计算机反复地分析，无法识别两项是否相同。组合某些因素成为一个指标，并去除那些价值很小的因素。如果一个指数比组成它的元素的简单加权还要复杂，那么神经网络将无法正确地囊括它。输入的数据需要包含一个价格的趋势，因为 ANN 不能自己创建一个价格趋势。

**将问题分解为清楚的步骤**。仅用一个步骤来解决问题，可能会过度复杂，更重要的是非常难以证实结果。对影响结果的各种因素先进行分解要好得多。在预测股市的移动前，先预测一周的利率，或是预测基本利率的减少或增加。如果股市的方向是取决于利率，那么先验证决定利率变化的决策过程，应当是一个必要的步骤。

**选择决策层的数量**。两个或更多的输入项被加权后，可能组合成为另一新决策层中的一项。如果所有的输入都可以一次取两个并且进行组合，然后和其他另外两个输入的组合一起使用，则计算机会创建无数的"隐蔽层"。"隐蔽层"越多，就有越多的组合，并增加了处理的时间。它们允许产生的解答更加独特，并且需要更多的数据去弥补可能的过度适应。一个四层的系统比一个三层系统要费更多的时间来计算，通常三层系统是比较合适的。

**选择最小的神经元数目**。限定隐蔽层的数目将提高可解答数目,也更加具有普遍意义,同时含有中间结果的神经元的数目也可以被指定。正如很少几层可产生一个更有普遍意义和较快的解答一样,在每一层中的神经元数目有同样的效应,更少的神经元意味着一个更具普遍意义的解答。

**有得必有失**。和其他传统的优化方法一样,神经网络也会产生一个过度适应的结果。数据纷繁杂芜,其中大多数是无关紧要,太多的隐蔽层和神经元,这都会使计算机提出具有欺骗性的模式。太少的数据项、决策层和神经元却又会使结果过于一般化,用处不大。所以,分析家必须寻找合适的折中方案。

## 学无止境

神经网络对于一系列事件组合的响应,是按照它被"教化"的方式进行的。在没有相关联的坏消息下(例如:美元丧失安全性),利率下跌是一个买入股票的信号,神经网络通过学习得知这种情况对股票是有利的。但是某一天,当投资者因害怕股价跳水而转移资金的同时,利率也在急剧下跌。这时的你会是一个买家,因为较低的利率符合买入原则。但当更多的股票被别人不断出清时,你的交易会带来巨大的损失。于是神经网络就增加了一条规则,去避开那些在高波动性条件下开始的交易。

系统不断地在学习。无法知道有多少不同的情况将会增加到为建筑一个完整的网络所需的条件表中。一个合成神经网络是一个很大的技术成就,它可以寻找那些用通常的方法(例如,经济学中的回归)找不到的模式。它可以训练自己去确定每一个输入的重要性,但也有许多问题它解决不了。它只能识别它期望的一些输入,并且不能合适地响应某些以前从未见过的输入组合。如果有太多的输入,网络可以有正确的反应,但有可能却是对错误的事件进行了反应。在你投资行为的限度之内，它并不能担保结果正确。

# 模糊逻辑

模糊逻辑不是一个品牌，也不是发散思维，它是一个数学的正规领域。随着神经网络的发展，模糊逻辑扩展了其科学范围。"模糊"的意思是指，在人类正常的会话和思考中缺乏精确性。这个概念将可以把人类的不确定性引入人工智能的方法中。我们来考虑最随便的一段会话：

"有很多人在玩游戏。"

"他们中大多数是高个子。"

"昨晚真冷。"

"昨天市场走势很强劲。"

"当贸易赤字大于期望值时，美元暴跌。"

虽然这些会话并没有包含具体的数字，我们仍然可以接受和理解其他人在讲什么。在模糊逻辑中所有的东西都不是用真或假、0或1、在那儿或不在那儿来描述的。它将回答例如这类问题："如果一个被吃掉一半的苹果仍然是一个苹果，那在它不再是一个苹果之前你必须吃掉多少？"

模糊的概念包含了"模糊数词"，例如"小"，"大约是8"，"接近5"及"比10大得多"，还包含了"模糊量词"，例如"几乎"、"几个"、"大多数"等等。我们常听到的"令人吃惊的政府报告引发了大的价格移动"就是一种常见的模糊表达。

## 模糊推理

"模糊事件"和"模糊统计"被组合为"模糊推理"，令人吃惊的是：回答下面例子中的问题对人脑来说是非常清楚的，而对于机器来说就不是了：

**例1** X是一个小的价格移动。

Y比X小很多。

Y有多小?

**例2** 大多数价格移动是小的。

大多数小的价格移动是上升的。

有多少价格移动上升?

**例3** 说季度收益非常糟糕,这并不十分正确。

说季度收益好,也是不正确的。

季度收益到底有多糟糕?①

## 实际的解决方案

模糊性并不试图去描述那些可以由概率论精确解释的概念(常被称为"清晰的逻辑")。由于模糊逻辑和概率论是新的理论,数学家们相信实际应用将会同时使用模糊性和清晰性。如今,具有模糊性的描述通常被指定范围,以便表示常使用的数值。例如,在表达S&P价格变化中我们可以有如下数据:

| 变化的描述 | S&P上升或下降的值 |
|---|---|
| 无变化 | ±20点 |
| 小 | ±145点 |
| 中等/正常 | ±150至400点 |
| 大 | 大于400点 |

我们可以用一个含糊的方式而不是精确的方式来表示上述的范围。我们将"无变化"定义为收盘点位于前收盘的上下20个点位之内。然而如果在几个大波动的日子之后,我们就可能把±50点的移动也称为"无变化"。当我们和其他人谈话时,我们似乎对相对的波动性都有同样的理解,但是若将它写在纸上就会引起非议。

---

① 模糊系统给出的答案分别是:(1)非常小。(2)大多数。(3)糟糕。

### 子优化或反优化

模糊逻辑与现在我们正用来开发交易模型的其他方法相比，也许能够得出更好的解答。由于它的自然天性，一个模糊的解答必然是普遍化的。编写用于一个交易程序的模糊规则将不像传统的规则那么精确。它也意味着将有很少几条规则和一个更加强有力的解答。不管我们多么努力，使用模糊数据去过度匹配一个解决方案大概还是不可能的。

### 最高的技术水平

模糊系统可以和神经网络及专家系统相组合，它提供了一个可以"学习"的框架。神经网络提供了行为结构，以使得正确的答案可以被增强，而错误的答案被排除。专家系统给了程序一个知识库。

日本公司在金融行业的模糊专家系统应用中占领先地位。据说，用于金融交易的，特别是股票交易的类似程序已经出现了。这些模型都完全建立于价格信息的基础之上，但也许很快就可以包含关于政治后果的预料或"感觉"。看起来似乎是：一旦产生了一个新的理念，与此相关的技术就会以惊人的速度向前发展。

# 第三部分
## 如何得到坚韧的交易策略

# 10　测试交易系统坚韧度

如果一个交易策略在很多不同的条件下都能成功，那么它就是坚韧的。如果它在与测试条件大不相同的情况下（比方说，一个更剧烈的波动创出了新高）仍可以工作，那么它就是更加出色的。

许多用户指责交易系统的不成功是因为计算机运行速度不够。综合了策略测试和统计学软件，计算机已经使得模拟上千种交易规则和技术易如反掌。预先编好的策略、无数的指标以及创建自定义指标的能力，都让没有经验的用户去毫无区别和重点地进行测试。结果是，计算机测试了大量的数据，但却很少能测试到成功所需的关键性标准。司空见惯的情况是，测试结果显示系统的盈利能力非常高，而在实际使用中则一败涂地。

## 过度适应

系统对于某段历史数据特别适应，即称为过度适应。每一个交易系统开发者都需要使用历史数据来验证结果。如果没有做历史数据测试，只是直接设定一些规则就开户交易，是不牢靠的。过去的风险会告诉你，你将需要一个多大规模的账户来达到你的目标，并且顺利挺过在征途上将承受的资金风险。

对于历史数据的仔细分析，经常会指明高风险的区域所在。有些时候，一个简单的规则就能够把风险降低到一个合适的水平。比方说，市场波动幅度增加时减少入市头寸。

对市场进一步分析，还可以产生出其他的规则：

如果 S&P 在 3 日内下跌超过 1500 点，则全部平仓。

或者：

如果 S&P 在前一周内下跌超过 10%，则在周五平掉所有多仓。

这些规则以杜绝历史上曾经有过的一到两个特殊灾难为目的，从较普遍的、逻辑性的风险控制发展到更具有实际指导性。在什么情况下这些变化将不合时宜？答案是很难搞清楚的。

在这一章里，我们将一个不依赖于几个有限条件限制的系统称为坚韧的系统。如果一个 8 日均线或 12 日均线系统会产生亏损，那么即使一个 10 日均线系统有获利能力，也不会被采用。最好的系统是一个可以在很大范围内选择参数而仍然获利的系统。这些参数包括趋势的速度、风险控制、获利平仓，以及过滤器。当几乎各种不同的参数设定都可以获利时，交易者获得的就是一个更加可靠的系统。

## 将坚韧度和参数选择分离

确定一个交易策略是否有效，以及将来能否用该方法获利，这两者之间有一个非常明确的分别。历史测试可以验证一个假设，表明怎样的变量和参数在过去是成功的。但这并不表明，那些在过去产生高额利润的参数设置在未来也有效。另外，如果有两个策略在历史测试中都获得了类似的成功，哪一个更好呢？

复杂的测试（称为优化）所给出的结果是，系统在某些情况下有获利，某些情况下有亏损。利润证明了策略背后的逻辑是有力的。系统越能够获利，我们对该交易方法就越有信心。然而，历史测试中带来利润的参数未必总是在实战中带来利润。提前决定哪些参数将会带来未来的利润，是一个和建立坚韧的交易规则不同的问题。

本章的大多数内容将集中讨论如何建立一个坚韧的交易系统。越坚韧，就越少依赖于选择合适的参数。我们可以假定一组任意选择的参数将产生平均的绩效。因此，我们要确保平均的绩效是好的。

## 原 理

开发一个与参数无关的交易模型是一个理想的方案，但是这很难。这是一个与套利（基于明确的经济反常状态）相反的观念。本章将设定一些过程，这些过程将极大地提高任何交易模型的坚韧度。这不是一个容易的过程，但可以一步步来。做得越多，结果越好。

没有不带任何限制的模式。每个模式都有一个目的，从而需要一些满足其操作环境的定义。一个长线交易系统完全有理由将使用3日均线排除在外。交易频率和风险都可以降低到一个狭窄范围，因策略和投资所允许的范围不同而定。在价格形态可以被预先确认时，采用一个价格形态是有效的。在这个范围内，程序可以变得坚韧。

参数选择的一些基本原则，确保了一个选择可以产生非常优异的结果。这包括更慢的趋势和更少的人为风险控制。本章将通过前述的结论来建议一套规则和测试的步骤，以产生更接近于实际交易的测试结果。

## 优化的绩效一例

表10-1对比了均线加百分比止损系统的几组测试结果。均线的周期以及止损的百分比是两个用来决定交易的参数。一个TELETRAC优化将上述系统应用在1991-1992年的恒生指数上，以寻找出各种不同参数的组合。

如果我们使用1991年全年的测试结果中最优的参数，在1992年进行交易，我们将倾向于使用慢速移动均线。45日均线系统给出17.4%的利润。5到30日的移动均线都只给出了波动的结果和可怜的利润。

1992年的测试结果则说明完全相反的情况。5到20日的移动均线带来了丰厚的回报，而40到50日的均线带来了最差的结果。如果我们以1991年产生高额利润的参数来交易，那么1992年的绩效将只有1.3%（前提是如果交易执行得很好）。

表 10-1 对于恒生指数的移动平均值优化

| 移动均线天 | %止损 | 1991 回报/风险 | 1992 回报/风险 | 变化回报/风险 |
|---|---|---|---|---|
| 5 | 0.0 | 4.5 | 29.2 | +24.7 |
|   | 1.0 | 4.0 | 29.2 | +25.2 |
|   | 2.0 | 1.6 | 29.2 | +28.0 |
| 10 | 0.0 | -0.1 | 35.1 | +35.2 |
|    | 1.0 | -0.1 | 35.1 | +35.2 |
|    | 2.0 | 10.2 | 35.1 | +24.9 |
| 15 | 0.0 | -11.3 | 26.9 | +38.2 |
|    | 1.0 | -11.5 | 26.9 | +38.4 |
|    | 2.0 | -11.1 | 26.9 | +38.0 |
| 20 | 0.0 | 3.4 | 16.6 | +13.2 |
|    | 1.0 | 3.4 | 19.8 | +16.4 |
|    | 2.0 | 1.7 | 19.8 | +18.1 |
| 25 | 0.0 | -3.7 | 4.3 | +8.0 |
|    | 1.0 | -7.0 | 0.9 | +7.9 |
|    | +8.4 | 2.0 | -7.0 | 1.4 |
| 30 | 0.0 | -13.3 | 7.2 | +20.5 |
|    | 1.0 | -16.4 | 5.9 | +22.3 |
|    | 2.0 | -16.4 | 5.9 | +22.3 |
| 35 | 0.0 | 1.0 | 20.7 | +21.7 |
|    | 1.0 | 1.0 | 20.7 | +21.7 |
|    | +21.7 | 2.0 | 1.0 | 20.7 |
| 40 | 0.0 | 13.0 | -15.9 | -28.9 |
|    | 1.0 | 12.2 | -7.5 | -19.7 |
|    | -4.6 | 2.0 | -2.9 | -7.5 |
| 45 | 0.0 | 17.4 | 1.3 | -16.1 |
|    | 1.0 | 17.4 | 1.3 | -16.1 |
|    | 2.0 | 17.4 | 1.3 | -16.1 |
| 50 | 0.0 | -3.7 | 1.8 | +5.5 |
|    | 1.0 | -3.7 | 1.8 | +5.5 |
|    | 2.0 | -4.6 | 1.8 | +5.5 |

这个简单的移动均线测试说明,如果只使用一小部分数据,那些"最佳"参数的绩效就会显现出典型的不稳定性。1991 年带来最高利润的区域在 1992 年产生了很差的结果。

### 决定坚韧度的潜在方法

我们可以通过集中研究那些广泛成功的系统,来提高我们参数选择的效果。如果所有场合的测试都可以获利,我们将得到一个完美坚韧的交易系统,任意一组参数都将带来利润。

为了衡量哪一个策略比其他的更好,我们将会定义一系列测试步骤,来衡量所有测试结果的平均值和标准差。仅有最高的平均值是不够的,一个较小的标准差表明了所有测试绩效的一贯性。从平均值中减去标准差之后,即是最佳选择指数的值。

最佳选择指数 = 平均回报 – 回报的1个标准差

因为一个标准差涵盖了一组占全部范围68%的数据,最佳选择指数告诉我们,这个系统将提供84%的机会来获取大于等于最佳选择指数的值。请记住,在分布曲线的左边部分上表明亏损有一半的概率。比方说,如果所有的复合数据测试的年回报平均是14%,并具有6%的标准差,我们得出的结论是:

■一个任意的选择将有84%的机会产生比8%大的回报。(平均值减1个标准差)

■一个任意的选择将有97.5%的机会产生回报比2%大的回报。(平均值减2个标准差)

■一个任意的选择将有99.5%的机会产生回报比–4%大的回报。(平均值减3个标准差)

最小的测试标准应该具有一个由最佳选择指数给出的84%的成功机会。

## 测试程序

终极的解决方案是测试程序。由概念开始起步,测试以清晰的步骤构成并指向一个明确定义的结果。经验表明，如果你不控制程序，程序就会控制你。测试程序可以被分为5个部分：

1. 决定该测试什么
2. 决定该如何测试
3. 评估测试的结果
4. 选择特定的参数来交易
5. 交易和测试绩效

这里，每一个步骤对于程序的成功都是至关重要的。第一次建立这个程序将会需要大量的精细工作，但大多数工作只需要做一次。关于数据、测试软件和评价的方法，需要作许多决定。交易策略的正确开发对其成功至关重要，因此本章将详细地讨论这些方面。方框10-1 提供了一个清单，可以作为我们的备忘录。

### 方框10-1　坚韧度测试的核对清单

第1部分：决定该测试什么

☐1. 策略是合乎逻辑的吗？
☐2. 你能将所有的规则编成程序吗？
☐3. 策略只在特定的情况下才有用吗？
☐4. 估计一下测试的结果。

第2部分：决定该如何测试

☐5. 选择测试的工具和方法
☐6. 你有足够的"正确"数据吗？
☐7. 计算包括了现实的交易费用了吗？
☐8. 你将会测试一个参数的全部范围吗？
☐9. 参数将会以什么顺序被测试？
☐10. 参数进行了适当的分布吗？
☐11. 你定义评价的标准了吗？
☐12. 输出的结果将如何呈现？

> **方框 10-1（续）　坚韧度测试的核对清单**
>
> 第 3 部分：评估结果
> ☐13. 计算的结果正确吗？
> ☐14. 有足够的交易是"明显的"吗？
> ☐15. 交易系统是否对于大多数参数的组合都给出了积极的结果？
> ☐16. 逻辑的改变是否会提高总的测试绩效？
> ☐17. 在其他数据上的测试结果如何？
>
> 第 4 部分：选择特定的参数交易
> ☐18. 最后一次测试包括最近的数据吗？
> ☐19. 你是从一个广泛成功的区域中选择吗？
> ☐20. 测试结果的利润是相对平均地被分配到被测试的历史数据之中吗？
> ☐21. 每笔交易的利润大到可以忽略误差吗？
> ☐22. 历史数据测试的结果列出了任何因价格突变而引起的巨大亏损吗？
> ☐23. 你是否将回报进行过风险调整以达到你可接受的风险水平？
>
> 第 5 部分：交易和观测绩效
> ☐24. 你总是遵循相同的经过测试的规则吗？
> ☐25. 你只交易被测试过的金融产品吗？
> ☐26. 你观测了系统和实际交易的差别吗？

# 第 1 部分：决定该测试什么

在你开始测试之前，完整地定义系统和测试计划。你一定要告诉计算机该做什么，而不是让计算机来告诉你。当你遇到障碍时，不要随意改变主意。试着遵循最初的主意来完成系统的构建，并学习它的优点和缺点。

### 步骤1  策略是合乎逻辑的吗?

在你开始测试之前,你写下规则了吗?你的想法来源于哪里?交易系统的成功基于有力的观点,比如经济关系或有效的技术分析策略。让计算机去弄明白一个不明显的短期价格形态,无论结果看起来如何可靠,仍然不会是一个好的交易方式。价格形态总是能被发现,但是其可预测性值得怀疑,而且时常不带任何预兆就改变。

当你开发你的系统时,你的策略一定要对于市场有意义,而且配合好你自己的目标,就像下面的一些例子一样:

■对于股票市场,你可能想要一个长期多头而没有空头仓位的策略。

■对于债券市场,一个和缓慢变动的经济以及政策平行运行的长期投资策略,可能是最保守的。

■对于外汇,一个跟随日间价格突破进行买卖,并以小利平仓为目的的短期投资方法,可能对战术性的对冲和有限的隔夜仓位是更加有效的。

**使用合乎逻辑的主意**。一个合乎逻辑的主意不需要以基本面为基础。长期观察芝加哥国际货币市场(IMM)上的价格运动,你也许有一个印象,那就是可靠的买卖信号只发生在每天高成交量的三个时间点——开盘、收盘以及午后开盘。几个时间段之间的成交量低迷期给出的信号,可靠性要更差些,并且需要一个更大的价格运动为基础来进场交易。重要的是,知道你到底想要做什么,然后使用计算机验证你的主意。

**由一个念头出发却结束于另一个想法**。确保计算机的反馈不会导致你偏离自己原来的想法。一个合乎逻辑的策略,可能会发展出一些毫无意义的形态。人有一种天性,总是想去解释一个系统为什么是很好的,而这往往只是因为他发现测试的结果是好的。

## 步骤 2 你能将所有的规则编成程序吗？

交易策略的所有规则都能被输入计算机或者一个电子表格吗？你是否假定了任何没有被编入程序的东西？一个不能被测试的策略将不能被评估。如果你仅仅因为系统不做隔夜交易，就假设你不会被一个价格突变冲击，那么你将使你自己暴露在料想不到的亏损、资金短缺和老板无可非议的批评下。

写下清楚的规则对于测试是很重要的。你必须确定你能记录买卖的条件、风险控制、买卖单的种类、交易的时间以及其他一些情况，来完整地描述你的计划。写下规则将会提醒你需要用于测试的数据类型（无论是价格、生产者物价指数，还是美国石油协会统计数据），以及频率和数据的内容（开盘、最高、最低、收盘或者带有分笔成交量的 30 分钟价格）。测试的时候越仔细越好，因为到后来细节总是加了又加。

日间突破的例子。从最基本的方式开始，省略风险控制、获利了结或者入场条件限制。如果你相信一个日间突破系统是有冲击力的，那么就先测试突破进入位置和基本的退出位置。你可能在每天收盘时想要平仓，或者在价格向相反的方向突破时你也可能退出。最重要的是，你在增加获利了结、风险控制和其他特殊条件之前，需要知道最根本的原理是否工作正常。

决定系统的哪一部分能改变。早盘的一次价格突破给出了交易信号，这样你就有充裕的时间来执行这个交易，获取较大的利润。因此，你将会想要测试价格突破的时间点。你不会采用在那天接近收盘时的一个进入信号，因为这时候潜在的利润空间已经很有限了。

如果交易系统完全用计算机处理，你将不会想要比每 5 分钟一次还更频繁地观察数据。尽管你可以在一个突破发生后的 60 秒钟内执行一个买入指令，但想要得到好的执行价是不大现实的。使用 5 分钟线来测试，而不是 1 分钟 K 线，也能减少测试策略所用的时间。

在你开始测试前，你已经知道，一个日间突破系统，取决于当日的突破发生在哪段时间，以及买卖点的时间、获利了结目标的规模和一些风险控制。

趋势系统一例。所有的系统都有一些共同的地方：进入市场和退出市场的规则，风险控制，以及可能的获利了结情况。一个趋势系统需要以趋势的速度为基础，这可能会因为你的程序和目标而有巨大的不同。因为较小的杠杆作用和较高的交易费用，股票交易程序需要的是一个50到500天的趋势。而一位期货交易者因为只需要5%的保证金，将会更愿意依靠一个5到30天的快速趋势。

对于日内数据使用平滑方式是错误的。因为随着观察数据的时间周期缩短，噪音的水平在增加。在所有的市场中都有流动性不高的时间段，这种时间段内，价格向任意方向的跳动都不能表明趋势发生了真正的改变。这将引起很多错误信号，而这些信号无法借助使用跟踪较长趋势的方法来消除。这种日内噪音和趋势延迟的组合，将会是个很难克服的障碍。

## 步骤3　策略只在特定的情况下有用吗？

必须预先决定：策略是否只是对特定的市场行情有效。一个主意只能仅对长期或者短期的交易有帮助。比方说，一个使用15分钟线数据的日间交易系统，不会使用200日移动平均值，而一个长期股票投资系统将不会使用一个3天的趋势。定义清楚哪一个交易模型将对应于哪一个范围的市场工作，将减少失败的可能。在交易策略中相对应于每个关键的参数的最合理的测试范围，要把它写出来。你越清楚地定义你的期待，你得到的结果也越好。

## 步骤4　对预期结果进行猜测

决定预期的收益，明确获利交易的百分比和亏损的规模，目的是把测试结果与你的期望相比较。结果究竟是比计划的更好还是更坏？当评价有一个基础的时候，你将更容易地修改和发展你的系统。你必须首先决定什么是你期待的,然后再对测试结果说"哪里有问题"。

# 第 2 部分:决定该如何测试

### 步骤 5　选择测试的工具和方法

借助当今市场上更加成熟的策略测试软件,如今已经不再需要用FOR-TRAN、BASIC 或者 C 语言来编程。使用一个软件包,比如 TeleTrac,或 O—MEGA 的 SYSTEM WRITER,甚至一个 LOTUS 或 Quattro 的电子数据表,在几分钟以内,你就能对交易策略的好坏有一个相当不错的了解。

今天,有越来越多的价格低廉的可编程图形终端和新的测试策略的软件。它们全部可以正确地计算损益,灵活地改变规则和数据的选择,以及将价格和获利率绘成直观的图形。在某些情况下,测试结果还能输入电子表格内作较进一步的评价。软件的价格比起被节省下来的时间是很理想的。对于更加熟练的分析师来说,更先进的软件,例如 Manugistics Statgraphics 和 Mathsoft Mathcad,是用于评估复杂的统计关系和表达数学公式的优异工具。

长期的测试,短期的测试,或"一步步递进"的测试?表 10-1 的模型是很常见的。使用很少数据的测试给出的结果表明,许多参数的组合都可以进行良好运转。测试的时间段越短,越多的系统将会呈现盈利的状态。我们来看看一个已经稳定上涨达 3 个月之久的债券市场。如果只有小的回撤,那么任何大于 10 天的移动平均值将会产生相同的结果,也就是从开始到结束时期的净移动(见图 10-1(a))。

当一个短期测试有一次或者较多的价格波动时,较缓慢的趋势将回吐利润,而一些较快速的趋势将非常成功。价格波动的大小和市场噪音的多少决定了哪一趋势的速度是最好的(见图 10-1(b))。大体上,

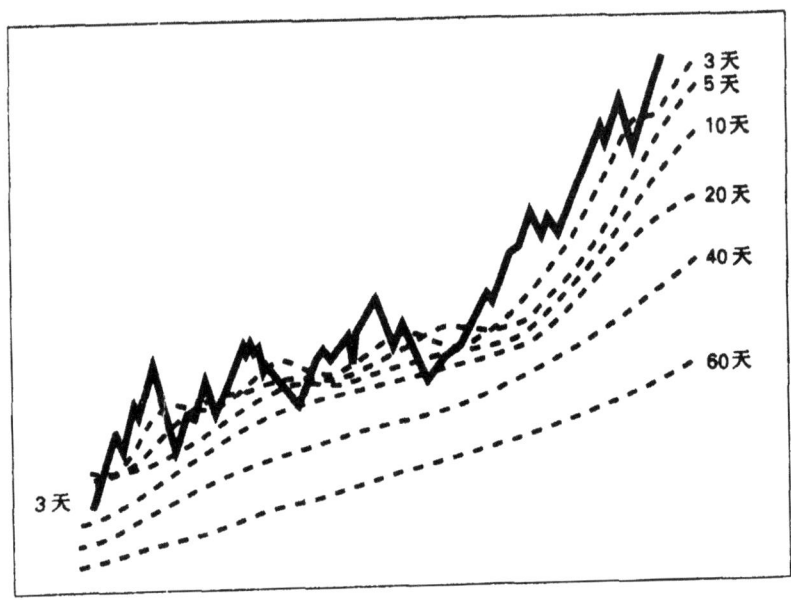

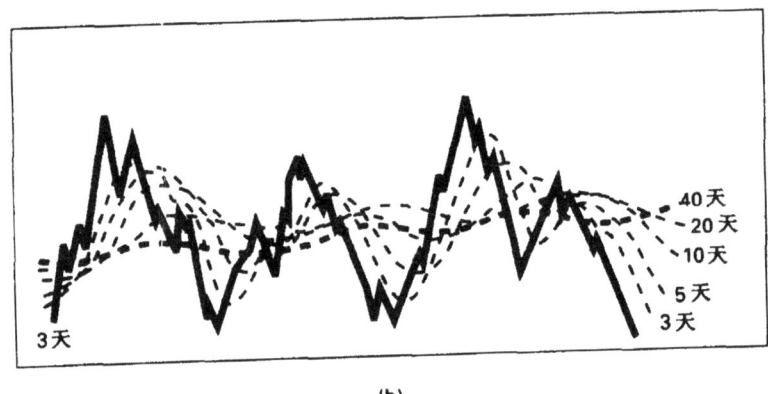

图 10-1 一个短期测试显示的移动平均的结果

(a) 一个短时期的趋势市允许大多数的趋势速度都运行得很好。

(b) 一个短期震荡市可能允许快速的趋势获取利润,但是较长的趋势则造成亏损。

小量数据的测试会给出:

■ 单独值和平均值都非常高的测试结果

■ 有时风险非常低

■更多可以获利的快速交易模式

■波动的预测能力

通常，在较长的测试期间内找到一个好的交易方法就难多了。跨许多年份的测试数据所产生的绩效，将绝不会和测试几个月或一年的数据所产生的绩效相提并论。当测试较多的数据时，你应该考虑到的因素有：

■更低的回报

■仓位被持有更久时间时，具有更高的风险

■很难得到和短期交易类似的一致性的获利

■较旧的数据是否可靠

■更良好的预测能力

因此，测试相对少量的数据会使得测试结果看上去比较理想，但实际运行起来，并不像你指望的那样好；以比较长的测试期为基础的结果比较差，但实际运行起来会更接近你的期待。长期数据的测试结果不如短期数据的测试结果，你不要为此感到失望，因为较短期数据的测试结果实际上误导了你。

**选择一个长期的、具有代表性的测试时间段**。当测试较多的数据时，会碰到很多不同寻常的情形，如较长期的有利的价格移动，或一系列的亏损和价格突变。当较长的时间段被测试时，风险和回报都同时增加，但风险的增加比回报的增加更快。较短期时间的测试，只能显示出不切实际的小的风险，这在实战中会导致交易资金不足和致命的亏损。一个好的规则，要保证数据中包含了两个完整的周期，也就是说，应该包含两个清楚的牛市行情、两个熊市行情以及两个延长了的震荡市。

因为测试长期数据总是得出不很令人满意的结果，你可能会争辩说：市场已经改变，旧的数据不再有代表性意义，全球化和区域同盟已经改变了许多地区的价格联系和模式，政府控制将会避免经济崩溃。但是，市场只会继续展现最近所出现的价格运行模式的观点是不切实际的。市场将最终会发展出新的模式，我们却无法预知它将会成为什么样子。历史中所包含的有关变化的环境的例子，是现实的，是最容易获得的和有实际指导意义的。表10-2显示：随着更多数据的使用，绩效降低，但预测能力增加——短期的测试产生了不合理的利润预期。

**"外推检验法测试"对单一的长期测试。**"外推检验法测试"的技术似乎是解决一些测试的两难问题的有效方式，其操作如下：

1. 选择一个短期数据间隔，称为"测试窗口"（比方说，2年的数据）。

2. 在测试窗口上进行测试，优化全套的参数并选择"最好的"。

3. 在紧接着的另一段数据上（举例来说，未来的3个月）测试该模型，并使用"最好的"参数。（见图10-2）

4. 收集系统在这段非原取样期的绩效结果，与原取样区的绩效作一比较。

5. 将测试窗口向前移动，重复第2步骤到第4步骤直到结束。

6. 在取样区外绩效最稳定的一组参数可以被认为是最好的。

**潜在的问题。**外推检验法测试似乎和我们实际操作一个交易系统的方式完全一样。但是这里有些隐藏的问题：

■较短期的测试数据通常支持比较快速的策略，产生比较高的利润和较多的交易。但是，快速交易策略的绩效从一个测试窗口改变到另外一个时，会剧烈改变，就如先前讨论过并在表10-2中显示的一样。"最好的"参数不是交易的好选择。

■短期的测试无法公平地表现长期交易的效益。每个短期测试中只能有少数的长期交易，而且它们可能因受到测试窗口的限制而在交易中间被迫结束。将测试窗口往前移动并不能修正这些交易的问题。

■用经过修改的规则重新测试原系统，意味着"取样外"的数据不再是新的了。这叫作"反馈效应"。一旦经过使用，数据就不再是"取样外"的了。因为此时你已知道该期待什么价格运动以及如何使数据模式显现出较多的利润。

外推检验法通常将会选择出一个不一贯的、快速的交易方法，而不是一个更好的长线交易系统，这是由于测试窗口的局限造成的。与此相反，在一个长期数据的测试中，使用所有的输入数据，就可以在尽可能多的变化的价格形态基础上，得到一个绩效连续的系统。

## 方框 10-2 较多的数据将改良测试的结果

使用较多的数据能得出更加一致和现实的结果。最后的测试结果可能表明，风险更高，而利润更低，但是这些数字更可能在实际交易中达成。在较长的数据序列中寻找稳定的短期模型是更加困难的；因此，结果选择会更加支持较缓慢的交易。长线的方案包括了真实的资金曲线的波动，因为那是不可能靠微调来避开特定的亏损期间的。这个绩效结果表明了更高的风险，说明必须要有更高的资本。

对于法国期货交易所 CAC-40 指数（表 10-2）的一个简单测试，列出基于 1、2、3 和 5 年度数据的几个测试的预期能力。被测试的系统是：

1. 一个从 5 到 50 天范围的 EMA 指数移动平均线，以 5 天步长增加。

2. 一个趋势改变的判断标准（"过滤器"）从 0 到 10 点，以 1 点为步长增加。

3. 当趋势向上改变超过过滤器的幅度时，系统给出一个买入信号；当趋势向下改变超过过滤器的幅度时，系统给出一个卖出信号。

每个测试的最高利润决定了趋势的速度和过滤器的大小，然后这些参数被用来评估未来 1 年度的数据。每一个测试的平均值放在一起比较。

**结果的摘要报告**

1 年度测试。最佳趋势速度和过滤器尺寸每年都不相同。平均速度在所有测试中是最低的，表明一个快速的趋势在短期的测试中总是显得最好。绩效在接下来一年的测试中是波动的，平均亏损 41 点。使用 1 年度的数据预测下一年度看起来没什么希望。

2 年度测试。年均利润下降，平均最佳选择稍微减慢了，表明更多的测试数据变得难以配合。然而，下 1 年度的结果改善并呈现了净利润。

3 年度测试。绩效模型继续改进。1988 年和 1989 年的 1 年度向前测试表明了巨大的亏损，研究那些数字发现，该两年创了新高。如果能够保证价格移动保持在被测试期内的范围里，那么绩效在取样外数据中似乎是比较好的。5 年度测试。继续全面的改进。较长的趋势被系统选择，测试的绩效下降，这些是相当好的结果，因为在 3 年度测试中显现出极大利润的 1985 年和 1986 年，并没有被包括在这个取样外数据的绩效中。

**表 10-2　CAC-40（法国期货交易所）法国股票指数测试**

| 一年期测试 | | | | | 二年期测试 | | | | |
|---|---|---|---|---|---|---|---|---|---|
| 年份 | 最佳绩效 | | | 下一年 | 年份 | 最佳绩效 | | | 下一年 |
| | 速度 | 过滤器 | P/L | | | 速度 | 过滤器 | P/L | |
| 1982 | 5 | 3 | 63 | (54) | | | | | |
| 1983 | 50 | 0 | 118 | (70) | 82-83 | 40 | 2 | 216 | (79) |
| 1984 | 10 | 6 | 81 | (134) | 83-84 | 25 | 1 | 124 | (162) |
| 1985 | 10 | 2 | 287 | 556 | 84-85 | 10 | 5 | 385 | 620 |
| 1986 | 10 | 7 | 683 | 4 | 85-86 | 20 | 3 | 938 | 362 |
| 1987 | 30 | 10 | 578 | (600) | 86-87 | 15 | 3 | 1242 | (447) |
| 1988 | 35 | 6 | 515 | (427) | 87-88 | 25 | 9 | 1160 | (338) |
| 1989 | 10 | 7 | 378 | 232 | 88-89 | 45 | 1 | 569 | 3 |
| 1990 | 35 | 0 | 708 | (126) | 89-90 | 10 | 8 | 734 | (141) |
| 1991 | 20 | 7 | 266 | 208 | 90-91 | 20 | 6 | 501 | 237 |
| 1992 | 15 | 6 | 328 | — | 91-92 | — | — | — | — |
| 平均/年 | 21 | 5 | 364 | (41) | 平均/年 | 23 | 4 | 326 | 6 |

速度和过滤器变化。
测试对于目前的模式很敏感。

平均趋势速度变慢。
利润下降。
对下一年的预期效果提高。

| 三年期测试 | | | | | 五年期测试 | | | | |
|---|---|---|---|---|---|---|---|---|---|
| 年份 | 最佳绩效 | | | 下一年 | 年份 | 最佳绩效 | | | 下一年 |
| | 速度 | 过滤器 | P/L | | | 速度 | 过滤器 | P/L | |
| 82-84 | 15 | 2 | 162 | 251 | | | | | |
| 83-85 | 20 | 2 | 472 | 119 | | | | | |
| 84-86 | 20 | 3 | 1165 | 362 | 82-86 | 20 | 2 | 968 | 355 |
| 85-87 | 20 | 3 | 1414 | (454) | 83-87 | 20 | 2 | 1515 | (39) |
| 86-88 | 25 | 9 | 1225 | (388) | 84-88 | 20 | 2 | 1327 | (344) |
| 87-89 | 50 | 1 | 910 | 362 | 85-89 | 40 | 0 | 1374 | 345 |
| 88-90 | 10 | 7 | 900 | (71) | 86-90 | 10 | 7 | 1640 | (71) |
| 89-91 | 30 | 4 | 832 | 73 | 87-91 | 25 | 9 | 1394 | 9 |
| 90-92 | 25 | 10 | 1072 | | 88-92 | 30 | 0 | 1024 | — |
| 平均/年 | 24 | 5 | 302 | 27 | 平均/年 | 28 | 4 | 264 | 43 |

平均趋势较慢。
利润更低。
下一年度结果更好。
1988 年的新高带来了亏损，因为它不是取样数据的一部分。

平均趋势是最慢的。
利润是最低的。
下一年度的结果是最好的。

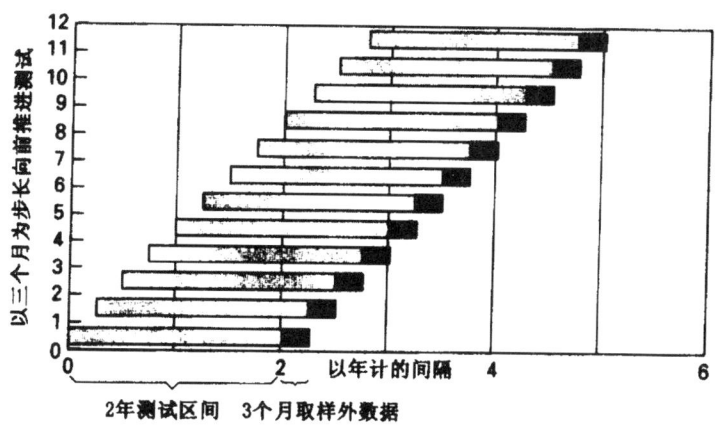

图 10-2 外推检验法测试

一个非常吸引人而严格的测试步骤，时常因为测试窗口过短的原因而从快速向缓慢的参数跳变。这可能将错过选择更慢更保守的策略的机会。

## 步骤 6 你有足够的"正确"数据吗？

测试的数据越多，系统将经历的不同状况越多。至少要有两个多头市场、两个空头市场和两个震荡市的数据。你通常应使用尽可能多的数据，除非你能证实那些较旧的数据是误导性的或不再有效。在最后的系统被确定以后，要将一些数据作为取样外数据以作验证之用。这在步骤18中将更进一步地讨论。

**测试与实际交易用的是同一种数据吗？** 请勿测试某种数据却交易另外一种。不要使用一个"连续的"数据系列，因为这种数据中的跳空有可能已经被移除掉了，或者数据将引起在实际交易中不可能发生的突发性巨大利润或亏损。一个"永久的"合约中，会存在从来没有出现过的价格，并通常缓冲了任何剧烈的价格运动，使得风险看起来更小。

**你核对数据的准确性了吗？** 即使数据是由一个可靠的供应商提供的，也可能是错误的。注意观察合约开始和结束的地方有什么价格是完全不同的。有时候数据会包括一些从另一个市场中采集来的数据，或者一到两年之前的一个错误日期。检查空白的或记录为 0 的地方。如果你将数据绘制成图表,你将会容易地见到错误的地方。小到无法见到的一些错误则可以忽略不计。

**选择测试数据时的一些特殊情况。**我们不是总能找到充足的数据来进行测试。新的市场或变化的形势可能促使我们质疑旧的数据。也有可能你正在期待从一个最近的价格模型中获利,并不期望长时间地使用系统。下面提供一些可供选择的方案。

(1)选择有相似期间的特别的数据。已下滑到一个很低水平的股票价格,将与它在很高价格和很高波动率的区间中有截然不同的运行模式。选择类似的历史期间,比如在一个延长了的下跌期之后,或在一个 10% 的抛售性下跌之后,可能是唯一的构建你策略的方法。

(2)使用现货市场来构建期货市场的模型。现货市场时常被用来测试即将交易一个新的期货合同的系统;然而,一个新的合约流动性可能会非常差。一个好的模型将记录其他的新市场中类似的情形,以适应从现货到期货的改变。因为有许多变化中的市场,这应该是一个很有好处的练习。

(3)在特殊状态下的股票和期货市场。所有的市场都经历过一些突变:一个集团的丑闻或管理失误,突然加入的新竞争者或政府的干涉,由于一场霜冻而造成的咖啡或橘子汁的价格突变。这些特别的情形一定要分别研究,而不是将它们融合进每天价格趋势的变动之中。对于特殊的情况,市场的反应经常是类似的,因为此时更多是人的本能反应,而非企业或商品的基本面因素。相似的情况在其他的市场中也有。当特殊情况以价格突变的形式出现时,将需要一组新的规则。这在第 7 章中讨论过。

(4)注意结构性的改变以及数据不足。欧洲货币体系把一个共同的结构加在了有很少先例的各参与国的货币上。在此之前,在《布雷顿森林协定》体系之下,不大可能获得很充足的相似或合适的数据来构建一个交易策略。在这种情况下,基本分析是唯一的选择。以小量的数据为基础的测试结果是不可靠的。如果对于新协定的基本交互作用和规则有明确的理解,那么测试可能会提供某些验证。迄今为止,欧洲货币体系已经被证实波动性很大,因此,采用一到两年数据的一个测试,会导致惨不忍睹的结果。

(5) 创建更多的数据。对于某些市场,是可能人工创建数据的。通过研究不同价格水平的波动性、运行的次序、高价与低价区间的周期变化以及季节性等因素,有可能使用随机的价格发生器,创建出类似于原被测数据统计特性的数据。人工创建的新数据提供了测试较多情况的可能,并开发一个更加坚韧的解决方案,但它与真实的数据是不同的。建议最好在测试真实数据之前,先用人工创建的数据进行测试。

**被测试数据的类型**。为测试策略所用的数据,应该总是和用于交易的数据相同。对股票来说这是非常简单的,但当你使用外汇或期货价格的时候则变得更困难一些。外汇市场需要作对于持有期利息的调整,而期货市场的问题就更大。虽然最近期的期货合约流动性最好,但它可能仅仅有一个月的黄金交易期,很少超过三个月。时常发生的合约到期使得测试很不方便。下面将说明该如何解决这个问题。

(1) 原始数据系列。对于股票、外汇、利率或其他的现金交易市场数据,一个长期连续的未经调整的原始数据是可以用于测试的。交易现货市场时,你也会需要利率来计算下一个期货的价格。把现货价格当作一个有效的进入和退出点,这可以避免每日都要将仓位向前滚动。每个换期都要付出交易费用,从而侵蚀到总利润。当合约兑现的时候,另一种方法是,你使用现货价格作为进入和退出点,而且计算出平仓时的净利率信用和债务。在每次合约换期的时候,要算上附加的交易费用。

(2) 期货合同。原始的期货合同数据也可以不必修改而进行测试。可用下列步骤:

■读取期货合同数据。

■从数据最初出现的地方开始测试策略,或一旦有了足够的数据就开始测试。

■于某一日在一个新的合约上开设仓位,或在早先的合约停止交易的日子上继续。如果在换期的时候,早先的合约已有一个未清的仓位,那么就在同一个日子在新的合约中建立相同的仓位。交货月份之间不是高度相关的那些特例是值得注意的，比如家畜类这样的市场，以及谷物市场中上季作物转为应季作物的关键性时期，或者二月转三月时的取暖燃油。

■在合约到期之前选择一个特定的日期来退出所有的交易。对于利率，这通常是在当月交割之前的最后一天。对于货币，是在到期之前大约3天。因为结果通常以合约的方式给出，所以这个方法不是很方便。对于利率期货的一个10年度数据测试，40组个别结果要进行累计计算。除非你能视一段一段的数据为一个连续的资金流，否则将很难评估资金最大的损失。

（3）期货的连续数据系列。许多数据供应商会提供一个重新构造的数据系列，该系列将伦敦金属交易所不同月份的期货合约都连接在一起（举例来说，一个为期3个月的价格系列）。但这些数据对于测试来说是无法接受的，因为它们无法复制出在一个真实环境中交易所产生的价格。被构造出的3个月长的数据，因为用插值替换的方法来反映换期费用和利息，通常比那段时间实际发生的价格运动更加平滑，从而减少了利润和风险。

**缺口调整过的系列和指数系列**。缺口调整过的数据系列是大多数技术分析程序的好选择。这种系列借助消除换期时的价格缺口，来将最接近交割期的合约都连成一体，从而构建一个单一的价格系列。较旧的合约依照缺口的情况进行向上或向下的调整，通过调整，近期或远期期货合同都具有了与当前价格可比的价格。

缺口调整过的数据系列适应于趋势跟踪系统，同时也对那些只关心相对价格而非绝对价格的策略很有帮助。它不能用于图表分析、经济研究（供需情况/价格关系）和其他类似的用途。缺口调整的一个问题是，当较旧些的价格改变时，非常老的数据将变成负数或不切实际的价格。价格不是真实的，但收益率和风险衡量必须关联到真实的价格，而并非在缺口调整过的系列上的价格。

再加上一个附加的步骤——编制指数，缺口调整过的价格系列就变得更加有用。编制指数是指以数值100（或1000，看方便情况）开始，然后根据百分比变化来增加或减去一个连续的值。举例来说，

index = index［1］+（price-price［1］）/price［1］

指数=指数［1］+（价格-价格［1］）/价格［1］

**第2步骤：跳空调整—**

1. 由最近的数据输入开始，并向前检查。

初始化偏差（BIAS），也就是跳空的累计值。

初始化价格计数值N。

2. 如果之前的日期和现在的日期不等，则增加偏差并保持数据，否则增加新的跳空到偏差上，并略过这个重复的记录。

3. 如果全部处理完毕，就转向第3步骤，否则增加N，去处理下一个历史数据。

**第3步骤：编制指数**

4. 从最早的数据M开始，设定指数初值为100。

5. 增加M以便观察下一个数据项。

6. 以百分比变化来计算指数值。

7. 如果没有全部完成，回头继续从（5）开始。

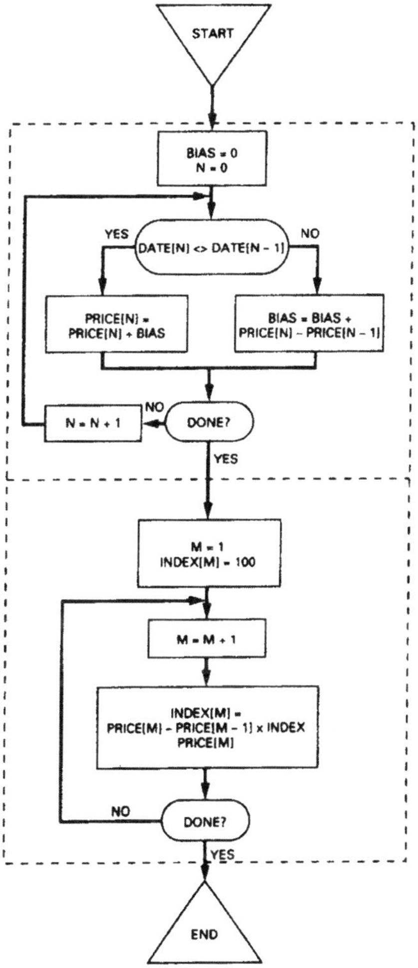

图10-3 连续并且经调整跳空后的价格系列流程表

一旦你依照在表10-3中那种形式建立了一个连续的数列（第1步），就很容易地向前检查调整跳空，向前编制指数。

"指数"指今天的新指数值，它等于昨天的指数值"指数［1］"

加上昨天价格改变的百分比。标志［1］意味着前1天的值。指数价格表现了一个百分比的改变，而且可以对不同市场的回报之间作简单的比较。这就消除了需要参考原来的价格数据来计算风险和回报的必要性。

**构建一个缺口调整过的系列**。如果你正在操作期货合同，一个连续的系列可能是非常有用的。创建连续系列有三个步骤：①在换期当天用复制的记录创造一个连续价格系列；②缺口调整该系列；③编制指数。图10-3表明了这一加工的流程表，由第2步骤开始。使用表10-3的数据来追随流程。举例来说，如果S&P 500股票指数正在被组合，第1步骤将导致1993年的6月合约在5月的最后一天终止，同时9月的合约在那天开始。第2步骤中，每当我们识别了一个重复的日期，就会向后搜索并调整缺口。在表10-3中，6月合约价值被上调了12点，和5月31日的换期缺口相同。第3步骤将会将第一个价格赋值为100，然后计算接下来每个连续记录的百分比改变。注意：如果仅仅需要输出指数，那么一个聪明的分析师是不需要进行第2步骤的。

表10-3　在缺口调整前先进行过组合的S&P价格取样

| 合同 | 日期 | 价格 | 缺口调整后的值 | 指数 |
|------|------|------|----------------|------|
| JUN93 | 930528 | 451.50 | 463.50 | 100.000 |
| JUN93 | 930529 | 449.25 | 461.25 | 99.502 |
| JUN93 | 930530 | 446.50 | 458.50 | 99.388 |
| JUN93 | 930531 | 448.00 | no entry | 99.225 |
| SEP93 | 930531 | 460.00 | 460.00 | no entry |
| SEP93 | 930601 | 462.50 | 462.50 | 100.005 |
| SEP93 | 930604 | 460.75 | 460.75 | 99.622 |

S&P价格已经被组合成单一系列，而且仍然表现了原来的价格。在5月31日出现了一个重复的记录，这是换期和缺口调整的日期。"缺口调整"和"指数"两列给出了在那些步骤完成以后的价格。

**其他可选择的方案**。缺口调整还会导致一个问题，就是交易费用不能在换期的时候被显示出来，因为换期日已经无法再被识别。有一种更难做到的方法，但很可能是更有效的，就是编写一个程序来检测，当遇到重复的日期时，就自动了结旧仓、开立新仓。

调整过价格突变的系列。在第 7 章中，有一个用 FORTRAN 语言编写的程序，可以除去价格突变，并用编制指数的方式恢复数据的连续性。这是一个与图 10-3 流程类似的程序，并且给出了代码的细节。

### 步骤 7　你考虑了真实的交易成本了吗？

交易费用包括手续费和价格的滑失。但是，其他的因素也会减少绩效。

你很在意错过了交易机会吗？"无法成交的交易"并不导致亏损，但减少了利润，它们对于绩效有很大的影响。如果你过度交易，超过了市场的流动性所允许的范围，那么，"无法成交的交易"就成为一个很重要的因素。日间交易系统比起尾盘交易系统要面对更多的问题。一个成功的交易系统的重要特征之一，是能够达成与预期相类似的真实交易。对于价格滑失和无法成交的交易的详尽讨论，请见本书第 2 章。

### 步骤 8　你将会测试一整套参数吗？

预先确定好这个策略的参数敏感范围。如果你正在为某个机构的投资组合进行股票交易，移动平均线的测试范围可能是 50—400 天。止损的尺度必定要相同的大。然而，不要刚刚初步扫视一遍，就下手除去带来亏损的非常快和非常慢的参数范围，这和只保留带来利润的参数的做法是一样的。如果只观察一个狭窄的已被预先选定的运转范围，你将无法建立起一个相当坚韧的模型。

### 步骤 9　以什么顺序测试参数？

首先测试最重要的变量，即会引起绩效最大改变的变量。那可能会是 MA、RSI 或者 KD 所用的天数；一个价格突破系统的日内时间或天数；或者反趋势套利方式中的标准差。这些变数通常对于利润有最大的影响。对于其他规则的测试都应该遵从一个顺序——对利润影响最大或最常用的排在前面。

先测试最重要的变量，将大大提高测试速度。每次为一个变量选择测试范围，比起测试一个程序的所有变量的所有组合，能减少测试的次数，从而减少了耗用时间。

某些情况下，参数的最大利润组合发生在最主要的变量被"局部优化"的时候。举例来说，当移动平均值非常快速的时候，获利了结的机会可能增加，因此你可能需要一个迅疾行动的状态来保证非常快速的获利了结和非常短的持仓时间。如果这两个特性一定要一起工作，同时测试趋势周期和获利了结水平就很有效。也可能是，获利了结水平是最重要的变量，而趋势周期的影响并不明显。

## 步骤10 参数适当地分布了吗？

不只是参数的范围需要预先设定，参数的分布也很重要。方框10-3描述了需要完成的任务。这是把握测试全局观的一个决定性的步骤。良好的全局观，是构建一个坚韧的系统的关键。

因为最终结论是以所有测试的平均值为基础，参数的分布不能只是支持快速的或缓慢的其中一种策略。参数必须被平均分布。当一个移动平均系统被测试的时候，通常认为一个5，10，15，20……的测试是一个合理的选择。但是，这种相等的步长增量，只支持非常缓慢的交易。

相等天数的步长，对于所需要的测试数据有大相径庭的百分比变化，图10-4显示了这一点。一个从5天到10天的移动平均值改变，使得数据量增加了百分之百；从10天到15天的改变增加了50%的数据，但一个从95天到100天的改变只有5.2%的变化。一个天数相等的步长分布，将会使测试倾向于较缓慢的结果。

## 方框 10-3 测试的趋势分配

待测趋势速度的选择，将影响到对系统潜能的观测。如果测试了从 5 天到 100 天的移动平均线，总的结果将偏向较长的趋势；这意味着，从 55 到 100 天的趋势周期的结果可能是非常相似的，而从 5 到 50 天的系统则可能显现出非常不同的绩效。

观察一连串测试的百分比变化，可以发现随着趋势周期加长，测试的数量将减少。表 10-4 显示了：（1）天数，即以日来计的指数移动平均值的测试周期；（2）变动百分比，即该时期发生的百分比变化；（3）ExpSC，相等的指数平滑常数；（4）Equal，一个平滑常数的平均分布，以下面列出的算式计算：

smoothing_constant = 2/（days+1）

（5）天数，与第 4 列中的平滑常数相对应的天数。每一列的底部给出了平均值。

表 10-4 趋势的分布

| （1）Days | （2）% Change | （3）ExpSC | （4）Equal | （5）Days |
|---|---|---|---|---|
| 5.000 |  | 0.333 | 0.333 | 5.000 |
| 10.000 | 100.000 | 0.182 | 0.317 | 5.313 |
| 15.000 | 50.000 | 0.125 | 0.300 | 5.659 |
| 20.000 | 33.333 | 0.095 | 0.284 | 6.047 |
| 25.000 | 25.000 | 0.077 | 0.267 | 6.481 |
| 30.000 | 20.000 | 0.065 | 0.251 | 6.974 |
| 35.000 | 16.667 | 0.056 | 0.234 | 7.535 |
| 40.000 | 14.286 | 0.049 | 0.218 | 8.182 |
| 45.000 | 12.500 | 0.043 | 0.201 | 8.934 |
| 50.000 | 11.111 | 0.039 | 0.185 | 9.821 |
| 55.000 | 10.000 | 0.036 | 0.168 | 10.882 |
| 60.000 | 9.091 | 0.033 | 0.152 | 12.174 |
| 65.000 | 8.333 | 0.030 | 0.135 | 13.781 |
| 70.000 | 7.692 | 0.028 | 0.119 | 15.833 |
| 75.000 | 7.143 | 0.026 | 0.102 | 18.548 |
| 80.000 | 6.667 | 0.025 | 0.086 | 22.308 |
| 85.000 | 6.250 | 0.023 | 0.069 | 27.857 |
| 90.000 | 5.882 | 0.022 | 0.053 | 36.875 |
| 95.000 | 5.556 | 0.021 | 0.036 | 54.091 |
| 100.000 | 5.263 | 0.020 | 0.020 | 100.002 |
| | | 平均 | | |
| 52.500 | 17.739 | 0.066 | 0.177 | 19.115 |

### 方框 10-3（续）　　测试的趋势分配

方框第（2）列表明，当周期偏短时，变化百分比的跨度非常大。平均的变化百分比在 35 天的测试附近下滑，尽管测试的中央区是 50 到 55 天。这表明了对于较长期测试的不平衡，因为它们的变化都很小。图 10-4（a）也列出在快速趋势区域的巨大改变，在剩下来的大部分测试中，变化也很快地降低到很小。

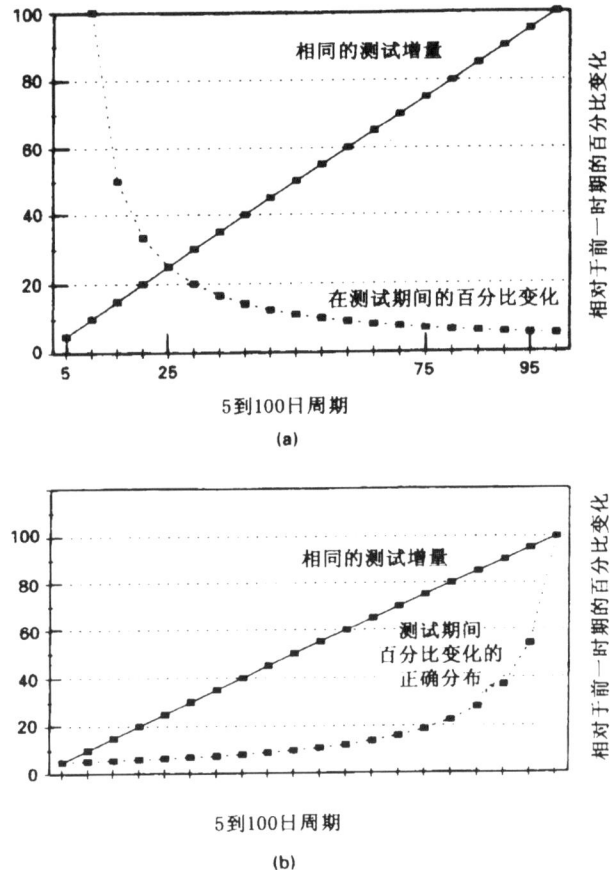

图 10-4 趋势分布

（a）相同的测试期间。相等的测试期间步长增量，导致非常不同的百分比改变。

（b）相同的平滑常数。平滑常数通常可以被认为是一个百分比，表明了对于快速的趋势来说，以天计算的测试期间给出的结果明显地更加相互接近。

### 方框10-3（续） 测试的趋势分配

趋势速度以相等的百分比逐步增加的一系列测试，比起以相等期间逐步增加的一系列测试，能够提供好得多的综合绩效。使用EMA可以简单地做到这一点。因为在EMA中，相等的平滑常数间隔和相等的百分比间隔是一样的。第（4）列使用了一个均匀分布的平滑常数，开始和终止的值与第（3）列中的相同。第（5）列给出了大约与第（4）列中的平滑常数一样的天数，这是通过如下方法转换而来：

days =（2/smoothing_constant）-1

图10-4（b）比较了相同天数间隔和相同百分比间隔的测试结果，以试图获取一个更加均匀的绩效分布。

**用目测来分布**。不必使用数学工具来决定测试的参数分布。下面的例子很好地显示了一个非常有效的目测方法。如果测试的最快速结果列出100次交易，而最缓慢的结果列出10个次交易，那么我们就可以选择测试的周期，以使得 II 遍测试分别提供100，90，80，……，20，10次交易。事实上，想得到一个完美的分布是不可能的，但是，测试目标应尽可能保持清晰。要努力尝试着去寻找，找到那些使测试的交易能够平均地分布在全部测试区间上的参数。

## 步骤11 你定义评价系统的标准了吗？

你用什么标准来衡量哪个系统比较好？为了评估结果，需要对每个测试做一些最起码的统计。要预先决定你将如何选择最好的策略。利润最好的测试，未必比风险回报比最好的测试更重要。你经常会需要一个各种统计数字的集合，包括回报/风险比例、单笔交易的利润，以及进行风险调整后的回报等等。

**风险回报比**，是年均综合收益率除以年度资金变动的一个标准差。只要所有的测试是相同的，对于实际的目标来说，每月每日的价格都可以用于测试。这个标准是证券业公认的，可以对不同的时间周期上的测试作一个快速而标准的比较。

综合的年度收益率：

CROR =（最终价值-起始价值）^（1/年数）

标准差：

SD = @ STD（资金的每月变动）

回报/风险比例：

RR = CROR/SD

在决定是否使用杠杆之前，应使用现金回报来考核净绩效。其重要性和具体使用方法在第 4 章中已经很彻底地讨论过。

**单笔交易的利润**，表明了你有多少资金可以应付料想不到的意外，并且能让你观察到交易费用的影响。如果两个系统有相同的百分比回报和相似的资金波动，那个具有更高的单笔交易利润的系统会是较好的选择。进行一个新品种交易时，成交量比较低，或当日交易时市场流动性较差的情况下，具有更高的单笔交易利润的测试能够抵消较多的交易费用影响。一个单笔交易利润小于 50 美元的系统是不太可能成功的。

**交易的次数**，将会表明是否有充足次数的交易结果是可靠的。对于正确性的一个大致的估量如下：

sample error = 1/@ SQRT（number of trades）

**最大的回撤**。每一日都衡量着资金曲线由峰顶到谷底的下跌，给出交易的最小所需资金。尽管某一测试用标准差来衡量可能有较小的资金波动，但是因为该模型在严重的价格突变时受到相同的冲击，所以最大的回撤却是一样的。具有较小标准差的模型，在正常的市场情况下可列出一个比较能接受的资金波动，但是它也需要从波峰到波谷的相同资金。这经常备用于最糟糕的情形下应急。很不幸，最糟糕的情形却是很少会出现的。风险调整过的回报，是最重要的绩效衡量指标。这个指标用来比较在相同的风险水平下已经标准化了的回报。

**获利交易百分比**，提供了系统绩效一贯性的指示。更多的获利交易通常意味着更少的资金波动。获利交易的百分比例非常低，就意味着系统依赖着一些巨大的价格变动。每一种类型的系统，无论趋势跟随或反趋势交易系统，都有可辨认的模式。趋势跟随系统应有 35% 到 45% 的获利交易，而反趋势交易系统应有超过60%的成功交易。与此不同的模式需要加以注意。

**恢复所需要的时间**。风险类似，这个变量有一个不同的解释。它描述了价格高点之间的时间间隔。从实际的角度看，一个较大的资金回落但随后又很快恢复，比起一个较小的资金回落但非常缓慢地恢复，可能要更加有利一些。

## 步骤12 输出的结果将如何表达？

在500种不同的参数组合所进行的历史数据测试结果中，如果你只是观察到其中的最佳结果，将无从得知策略是否是坚韧的。本章将强调，由一个很宽范围的参数选择所带来的综合绩效，将决定系统的置信度。

在这个全局观里，绩效的模型能在最后用于参数的选择。举例来说，如果更长时间持有部位，就应该相应具有较高的单笔交易利润；其他限制风险的测试可能给出一个较好的报酬/风险比。

当那些影响交易频率或风险控制的参数由小变大时，绩效也应该做出一系列的连续改变。将测试的结果合适表达，能使最后参数的选择工作变得非常简单。测试通常以一行接一行的形式显示，来给出第一个移动平均的速度和逐步增加的止损，如同表10-1显示的那样。如果把表格以二维或三维图形方式显现出来，结果就变得更加显著。

**一个二维图形显示**。一个条形图或线形图是一个二维图形，它可以显示净利润、每笔交易利润以及趋势的速度。在图10-5中，a线表明对于一个20天以下的趋势速度和很小的止损，每笔交易的利润呈波动线形。在20天以上的趋势中，结果就比较稳定。中央的灰色地区集中表现了最好的趋势。b线显示出在与a线相同的趋势速度下，使用更大一点的止损所带来的每笔交易利润。交易结果呈现一致性的改进，但使用的型是一样的。

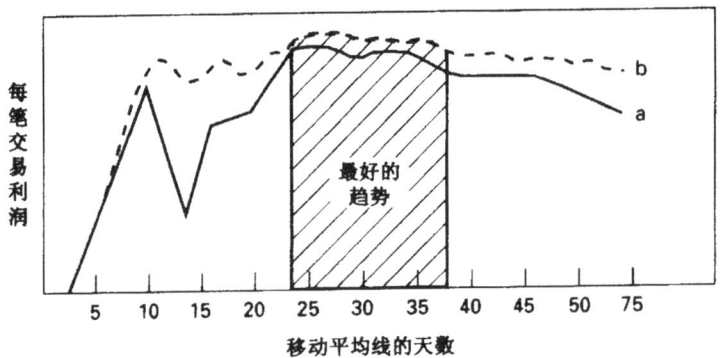

图 10-5 用一个二维图表来显示测试结果

使用小幅止损的移动平均线系统的结果（a 线）是波动的。而比较大的止损（b 线）改进了结果的稳定性，并也能基本保持一样的模式。

用图 10-5 的线形图表来描述上述这个例子是很清楚的，但如果被测试的每一个止损都被画出来，就无法清晰识别了。这时，就需要借助图 10-6（a）这样的等高线图，来清楚地列出该模型。图 10-6（b）是等高线图转换而成的表格，纵坐标是趋势速度，横坐标是止损。最快速的策略，由最短的趋势和最小的止损组合，在左上角给出了 0.07% 的每笔交易利润；最缓慢的策略和最大的止损，在右下角给出了一个 0.22% 的每笔交易利润。最大每笔利润的峰值则集中在中央地带。

图 10-6 中的白色区域表示最大的每笔交易利润，而黑色区域则是最小的。很容易发现，测试的结果随着与左上角拉开距离而越来越好，但是在图表的右侧中部附近时又变差了。如果获得的测试结果不是这些清楚的图像，而是散布的峰和谷，那么交易策略可能就是波动和具有风险的。在第 6 章有关止损的讨论中还有一些等高线图的例子。

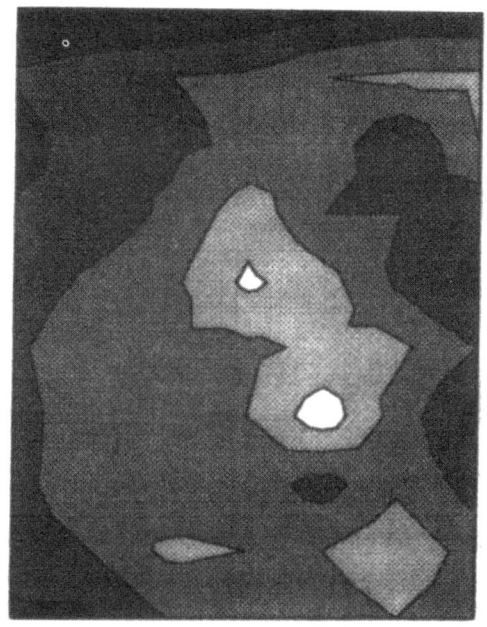

(a)

| 快 | 0.07 | 0.07 | 0.08 | 0.11 | 0.13 | 0.16 | 0.16 |
|---|---|---|---|---|---|---|---|
| 趋 | 0.16 | 0.19 | 0.20 | 0.21 | 0.25 | 0.26 | 0.26 |
| 势 | 0.12 | 0.19 | 0.19 | 0.21 | 0.23 | 0.15 | 0.25 |
| 速 | 0.16 | 0.17 | 0.21 | 0.28 | 0.20 | 0.20 | 0.16 |
| 度 | 0.17 | 0.21 | 0.24 | 0.31 | 0.27 | 0.19 | 0.13 |
|   | 0.19 | 0.24 | 0.24 | 0.24 | 0.26 | 0.26 | 0.20 |
|   | 0.18 | 0.23 | 0.25 | 0.25 | 0.33 | 0.23 | 0.13 |
|   | 0.18 | 0.24 | 0.21 | 0.23 | 0.18 | 0.24 | 0.18 |
|   | 0.17 | 0.20 | 0.26 | 0.25 | 0.25 | 0.29 | 0.23 |
| 慢 | 0.14 | 0.14 | 0.20 | 0.23 | 0.22 | 0.25 | 0.22 |

小　　　　　　止损　　　　　　大

(b)

**图 10-6　测试的等高线图**

(a) 这个等高线图用 Mathsoft 的 MATHCAD 导入图表中的电子表格产生。测试结果的等高线地图与山峰的拓扑图类似。利润跳跃突变的区域在一些测试里表现为不规则的锯齿状。绩效稳定的坚韧系统，通常给出的是面积较大且渐变过渡的图形。

(b) 这个图表给出了一个设定好止损百分比的趋势系统的每笔交易利润。系统在趋势向上的时候买入，趋势向下的时候卖出，形成规律。在开始进场时，止损就已经预设完毕。一旦触发止损点，如果没有新的趋势信号发生，将不再进入市场。

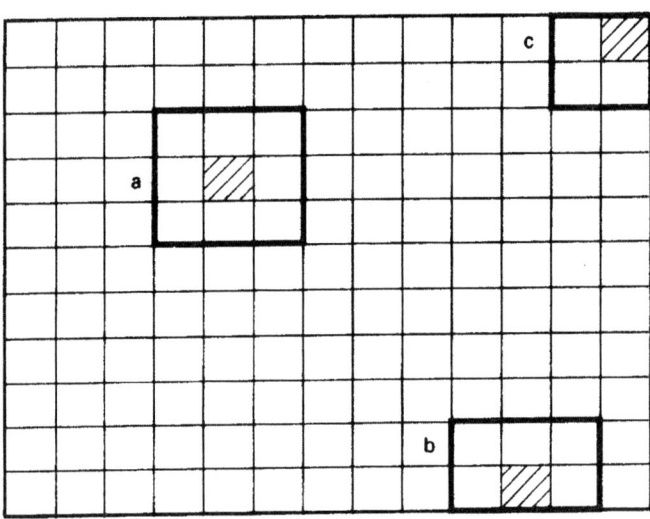

**图 10-7　对于初始测试结果进行平滑加工**

（a）平滑处理过的测试表格和等高线图，将使得参数选择更加容易。每个原始记录能被相邻九个格子的结果平滑。

（b）沿着边缘是六个格子。

（c）角上是四个格子。有阴影线的格子包含了平滑后的新结果。

**使表格和图表更平滑**。在大多数情况下，等高线图都能平滑地显现结果。然而，一个个孤立的峰或谷可能使得自动选择一个最好的参数比较困难。图 10-6（b）的结果可以通过制作一个新的表格来平滑，这个新表格中的每个记录，都是以它为中心的九个格子记录的平均值。在边上，是 6 个格子的平均值，角落里是 4 个格子的平均值。请见图 10-7。在这个新的方格中，阴影格是它周围所有格子（包括它本身）的平均值。这种二维的平滑方式对于参数选择很有帮助。对于比较大的测试或更多的平滑，可以使用 5×5 或 7×7 的格子区域。

# 第3部分：评估结果

**使用平均值和等高线图**

平均值减去标准差，就得出了最佳选择指数，该指数意味着选择到一个能产生平均结果的交易模型的机会。等高线图能帮助定位成功的宽广区域，避免选择一个以不切实际的小的每笔交易利润为目的的系统。如果整个局面看起来不错，策略有获利能力，结果在地图上的大多数区域也显得很平滑，那么选择到一个成功的模型的可能性将比较很高。以下几个步骤可以用来验证结果是否合格。

**步骤13　计算的结果正确与否？**

在进行下一步之前，请检查你是否已经核对了所有的计算步骤。你是否手工核对了表格中某几行？你是否提前计算了一系列依照不同规则进行的交易的准确进入和退出价格？答案看起来合理吗？别忘了，最好的分析师都有可能在键入一个公式的时候犯错。在没有核对之前，先不要浪费时间去运行数以百计的测试。

**步骤14　足够数量的交易是显而易见的吗？**

在步骤11中，取样误差由下式给出：

取样误差＝1/@ SQRT（交易次数）。因此，如果仅有16次交易，取样误差就是±25%。需要400个以上的交易才能保持误差在5个百分比以下，这是最小的可接受规模。但是，很少有系统能产生那么多的交易。唯一可取的选择是，确定基本的交易哲学是稳固的，然后尽量产生多一些的交易。

**步骤15　交易系统是否能使大多数参数的组合都得到利润？**

任意选择都能获利的可能有多大？系统模型是连续的吗？

一个坚韧的系统一定可以获得较大范围的成功。当你审查测试结果的时候，应该预期在大部分结果中见到利润，而且最佳选择指数一定是正的，提供一个至少84%的成功机会。使用平均值减去2个标准差就达到97.5%的水平，如果平均值减去3个标准差，则将达到99.5%的水平。正确率越高，则系统越坚韧。等高线图应该列出连续的图形，就像图10-6（a）中一样。图中锯齿形的峰和谷，可能是由特定规则下的测试所带来的，并不是普遍适用的。

**步骤16　逻辑的改变是否会全面改进测试的绩效？**

当一个新规则或计算方法被加入系统中，如果它们能改进最佳选择指数，那么结果将是坚韧的。这就保证了逻辑的改变能够使所有测试结果得到普遍的改良，而不仅仅是某个特例。在标准差不变的前提下，当所有测试的平均值增加的时候，最佳选择指数升高。或者，平均值保持相同，而标准差减小也与此类似。由一个比较小的标准差可以看出一致性有所提高，从而使得选择较为成功的参数更容易。这些例子见图10-8。

**步骤17　系统在取样外数据的测试上运行得如何？**

至少10%的测试数据应该要被先搁置在一边。更好的办法是，将最早的10%和大部分最近的数据先不用在测试中。在交易策略刚被制订完成时，分开测试那一部分留存的数据，并与大批量历史性数据的测试平均值进行对比。在实际交易中，即使是在最好的情况下，你都可以预料到利润会稍低，而风险则稍高。然而，模式应该与测试的结果类似。

如果取样外数据与普遍测试的结果大相径庭的话，就要加以特别注意。这种糟糕的结果表明策略可能是不对的。使用一个CHI-SQUARE测试（见第11章），将会弄明白这个失败究竟是长期绩效不可避免的一小部分，还是哪里出了问题。也许在规则或计算中有一个错误，但那应该在此错误点之前很久就已经被修正了。也有可能测试数据的时间长度太短，从而造成了波动的结果。

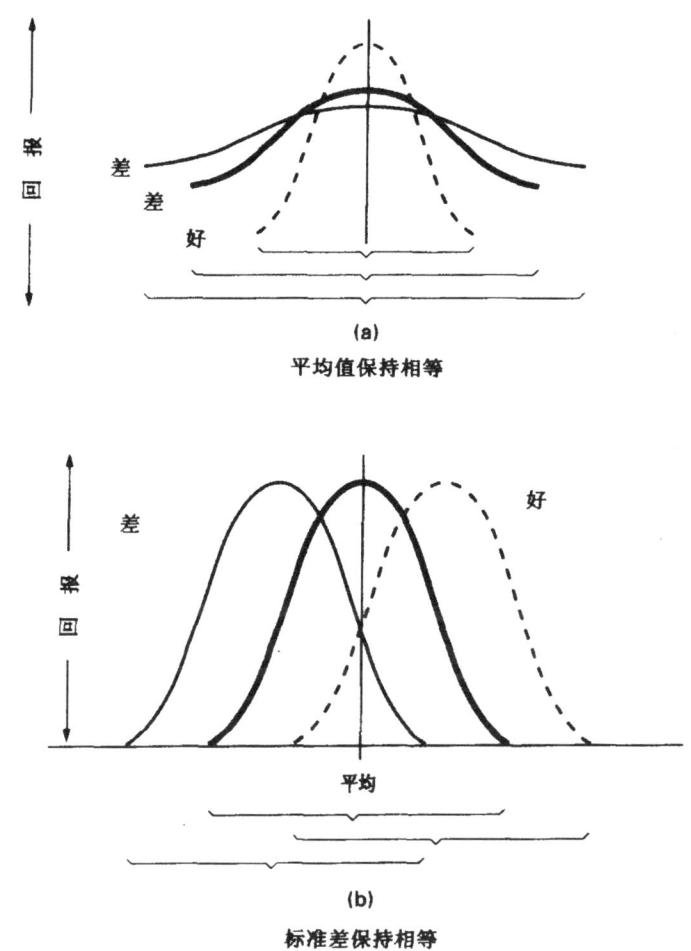

图 10-8 通过使用绩效曲线和最佳选择指数来选择一个坚韧的系统
（a）当绩效曲线变平且宽的时候，结果将更糟。平均的回报保持一致，但是标准差的增大使得最佳选择指数降低。
（b）当平均值向右或向左移动，总绩效变得更好或更糟，标准差同时保持不变。

**反馈的两难局面。** 一旦你已经使用了取样外数据来核对系统，那么你将不能重复使用那一组数据了。检查交易的结果并增加规则，可能产生一些有效的改良，但你只是在对某些"未见过的"数据改良；因此，你没有办法来进一步核对结果。因为你容纳了一些新数据并省略了一些旧数据，结果的可靠性已经下降了。

# 第4部分：选择特定的参数来交易

交易模型的最后一块，是利润、风险和个人喜好的综合。一项持有仓位数周的计划，可能导致最高的每笔交易利润，但不可能使投资者达到一个短期目标。每个人可能作不同的选择，最坚韧的系统提供了具有最好选择的平台。本节将提出一些关键的、与特定目标无关的问题。

通常，长周期交易的仓位给出了更可信的结果。快速交易模型的预期回报总是很难评估。图10-9显示了一个想象的趋势系统的运行结果，最快速的交易模型放在左边。绩效是波动的，尽管一个被平滑过的曲线能提供更好的期待值。在真实的交易中，6天的趋势可能获取厚利，而4天和8天的趋势则会造成亏损。

对快速和缓慢的策略进行比较后，可以列出区别：
- 较快速的交易对于当前的市场模型是更敏感的。
- 较快速的交易的很大部分利润被交易费用消耗掉了。
- 较快速的交易可能同样具有因巨大的价格波动而造成的亏损，这些亏损将会比典型的利润和亏损大许多。

不管交易策略如何，保持长线的视角是更稳健、更可靠的方式。虽然长线策略也可能出现大的亏损，但相对于较快速的计划，长线策略通常会以较好的回报/风险比胜出一筹。当然，这并不意味着你无法找到一个表现良好的快速交易系统。当你透过不规则的结果画那条平滑线的时候，绩效一定要是高的。你也必须明白，真实的回报是波动的。图10-9中显示的测试表明，结果是可能与预期大相径庭的，尤其是对于快速交易策略。你应该预料到，真实交易回报的波动性会超过测试所显示的。

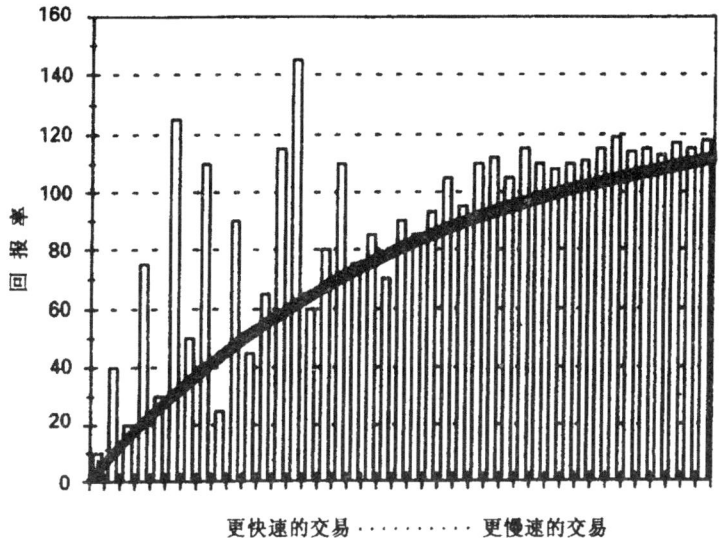

图 10-9 趋势跟踪策略最优化的典型结果

如果选择最高利润,或最高的回报/风险比,结果通常显示为短期趋势下的跳动性的回报。在真实交易中得到这个绩效的机会非常小,平滑的曲线形状是最有可能的结果。

## 步骤 18　最后一次测试包括了最近的数据吗?

在保留一些数据以作为取样外测试备用后(见步骤 17),程序应使用所有的数据再测试一遍。如果取样外数据是最近的数据,这更是特别重要。模型一旦运行起来,应该再获得 50%-10% 的新数据,或在一个独特的市场模式产生时进行再测试。模型可能被小量地微调,但它也将会变得更加坚韧一些。

## 步骤 19　你是从一个广泛成功的区域中选择的吗?

是否选择了较缓慢的策略?

从等高线图上可以看出,策略的绩效会因参数情况不同而显示出平滑或者不规则的状态。成功的区域很宽阔,显示了系统的稳定性,而且成功的区域通常与速度比较慢的交易模型有关。

如果选择较快速的策略，一定要有单笔交易的较大利润和相当高的可靠度，来抵消波动性的影响。在选择的邻近区域的最糟表现仍然是可以接受的。图 10-9 显示出，在从这个区域选择的时候，与短期交易有关的波动的结果，可以被认为是经过平滑处理的。

### 步骤 20　利润平均分布在被测试的历史之上吗？

研究交易和最后模型的资金变动，来观察损益的变化是否以一个合理的模式变动。资金变动的一个标准差，或恢复元气所用的时间，以及其他的统计值，会显示出某个测试相对于其他测试的独特优势。但在你开始交易前，只有形象化的观测是足够好的。通常来说，每季度的结果对于观测持续性有一定意义。

### 步骤 21　每笔交易的利润足够大到吸收误差吗？

当两个测试有相似的风险和回报时，最好选择具有最大的每笔交易利润的那个。较大的利润能够吸收料想不到的问题（举例来说，在一个快速市场中的价格滑失）所导致的利润损失。应当设定一个可接受的最少的每笔交易利润额度。

### 步骤 22　历史测试的结果是否显示了由价格突变所带来的巨大亏损？

价格突变是不可预知的事件。当价格突变的时候，你的计划中应该有一个相应的亏损，尽管有一些可能触发了止损。要仔细检查对应于系统交易的过去的明显价格突变。如果系统全部从中获利，或避免了亏损，那么结果只是过度适应或刚好幸运而已。你不能期待通过未来不可预知的事件来获利。交易一个未经价格突变带来亏损的系统，风险在于该系统的风险不合理地小。这将导致较大的杠杆效应和巨大的亏损。

### 步骤 23  你是否已经将回报的风险调整到一个你可以接受的水平？

报酬/风险比将绝对的绩效值变成相对的回报率，使我们可以对每个模型作公平的比较。交易者一定要建立自己可接受的风险水平。比方说你决定，你希望在任何一个月亏损超过 10% 的概率仅为 1%，那么你的交易系统必须给出一个少于 3.3% 的风险（每月资金改变的 1 个标准差）。三个标准差就是 10%。请记住，以每月数据为基础的资金已经被平滑过了。你可以预见到，有可能会出现较大的月中资金波动，有时幅度会达到 50%。

# 第 5 部分：实战交易和观测绩效

再多的测试也代替不了实战交易。一旦第一个仓位被建立，你可能就会发现诸多问题：在测试中设定的交易费用与现在实际支出的比起来太低了；交易所收盘之后，你根本无法购入系统要求买入的东西；或者一个价格突破信号带来了流动性缺失的跳空。观察每一个与真实交易相对应的系统信号，可以提供一些信息以便继续改进测试。

### 步骤 24  你是在使用经过测试的规则吗？

如果在测试中使用的规则不被遵循，那么实际交易的结果往往和测试结果不同。交易费用和市场流动性状况也可能使一些交易无法成交。通常，这是买卖手法的技术问题。如果等到计算机给出信号之后再动手，实际市场价和计算机在理论上的信号已经很不同了。这可以通过预期计算机信号来解决，你必须在计算机信号产生的同时就下单，第 11 章显示了如何预期一个计算机信号。

### 步骤25 你正在交易的是被测试产品的同类吗？

虽然测试使用一个连续的或"永远的"合约更方便，但测试结果将与你交易现货或期货合同的实际结果不同。请确定你正在交易的是已经被测试过的产品，你已经测试了你正在交易的产品。

### 步骤26 你正在观测系统与实际的进入退出位之间的差别吗？

想要理解该如何测试一个策略，需要先辨识测试结果和实际交易结果为什么是不同的。监测理论上的信号与实际的执行情况，以及不能成交的交易的百分比，然后用这些改良的值再次测试策略，你将能及时列出非常接近现实的测试结果。

## 其他重要的实际指导方针

最认真细致的测试，也无法列出实战交易状态下系统将会如何运行。从前述的指导方针出发，经验说明下列要点值得注意：

■比较慢速的系统。那些使用较长期数据来评价的系统，运行起来比起快速模型更加接近预期的结果。

■远离那些显示不出风险的系统。缺失风险说明过度适应，或者这其实是不可能在交易中被再次重复的好运。

■视测试结果为一个平滑过的线条。利用一个坚韧的系统进行交易，预计好的结果会趋向于差一些，差的结果会趋向于好一些——实际交易时都会向着平均值有所移动。

■避免可靠性较低的系统。这样的系统，其绩效是依赖于某几笔特殊的交易，并不稳定。

■避免只进行寥寥几笔交易的系统。它们可能还不能够列出正确的结果图形。

**更多的数据给出更可预期的结果**

需要再次强调：使用较多的数据来进行测试是非常重要的。更多的数据包含了更多的价格模式，如持续变动和价格突变。有观点认为，旧的数据与当前的市场缺乏联系。这在一些特定的情况下，对于某些程序来说是有道理的。但为了保险起见，用更多数据总是比更少数据要安全一些。

在过去 3 年数据上测试的一个系统，将无法经历最近 10 年间的最大价格突变，而你却必须预期是否有更大的价格突变将会到来。如果你只依照近期的风险状况来决定投资策略，你将无法长期生存。交易的最大失败是保证金不足，这也是对于盲目认识风险者的最直接后果。如果最近的数据对利润最大化是最有利的，那么相应地，较多的历史数据对于准确的风险评价也是最好的。

对一个策略进行两次测试是比较合理的——针对参数选择作一次，针对风险衡量再作一次。因为较长期数据的测试会带来较低的利润和较高的风险，就不那么被人看好，选择较短测试间距的高回报和低廉风险是更加令人愉快的。但事实是，较长的测试对真正的交易结果更具有代表性。不理睬这些结果并不会带来更高的利润。

**由知道答案开始**

计算机测试的最佳用途，是验证一个理论的效果。如果你的设想很好，然后测试各种不同的时间间距，进入与退出的条件，以及风险管理参数，从而得到合理而稳定的回报。也可能你的理论对于短期是好的模型，但对长期来说则不理想。不过不管如何，计算机测试都可以验证你的想法。一个以对市场的理解为基础的概念——无论经济的、统计的还是价格形态——是建立一个系统的卓有成效和最具价值的基础，也是最好的开发交易程序的方法。也有人这样做：输入一系列指标、规则和价格序列，然后让计算机运行，直到产生一个可获取利润的结果——用这种方法去建立一个成功的交易系统,成功的机会是非常低的。

## 忽略的错误

"幸存者偏向"和事先没有准备好应付最糟情况的情形,通常被称为忽略的错误。对于分析师来说,忽略常表现为数据中一个无法察觉的圈套。相比之下,计算少见的价格形态和价格突变比起寻找价格无法反映的潜在危险要容易得多。

**幸存者偏向**。在选择特定的股票、基金和投资管理人的时候,人们经常忽略了最糟糕的情况——公司倒闭或者投资管理者歇业。一个幸存者偏向的典型例子,是在对于投资管理人的评价中:带来最高利润的那个经理,可能也有最高的风险。如果只讨论现在那些经理的报告,你将无法知道所有存在较高风险的经理们都已经由于亏损而被迫出局了。这种比较方式,只能让你看到低得不切实际的风险。

同样地,对于特定股票的选择,意味着那些公司没有显示出失败的迹象。甚至是最大的公司也不再像我们曾经设想的一样安全。Drexel Bum-ham、E. F. Hutton、Stotler 和宾夕法尼亚州铁路(还有 Penn-Central,曾经拥有最多资产的美国公司)证实了管理失误和诉讼连最大的公司一样能毁灭。IBM、汽车巨人和保险公司不再看起来不可侵犯。如果你只研究胜利者,将难以适当地评估风险。

**最糟的情况**。更具难度和更重要的是,要有能力构想"最糟的情况"。什么因素可能导致一个市场去创新高、新低,或者两倍于历史最高水平的波动率?如果这种情况真的发生,你将采取什么步骤控制风险?或者,你想把那些品种从你的投资组合中去除掉吗?如果价格移动到了历史数据记录之外,交易策略仍然能正常运行吗?以前并不关联的品种,将会一起动作吗?

这些情形对于风险控制来说是很关键的。通常,我们并没有对这些假设情况立竿见影的答案,只具备对自己的策略能弹性适应一般市场改变的信心。这是不够的,一次暴跌会带来强迫性的资金需求,导致投资者兑现其他不相关联的资产来支持亏损的仓位。这将导致在很多投资领域中的资金回撤。

## 数据的完整性

总是把一系列历史数据假设为完全正确无误，可能会导致你浪费大量的时间。所有的数据应该在被使用前作一个总的误差检测。即使来自可靠数据供应商的电子数据，仍可能存在问题。测试和评估一个系统需要一定的时间，在几个星期的工作后，发现有一个数据误差，这意味着所有的测试必须要从头再来——下面几个简单便捷的步骤就能避免这种情况。

1. 观察一个包括所有数据的价格图表。任何的严重数据问题都会是非常明显的。

2. 如果你有测试策略的软件，确认那些开盘、最高、最低或收盘价比前一价格大于3%的数据。一个个观察那些数据，大都应该是错误的。

3. 当最后的模型已经选好之后，观察每个交易的盈利和亏损。对于最大的损益加以关注，核对其进入和退出市场的价格。

## 修补问题

交易策略借助普遍性而成功。大多数交易计划是可行的，因为它们带来的利润大于亏损。一个普遍化或统计化的方案，其问题在于无法判断一些特殊的情况，但是交易者却能知道大的价格变动的理由。

每一个主要的运动或者价格突变都是可以被解释的。通过认真仔细地研究价格变化的原因，剖析造成较大亏损的价格形态，将指标和规则进行组合与综合，能够对亏损加以控制，从而获得一个较好的利润模式。但是，下一个大的变动总是与以前不同的。突变行情在回顾时可能解释得很清楚，但却很少能配合一个预先规则下来的模式。解释每一个亏损对于人的智力来说是有满足感的，但并不能减少交易风险。将每个例子固定在它自己的特色上仍然是一种过度适应。

**不要过度解决问题**。一个年轻的分析师会尝试从一批精确到小数点后2位的数据来计算出小数点后4位的答案来。其实，你无法产生比你现有的数据更精确的数据。技术分析模型是以价格形态或统计特征为基础的，不依靠于某个单一的价格运动。它们依靠大量的交易来体现效果。微调一个移动平均值，可能产生与愿望相反的结果，因为偏离了普遍适用的方向。一个特别的趋势速度虽然能避免某次巨大亏损，但无法防止将来的其他类似亏损。过度解决问题或者过度测试系统，将带来不切实际的系统绩效预期。

**准确度和测试用时**。对于大多数系统测试，在正确率和计算用时之间存在正相关的关系。用更多的时间计算，结果就更好。测试指数平滑常数的步长为0.1，0.01或0.001是否会更好？从0.1到0.9的范围内，基于不同的步长，可以进行10、100或1000个测试。但是，进行1000个测试是浪费时间，正如在总投资中以5美元为一个增量测试止损一样天真。

如果连续三次测试中，有一次显现了两倍的利润，这很重要吗？如果你仍然在测试中寻找最高收益，而不是寻找最佳系统或等高线，那么你就是在浪费时间。趋势有一种使数据平滑的倾向。微调一个趋势与数据平滑，这两个概念并不是一致的。如果你选择一个154天的移动平均值，而不是一个153天的平均值，只是为了避免一个大的亏损，那么你对于系统内在的正确性就存在着一个基本的误解。

强有力的新式高速计算机现在已经可以使大批毫无意义的测试运行起来易如反掌。当计算机速度跟不上或资源有限制的时候，还是要弄清楚花费在机器上的每个小时为何是有意义的。"粗线条"的方式可能仍然是有效使用时间和避免过度适应的好办法。

## 小　结

　　寻找交易策略的方法，会影响你成功的可能性。使用有根据的步骤和统计方法是安全而稳健的。这首先包括一个容纳尽可能多的独特情形的长数据系列。除此以外，平均所有测试的全局统计，提供了衡量系统坚韧度的优秀尺度，同时也避免了寻找高利润结果的诱惑。哪个策略或新技术是最好的，当使用平均结果时，就一目了然了。

# 11 提高现有系统的绩效

在测试结束后,对于实际交易结果的测试和观察,进一步构成了一个成功的交易程序。对于期望值和实际值进行仔细比较,可以看出测试的状况是否良好。因为在测试和实际交易之间可能有较大的差异,如果结果不同,并不令人奇怪。但是,为了保证成功,差异又不能大到使预期的利润在实际交易中变成亏损。必须要使用这个系统进行交易,才能得知测试的假定是否符合实际。在此步骤之后,应该看看怎样改进系统,以维持它的完整性。下面内容将讨论一些改进方法。

## 衡量和测试系统的预期能力

绩效测试的最重要部分,即审视自己是不是已经正确地测量出亏损的风险,并尽快发现它。当交易存在利润的时候有很多交易方法,但亏损大于预期的时候却只有一个选择。只有观测实际交易结果,才能给出对于期望值的唯一正确评价。在此之前,我们只能是大约估计。用拖长时间和太多的交易费来增加测试的负担,将会使本来优秀的策略看起来很糟糕,并增加了找到一个好交易方法的时间和精力。另一方面,把交易费用预期得高一些,比低估它们要安全些。

### 你观测什么?

我们通过观察实际交易来对比期望值和真实结果间的差额。预期的绩效来自测试，实际的结果来自交易。如果打算交易一个大的仓位，那么只反映小仓位交易结果的真实交易记录价值不是很大。

预期值和实际值之间的差额被称为一个 DELTA（显示为符号△）。实际使用中可能会有实施 DELTA（执行价格的比较）与总绩效 DELTA 两个指标，如下：

■记录程序估算出的交易价格和真实的平均执行价之间的差额。分开记录进入和退出的价格，因为进入价格通常可以更精确一些：

多头进入△ =（系统进入价-实际进入价）

空头进入△ =（实际进入价-系统进入价）

多头退出△ =（实际退出价-系统退出价）

空头退出△ =（系统退出价-实际退出价）

■记录那些无法成交的交易的利润和损失。

■计算总的合约的利润和损失，分别对于系统和实际交易计算：

总的合约△ =（总实际损益-总系统损益）/合约数

系统的预期利润或亏损和真实的结果之间的每合约差额，是最重要的一个数据值，对这些值的细化分析能提供一些信息来帮助改进执行的情况。如果没有什么条件改变，每合约差额应该被用来计算将来的结果，同时在测试中使用实际交易费用。其他的值含义都是很明显的。在本书第 2 章曾经讨论过无法成交的交易对于获利能力的影响，结论是获利减少但损失并没减少，这就增加了运用一个程序成功交易的难度。

## 流动性

执行中出现问题，有时是因为交易系统下单的类型引起的，但它们全部与市场的流动性有关。如果你下的单那一刻对于市场来说太大，执行价格就会很糟。这种交易可能需要用数小时时间来平均进行，或者应该将买卖单改在比较靠近开盘或收盘的时间段。限价单可能需要用一系列时间间隔较长的市价单来替代。一个事实是肯定的：如果你无法执行交易系统的每一个下单指令，你就无法期待得到交易系统所应有的结果。

## 反馈效应

观测绩效是寻找交易实际成本的唯一方法。这是很有价值的信息，而且能被用来测试其他的系统。虽然不同类型的买卖单交易费用各有不同，但是它们全都会有一些滑失，也全都有无法成交的情况。知道它们是什么样的，这很重要。

## Chi-Square 测试

以简单为原则，不需要高等数学就能知道你的交易是否有问题。一个比历史上任何损失都要大的亏损，或一系列接二连三超过以往任何频率的亏损，一定会引起你的注意。但是，并非所有问题都在它们成了大麻烦以前你就很清楚。CHI-SQUARE 测试是一个简单的方法，可以用来比较历史性的（预期的）和交易的（实际的）结果，以发现究竟哪里出了问题。

举例来说，你的新系统已经进行 20 次交易，只有 4 个是获利的，但是历史数据测试表明 40% 的交易应该是有利的。哪里出了问题？这里可以使用 CHI-SQUARE 测试：

CHI-SQUARE=@ 加总（（实际值-期望值）^2/期望值）

CHI-SQUARE 测试的数值，是实际和预期结果之间差额百分比的总和。当这两个数非常接近的时候，CHI-SQUARE 的值很小。为了便于发现一个 CHI-SQUARE 的数值是否大到了指出一个问题的水平，可以使用表 11-1。

因为 CHI-SQUARE 测试需要至少两个例子，所以如果你想要比较利润的频率，就必须准备预期利润频率和预期亏损频率两种数据：

$$\text{chi-square} = \frac{(\text{actual profit freq} - \text{expected profit freq})^2}{\text{expected profit frequency}}$$

$$+ \frac{(\text{actual loss freq} - \text{expected loss freq})^2}{\text{expected loss frequency}}$$

Actual 是指真正的交易绩效，expected 是指测试的结果。预期利润频率和预期亏损频率之和应该等于 100%：

$$\text{chi-square} = \frac{(20-40)^2}{40} + \frac{(80-60)^2}{60} = 16.67$$

表 11-1 Chi-Square 的分布

| 例子 至少1个 | 偶然发生的概率 | | | | | | | | |
|---|---|---|---|---|---|---|---|---|---|
| | 0.70 | 0.50 | 0.30 | 0.20 | 0.10 | 0.05 | 0.02 | 0.01 | 0.001 |
| 1 | 0.15 | 0.46 | 1.07 | 1.64 | 2.71 | 3.84 | 5.41 | 6.64 | 10.83 |
| 2 | 0.71 | 1.39 | 2.41 | 3.22 | 4.61 | 5.99 | 7.82 | 9.21 | 13.82 |
| 3 | 1.42 | 2.37 | 3.67 | 4.64 | 6.25 | 7.82 | 9.84 | 11.34 | 16.27 |
| 4 | 2.20 | 3.36 | 4.88 | 5.99 | 7.78 | 9.49 | 11.67 | 13.28 | 18.47 |
| 5 | 3.00 | 4.35 | 6.06 | 7.29 | 9.24 | 11.07 | 13.39 | 15.09 | 20.52 |
| 6 | 3.83 | 5.35 | 7.23 | 8.56 | 10.65 | 12.59 | 15.03 | 16.81 | 22.46 |
| 7 | 4.67 | 6.35 | 8.38 | 9.80 | 12.02 | 14.07 | 16.62 | 18.48 | 24.32 |
| 8 | 5.53 | 7.34 | 9.52 | 11.03 | 13.36 | 15.51 | 18.17 | 20.09 | 26.13 |
| 9 | 6.39 | 8.34 | 10.66 | 12.24 | 14.68 | 16.92 | 19.68 | 21.67 | 27.88 |
| 10 | 7.27 | 9.34 | 11.78 | 13.44 | 15.99 | 18.31 | 21.16 | 23.21 | 29.59 |

参考表 11-1，我们比较结果 16.67 和第一行数据，可以观察到 16.67 与 0.001 相关联，所以该值被认为是相当明显的。因此，如果有一个系统只给出了 20% 的交易可靠性，那么一定是哪里出了问题。不过这里我们还没有考虑交易次数的因素。20 次交易，取样误差会是 1/@ sqrt（20）= 0.22，或 22%。然后 CHI-SQUARE 值 16.67 可以降低到 13.00，仍然保持在 10.83 以上。一些特定的水平对于 CHI-SQUARE 是重要的：

CHI-SQUARE 大于等于 0.001 个概率，非常显著

CHI-SQUARE 大于等于 0.01 个概率，显著

CHI-SQUARE 大于等于 0.05 个概率，可能显著

CHI-SQUARE 测试可以显示真实的价格运动（同一方向上的连续

多或空状态）是否类似于一个随机分布。表 11-2 给出了一个电子表格的数列，各列之和（E-A）^2/E 就是 Chi-Square 的值。

表 11-1 是八个交易的数据测试情况。将 CHI-SQUARE 值放置在一个水平，任何超过该水平的测试，都有大于 50% 的机会是完全随机的。随着更多的测试被包括在内，统计会显示出比较结果将更加接近。

**表 11-2　价格运行的 CHI-SQUARE 评价**

| 运行的长度 | 期望结果(E) | 实际结果(A) | fE-A)^2/E | Chi_Square | 可能性 |
|---|---|---|---|---|---|
| 1 | 1225 | 1214 | 0.09877 | 0.09877 | n/a |
| 2 | 612 | 620 | 0.10457 | 0.20334 | >0.50 |
| 3 | 306 | 311 | 0.08169 | 0.28503 | >0.70 |
| 4 | 153 | 167 | 1.2810 | 1.56603 | >0.50 |
| 5 | 77 | 67 | 1.2987 | 2.86473 | >0.50 |
| 6 | 38 | 41 | 0.23684 | 3.10157 | >0.50 |
| 7 | 19 | 16 | 0.47368 | 3.57524 | >0.70 |
| 8 | 10 | 5 | 1.8947 | 5.46994 | >0.70 |

# 预　期

理论上的利润只是期望值而已。第 2 章已经指出，报价显示的落后、价格滑失以及无法成交的交易，可以很轻易地将一个理论上很稳固的交易策略变成亏损与冒险的工具。提供足够大到吸收这些亏损的每笔交易目标利润，是一个解决方法。另外一种方法则是预估交易信号，准备好在系统发出信号的同时就下单，而不是等到信号确认以后才下单，甚至于在计算机发出信号之前就出手下单。

为了表明预估信号的重要性，这里以一个使用收盘价移动平均线的系统举例。当均线向上掉头的时候，系统买入，反之则卖出。图 11-1 和表 11-3 比较了在当天就做出买卖动作，和以次日收盘价买卖的几种移动平均线的绩效。在三个不同的市场进行了测试：香港恒生股票指数、西德马克和IBM公司的股票。趋势的速度包括了从5到75天的较宽范围。

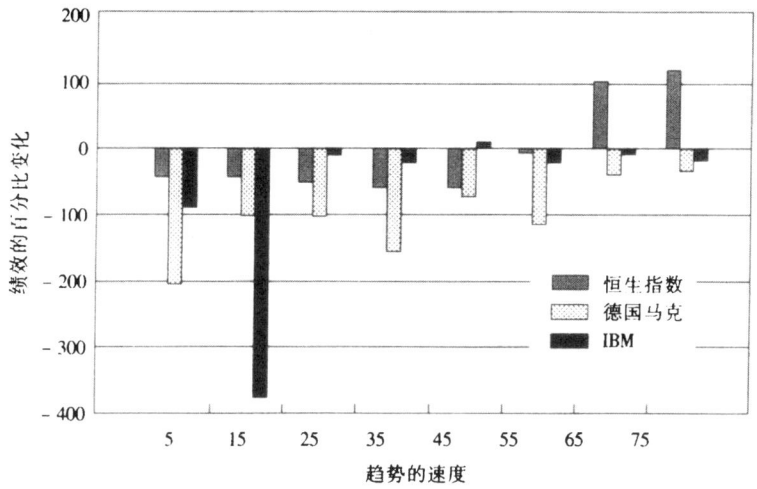

**图 11-1 比较延迟一天下单的绩效**

三个不同的市场对于趋势系统的一个1天延迟表现了类似的结果。在慢速趋势正常运行的前提下，快速趋势的绩效大幅降低，而慢速趋势的绩效则保持不变。

表 11-3 当日下单和延迟一天下单的绩效比较

| 移动均线 | 恒生指数 | | | 德国马克 | | | IBM | | |
|---|---|---|---|---|---|---|---|---|---|
| | 同一天 | 下一天 | 百分比变化 | 同一天 | 下一天 | 百分比变化 | 同一天 | 下一天 | 百分比变化 |
| 5 | 106.8 | 55.2 | (48.3) | 10.0 | (10.7) | (206.8) | 38.7 | 4.9 | (87.4) |
| 15 | 82.7 | 44.1 | (46.6) | 23.0 | (1.2) | (105.3) | 8.7 | (25.1) | (387.1) |
| 25 | 55.9 | 22.3 | (60.0) | 35.9 | (3.6) | (110.0) | 9.7 | 8.6 | (11.5) |
| 35 | 43.4 | 12.2 | (71.8) | 21.3 | (13.0) | (160.9) | 15.0 | 9.2 | (38.6) |
| 45 | 37.8 | 7.9 | (79.1) | 38.3 | 3.2 | (91.8) | 18.5 | 19.9 | 7.5 |
| 55 | 18.6 | 18.6 | 0.2 | 32.1 | (10.3) | (132.2) | 24.9 | 14.5 | (42.0) |
| 65 | 10.2 | 19.3 | 90.3 | 21.6 | 9.6 | (55.7) | 24.0 | 22.8 | (5.1) |
| 75 | 16.3 | 33.1 | 102.9 | 16.3 | 7.3 | (55.0) | 38.4 | 32.7 | (14.8) |

测试结果显示出一个清楚的模式：当下单被推迟一天的时候，较快速的趋势交易将损失其利润的50%到400%。而慢速的趋势则没有受到

什么影响。

这表明,时间的准确把握对于5天的移动平均值是非常重要的,并且在交易首日具有最大的利润。推迟一天下单,恒生指数的利润即下降了48%,西德马克从获利10%转为亏损10%,而IBM股票的损失则达87%之多。较长的趋势一般不依赖于一个特定的进入价格。即使第一天可能是获利的,它也并不是总利润的一个很大部分。在恒生股票指数测试中,由75天均线给出的利润增幅比较出乎意料,很可能这是由于交易数量样本较少而被误导的结果。

看起来这很合乎逻辑,任何依赖于动能或突破的短期交易,将会因为延迟进入而遭到破坏。如果能够预先知道交易系统将要在哪个价位产生一个新信号,消除一些潜在的问题是可能的。最重要的是按照系统发出信号的价格立即执行,而不是在信号发出之后再执行。只有小单子才应该用止损或者限价单的方式下在场内(通常大单不可能在短时间内有足够的对手盘,无法预先下到场内)。

对于快速交易的顺利执行,意味着利润将很早就在交易中产生。这同时支持了我们早先关于获利了结的讨论,即持获利仓单直到趋势反转,将导致回报/风险比降低。总利润与风险的比例随着持仓时间的增长而恶化。

## 确定大单执行的时间窗口

在系统给出的进场时间附近,需要规划出一个执行大单用的时间窗口,在这个窗口中分批进入。举例来说,一个外汇交易者基于60分钟数据建立一个动量交易系统。当市场在11:00时的状况已通过了系统的计算后,他知道,如果价格在12:00时超过156.50,将有一个新的买入信号发生。因为他的经验已经显示,一个2500万美元或英镑的下单应该在11分钟内完成交易,如果价格那时已稳定在156.50以上,他将在11:55就开始买进。如果在10分钟内完成交易,那么交易的平均价格应该接近于12:00时的价格,也就是计算机在那时给出的进入价。

当时间越来越靠近被计算出的统计信号将要出现的时候，通常可以看清是否适合下单。有时，价格刚好落在所需进入的价格上，或者稍稍低一点，你会无法确定是否该下单。如果开始买入并推高了价格，你实际上人为地制造了一个系统信号。但等到12：00时之后再买入，则又可能得到一个更糟的执行价。

预测会极大地改进绩效，因此对于处理临界情况的平衡性手法是很重要的。你看到12：00时的进入价格即将被触发，于是开始慢慢地下单。如果系统确实在随后提供了一个信号，你继续下单，直到结束；如果系统没有给出信号，你要尽快地将先前建立的仓位平仓。从长远角度来看，一个"错误的预测"比起等到信号产生之后再开始下单，成本要小些。

一个错误的预测随时可能发生。价格看起来似乎已经于买入信号的价格之上企稳，结果却在12：00时之前的60秒内急剧下落，这种情况甚至会发生在你正在买进的同时。一旦12：00时的价格被确认，你将获知应该继续持有还是平掉已经建立的仓位。

## 计算预期价格

发现一个给出信号的价格是非常简单的，只需要一些代数知识。你对于移动平均值、相对强弱指数（RSI）或基于下一周期的价格（比方说，对日线来说的下一天）的其他指标来写出公式，然后对下一价格求解。举例来说，一个5天的移动平均值在今天的值是：

@ moving_ average（price，5）

=（price+price［1］+price［2］+price［3］+price［4］）/5

使用函数@ sum（price，days），总计早先的n天的价格，我们将此简化为：

@ moving_ average（price，5）=@ sum（price，5）/5

在价格等于最后一个价格数值的地方，price［1］是之前的价格，以此类推。使用真实数据，我们得到：

@ moving_ average (price, 5)
= (154.50+153.20+153.60+152.70+152.50) /5 = 153.30

明天出现什么样的收盘价,才能让移动平均值向下反转0.10,使5天移动平均值的新值达到153.20?通过将计算向前移动一天,我们能使用简单的代数方法找到今天的值:

@ buy_ signal = 153.20 = (next_ price+@ sum (price, 4)) /5

那么 next_ price = 153.20×5-@ sum (price, 4)

通过在式子两侧都乘以5并都减去四个已知的值的总和,得出了下一价格。值@ sum (price, 4) 是最近的四个价格之和。使用取样的价格得出:

766.00 = next_ price+154.50+153.20+153.60+152.70

152.00 = next_ price

因此,如果英镑的收盘价小于或等于152.00,则移动平均值将反转0.10。方框11-1给出了一些用于预期下一个价格常见的公式和计算。

### 方框11-1 预期信号的计算

使用的标志:
- price　　　　"今天"的价格
- price [1]　　前一个价格
- price [n]　　n天前的价格
- next_ price　"明天"定价,或下期价格
- min_ move　 产生信号所需的距早先指标信号的最小上涨或下跌
- uy_ signal　 会产生一个新的买入信号的价格
- sell_ signal 会产生一个新的卖出信号的价格

移动平均值
　@ moving_ average (price, n) = @ sum (price, n) /n
　n是周期的数量。

## 方框 11-1（续）  预期信号的计算

下一个能够产生一个新的买或卖信号的价格，其中移动平均值上涨或下滑 mln—move：

    buy_ signal = price [n] + n * min_ move

    sell_ signal = price [n] − n * min_ move

对于一个电子表格（在典型的第 75 行中）和一个 10 天的移动平均值，这就成为：

| | |
|---|---|
| 列 A： | Date |
| 列 B： | Price |
| 列 C： | @ Sum（B75..B66）过去 10 天的总和 |
| 列 D： | +C75/10  10 天的移动平均值 |
| 列 E： | @ Sum（B75..B67）过去 9 天的总数（MA 少 1） |
| 列 F： | +D75+1 买信号是平均线最小的向上移动 |
| 列 G： | +D75−1 卖信号是平均线最小的向下移动 |
| 列 H： | +F75 * 10−E75 提供一个买信号的最低价 |
| 列 I： | +F75 * 10−G75 提供一个卖信号的最高价 |

指数平滑法

@ exp_ ma（price, sc）= ema = ema [1] + sc×（price−ema [1]）

其中 sc = 被表示成百分比的平滑常数

  ema = 趋势均线的值

下一个能产生一个新的买或卖信号的价格是：

  @ buy_ signal = ema + min_ move/sc

  @ sell_ signal = ema − min_ move/sc

动力（价格差别）

    @ momentum（price, n）= price − price [n]

下一个能产生一个新的买或卖信号的价格是：

  @ buy_ signal = price − price [n] + price [n−1] + min_ move

  @ sell_ signal = price − price [n] + price [n−1] − min_ move

## 带有预先编成程序指标的报价设备

如果你使用的报价设备已经带有预编好的指标，就不需要进行复杂的计算了。TeleTrac、TradeStation、MarketView、CQG 和许多其他的程序，已经可以允许你自己改动周期参数来计算移动平均、随机指标和其他的一些指标。最后一个价格会被自动用来寻找下一个价格的值，因此机器可以持续不断地通知你，让你知道你是否会在下 15 分钟、下个小时或者下一天得到一个信号。想要自定义过程的机构，将会发现在框 11-1 中的公式是很有帮助的。

# 过滤系统信号

当价格处于高位以及波动率增加时，交易的风险就上升了。因为有那么多各具特色的策略并在不同的时间窗口上工作，决定什么价格是"太高的"的风险，对于各个策略来说可能都是各不相同的。风险控制的方法之一，是使用一个保护性的止损；但是，市场可能在你最需要控制风险的时候，一下子就越过了你设置的风险水平。以个人风险为量度的止损已被讨论过，它是无效的保护。同时，当逻辑止损点（基于支撑位和阻力位，或经济指标这样的基本面因素）可能减少日常风险的时候，却无法保护一个价格突变所带来的亏损。不论你持有仓位 1 小时、一天或一年，如果你运气不够好，一个价格突变将总是会产生相同的亏损。

## 过滤价格水平

在极端高位还是极端低位进入一个市场，交易绩效状况经常与此有着显著关系。"低点"的意思也许是很清楚的，但"高点"就没有那么明显。实际的产品价格如果回落到 10 年内的历史低点或者成本附近，可以被认为是低点。但像原油这样人为控制的市场，就可能有不同的模式。

价格的低点和高点水平，会因通货膨胀和结构性变化而改变。低价并没有什么困难。如果你正在用一个移动平均值来做长线的铜,而铜价低于每磅 50 美分,此时做空能够获利的可能微乎其微。在 45 美分建立的一个空头部位,几乎会和一个在 60 美分建立的空仓具有相同的风险。当价格接近绝对低点时,空头获利可能性的下降速度,比起风险下降的速度来要快得多。

高点则是不同的。价格分布图的尾巴在高点一侧是非常长的,意味着价格有可能升到令人惊讶的高水平。甚至于在对通货膨胀和其他经济因素调整过以后,仍然很难判断什么时候一个多头仓位必定具有非常不利的风险回报比。更复杂的情况是,有些程序在价格和波动性都相当高的时候,运行得还更好。

一个散点图(如图 11-2 所示)能被用来替一个交易原油的趋势跟踪系统寻找一个进入价格。图中画出了每个进入价格所对应的利润与亏损。交易已被分为两组,图 11-2(a)只有多头仓位,而图 11-2(b)只有空头仓位。石油是个有意思的例子,因为石油输出国组织试着在一个固定的水平维持统一的售价,目前大约为 20 美元/桶。其他市场各有自己的模型,也同样有趣。

**趋势做多**。原油提供了一个以相对高价进入而带来风险的清楚案例。多头仓位在低于每桶 25 美元的记录位(见图 11-2)产生许多小损失和几笔较大的利润。大多数的亏损发生得都很集中,并小于每桶 4 美元,而获得利润时则高达 12 美元/桶。时常发生小亏损和获得几笔大的利润,是对一个趋势跟踪系统最典型的描绘。当多仓买入价格在每桶 25 美元以上的时候,只会出现亏损,而且那些亏损随着价格继续升高有扩大的趋势。

图 11-2 似乎很容易理解。当多仓在非常高的价格水平进入的时候,盈利机会较少,而波动性较大。当然,如果没有类似的图表,将很难知道什么价格是"高"。因为我们知道在此测试期间,石油输出国组织确定了一个大约每桶 20 美元的指导销价,所以我们也能看到一些其他的模式。举例来说,当买入价格接近 20 美元的时候,利润下降。厚利来自于当油价远低于 OGSP(官方的政府售价)的时候。很不幸,这一分

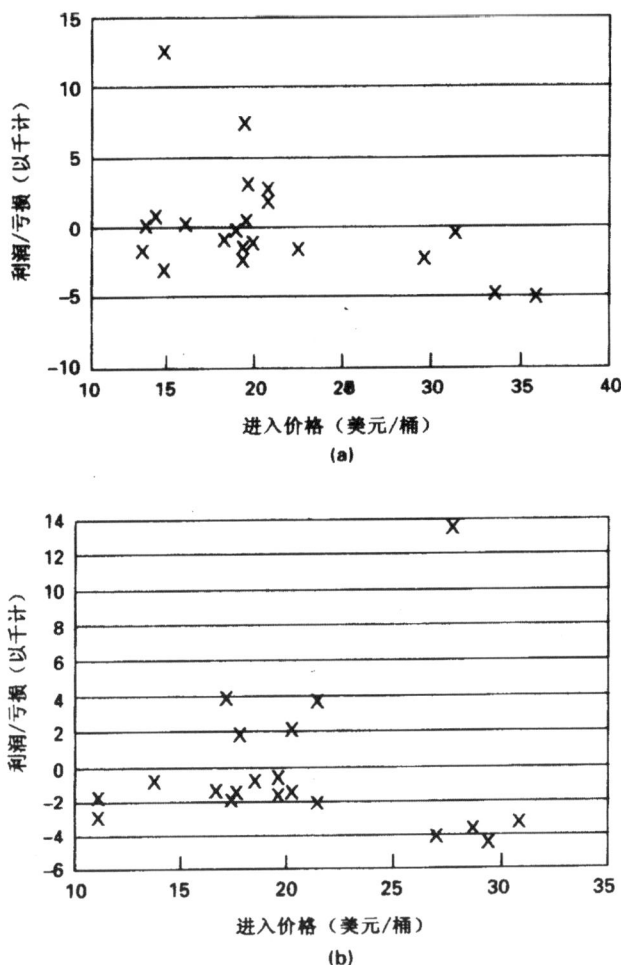

图 11-2　西德克萨斯州中级原油（纽约商业交易所）
趋势系统进入价位和利润/亏损的比较

(a) 多头仓位。(b) 空头仓位。画出对应于利润和亏损结果的进入价，给你一个机会来预先识别不该被执行的交易。当石油输出国组织的标准价格是大约每桶 20 美元的时候，观察应用于此期间的一个趋势跟踪系统，我们可以在 (a) 中看到，多头仓位在每桶 25 美元以上时总是蒙受损失。因为石油输出国组织有能力在较短的时间内迅速增加供应，任何供求的失调都可能被很快地修正。顺势操作的利润没有时间来增长。(b) 中的空头仓位在每桶 15 美元之下进入时带来损失，而在 25 美元以上价位则具有更高的风险。

析不过是事后诸葛亮而已。假如石油输出国组织的目标价格下滑到每桶 18 美元，我们可以预料到在该价格水平进入的多头仓位获利将降低。我们同样有理由预期，相同的绩效模式会在一个新的价格水平附近集中。如果我们已经选择了一个较长的测试时期，包括油价在每桶 30 美元附近企稳的期间，模式将不会如此清楚，因为它会包括多于一个的目标区。

**顺势做空**。我们也期望通过在相对高位开立新的空头仓位，寻求更多的获利机会。图 11-2（b）列出的那个交易，在一个 1000 桶的合约上刚好产生了一个稍小于 14000 美元的利润。其他四个在 25 美元以上进入的空头仓位，则给出了高于平均水平的亏损。正如所料，在每桶 15 美元以下这种相对低位建立的空仓，也产生了亏损。图示表明，随着价格的增加，利润和损失的波动性也增加。

**价位、利润和风险**。相对于获利能力，来画出未经调整的价位，可以得出一张容易理解的图片。通货膨胀和价格演进都不能改变这样一个事实：在低位建立空仓，机会不多而风险却很大。高位买多的情况并非同样清楚，但经验告诉我们，此时产生大亏损的风险比起获得利润的机会要大。市场因素会不断提示对于这些价位的周期性评价，只需要一个简单的分析就可以起到明显的作用。

## 过滤掉波动性

入场时的市场波动性，是预估利润和亏损的一个更可靠的指示。更重要的是，剧烈波动意味着高风险。如果一次交易的亏损可能很大，风险又很高，那么它绝对应该被列在待删除的名单上。图 11-3（a）绘出了和图 11-2 中一样的西德克萨斯中级原油图线，不同的是使用了对应于损益的进入点波动性。波动性用绝对价格变动的 10 天平均值来计算。（以美元/桶计）

**过滤掉波动的做多进入位**。图 11-3（a）列出了一个类似图 11-2（a）的一个图形，但稍做了些重新组合，使用了进入市场的价格。当多头仓位在高波动期进入的时候，形成了一个稳定的亏损图形。图形表明，这些高波动性的交易也在高价位发生。在低波动性的期间开设的多头仓位是获利的，其中一些并不对应于最低价位，在最低价位反而出现了一些亏损。

**过滤掉波动的做空进入位**。当对应于波动性而非进入价格来做图的时候，空头仓位表现出不同的状态。在同一波动率水平进入的多数交易在图上被推到了最左侧，其余的 5 个交易在波动性为 2.5 到 6 倍大的时候发生。可以预料到，在高波动性区间进入的交易，会带来比较大的亏损。

# 使用过滤器

利用进入价格和波动率来过滤趋势跟踪交易的图表，可以给出最简单的选择和最清楚的结果。虽然上例只使用了原油，但相同的模式可以用在其他的商业和工业产品上，只要它们有一个真正的高低范围。货币则有所不同，更加复杂。货币没有绝对的兑换率水平，暂时性的正常水平是由每个国家根据他们和贸易伙伴的关系来设定的。当货币在一个可接受的水平或平衡状态时，波动性会比较低。当价格从平衡点移开的时候，波动性就会加大。你可能把一个偏离正常的货币价格视为"高"，而把正常的价格则视为"低"。对货币来说，波动性是唯一有效的尺度。

### 期 望

对交易进行过滤，是改进绩效的一种显而易见的方法，这种方法的基本概念从根本上来说是很牢固的。利用波动性进行过滤，并不会百分之百提高利润，但它一定能够降低风险，提供更好的整体绩效。

### 为过滤器编程的规则

由于波动性的衡量能够在需要做出进场决定的时候很快完成，所以我们选择这个过滤的方法。如果波动性太高（或太低），则交易就不能被执行。下列步骤是寻找一个趋势跟踪系统的最佳过滤器所必需的：

1. 选择一个趋势跟踪方式，比如说某个指数的移动平均值。
2. 生成一个包括所有交易的表格，分别汇总计算来自多头和空头仓位的净利润和亏损。
3. 计算进入交易时的波动性。使用几天内绝对价格变化的总和，比方说，5 天（与在原油的例子中一样）。

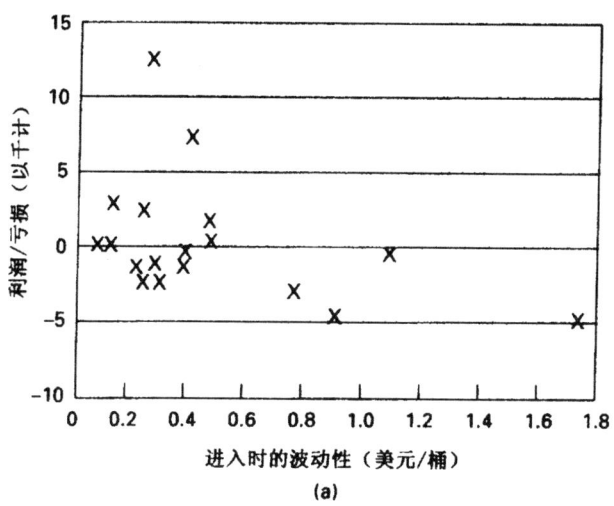

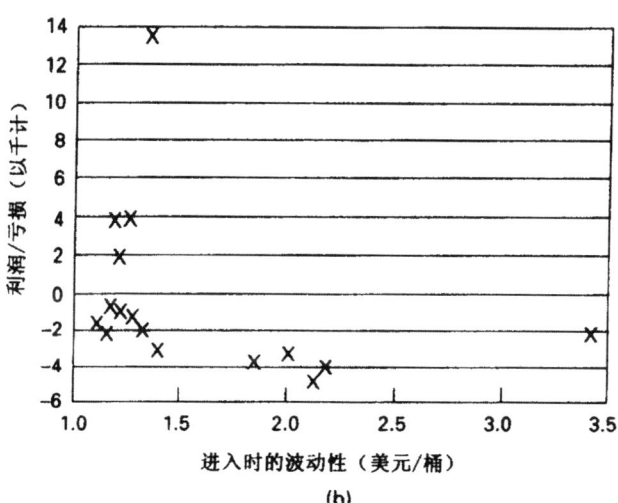

图 11-3 西德克萨斯州中级原油（纽约商业交易所）的趋势
系统，显示对应于盈亏比较的波动性

(a) 多头仓位。(b) 空头仓位。当对应于盈亏来绘出进入位的波动性时，图形更清楚了。对于多头仓位 (a) 和空头仓位 (b)，亏损随着波动性的增加而严重，向图表的右下角移动。在 (b) 图中，一笔在每桶 27 美元进入的较高做空利润，是在一个相对正常的波动性期间发生的。波动性非常低，也是过滤掉任何交易的一个理由。

4. 把仓位（多或空）、进入时的波动性和利润/亏损记录到一个电子表格中。如果你想要做一个价位分析，则可以对进场位置的价格进行改动。

5. 在一个散点图上绘出所有多头仓位的对应盈亏的波动性。以同样的方法绘出空头仓位的图。

6. 以目测判别最高的风险和一致性的亏损。你可能想要除去所有在波动性太高或太低时进行的交易。

7. 通过测试在交易信号发出时的波动性，来对趋势跟踪系统加入一个波动性过滤器。

# 将优化的概念反向使用

在第 10 章中，有广泛基础的测试（称为"最优化"）曾被用于评估交易策略的效果，或用于检测一个规则改良是否能够全面改善绩效。我们预期出了大面积的利润区域，这允许我们从许多参数组合中选择，其中任何一个组合都可以进行成功的交易。接着可以考虑那些最坏的结果：我们经常能在快速交易区中见到盈亏不稳定的图形。如果其中的亏损不是由交易费用引起的，那么它们反倒是一个信号，标示了一个很好的与长期趋势逆向的开始新交易的位置。

举例来说，一个长期趋势系统每年产生两个交易机会，而一个 5 天的模型则会每周都提示进行一次新的交易。如果快速和缓慢的系统同时产生了一个交易信号，我们会预期长线交易将有可能获利，而短线交易则更可能亏损。这告诉我们，以短期眼光来看，理想的多头买入价格应该比现在立即买入的点要更低些；否则，短期交易就成了可靠的获利交易。这不是一个好的进入长线交易的时机。当然，时机对于长线交易来说也并不是很重要（本章中前面有关"预测"中有述）。

### 交易规则

在长线和短线买入信号同时发生后不久，短线交易以发生亏损告终。如果我们掌握的时机是正确的，比较快速的交易现在应该改为做空。因为已经判断这短期多头部位将要走坏，我们可以借机在其走坏之后，再继续建立自己的另外的部分长线多头仓位。如果这个动作是在快速的系统产生一个亏损之后，说明这个买入时机掌握得很好。

一个合理的实行这个想法的计划是：

1. 选择一个能够稳定长线获利的交易策略来决定市场的方向。
2. 选择一个可靠性不高但产生亏损不多的短线交易策略（不包括交易费用因素）。
3. 当长线系统提示出一个买入信号时，建立 1/3 的仓位。
4. 然后在短线系统退出一个多头位置的时候，续建 1/3 的仓位。
5. 最后当短线系统给出一个空头信号的同时，再建立最后 1/3 的仓位。

当市场出现波动，很容易给出一些信号，利润似乎唾手可得。但这些快速移动的市场却经常有大幅度的价格滑失，并在最初动量消失的时候出现剧烈反转。以全部仓位的 1/3 或 1/4 下单，这是一个机会，帮助你客观地判断这一方法是否能够改进绩效。当资金的最后 2/3 被注入时，价格正向着你原有目标的相反方向在移动，因此价格滑失应该是较低的。

# 隔夜的风险

## 穿越时区的移动

跳空开盘能获得暴利或者带来大亏损，总体风险有所增加，因为这代表着无法控制的风险。交易者只在正常工作时间内观察美国、欧洲或远东的市场，风险可能是相当大的。现在，越来越多的交易者已经有办法跨时区追踪市场，这就可以回避绝大部分风险。

表 11-4  隔夜的风险

| 交易所 | 总点数 | | | 点/天 | 缺口% |
|---|---|---|---|---|---|
| | 开盘 | 收盘 | 天数 | | |

| | | | | | | |
|---|---|---|---|---|---|---|
| 金融 | 芝加哥交易所美国债券 | 126.7 | 515.87 | 1280 | 0.10 | 24.6 |
| | 美国短期债券 | 11.17 | 20.39 | 369 | 0.03 | 54.8 |
| | LIFFE 欧兑日元 | 1.83 | 8.67 | 100 | 0.02 | 21.1 |
| | LIFFE 德国债券 | 9.91 | 20.26 | 142 | 0.07 | 48.9 |
| | LIFFE 日本公债 | 14.60 | 22.57 | 122 | 0.12 | 64.7 |
| 货币 | IMM 德国马克（%） | 2.18 | 3.80 | 1056 | 0.21 | 57.4 |
| | IMM 英镑 | 0.89 | 1.07 | 167 | 0.01 | 83.2 |
| 金属 | CMX 黄金 | 229 | 310 | 242 | 0.95 | 73.9 |
| | CMX 白银 | 2586 | 4380 | 1056 | 2.45 | 59.0 |
| 其他 | 纽约商业交易所原油 | 10.97 | 20.26 | 142 | 0.08 | 54.1 |
| | 芝加哥交易所黄豆 | 1141 | 2295 | 597 | 1.91 | 49.7 |
| | 芝加哥商品交易所猪腩 | 416.7 | 916.8 | 1056 | 0.39 | 45.5 |

全世界金融市场的流动性增强，使得交易可以连续不停地24小时进行。主要交易所之间的合作协约，使得下单情况和交易费用都是透明的。你可以早晨在芝加哥买进，而在12个小时以后在新加坡卖出，这都能经由本地的交易服务商完成。另外，你也可以使用GLOBEX，或者任何其他的越来越方便、流动性越来越好的电子交易系统。

为了了解开盘跳空的重要性，表11-4比较了一批主要期货市场平均开盘跳空的大小，以及每日收盘价的变动。图11-4给出了开盘跳空相对于每日价格涨跌率的百分比。

### 于交易市场有利

结果表明，主要的市场有较小的开盘跳空和更小的风险。在芝加哥交易所里交易的美国债券，代表了正常营业时间内最主要的债券交易市场。

同样地，在伦敦国际金融期货期权交易所（英国伦敦国际金融期货交易所）交易的欧元，在其主交易市场是活跃的。这个品种由开盘跳空所带来的冲击最小——24.6%和21.1%。

表现最糟糕的是在IMM的英镑交易，总价格变动的84%都是隔夜跳空引起的。我们能得出结论,在伦敦开盘后与大约 5 个小时后 IMM 的开盘时间之间,影响英镑的大部分金融新闻已经公开。价格已经处在新的合适位置上,而 IMM 的开盘必须赶上变化。在伦敦交易的日本公债(JGB)也是类似。当英国伦敦国际金融期货交易所收盘的时候,与 JGB 有关的大部分新闻都会公开,因此每日变动的 64.7% 都将由跳空开盘来完成。

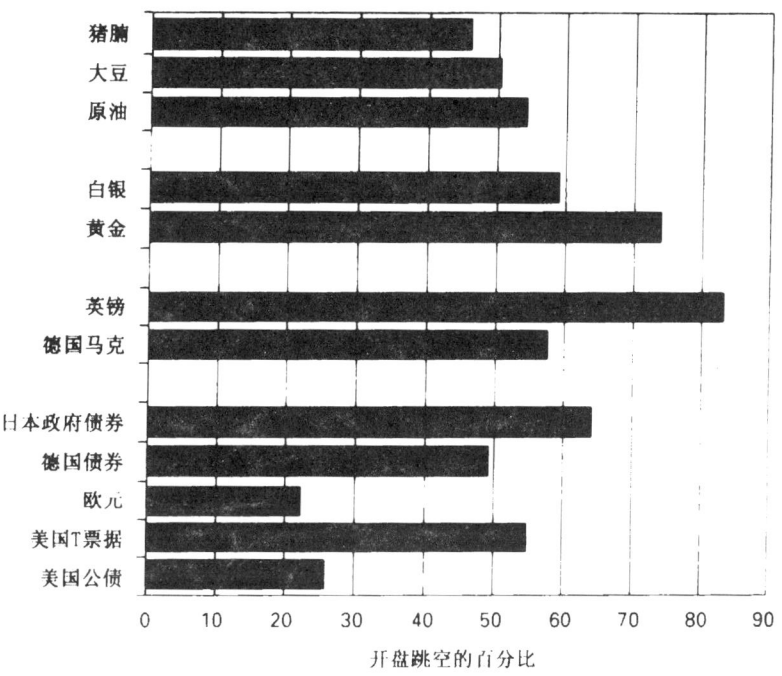

图 11-4 开盘跳空,以每日变动的百分比表示

活跃的 24 小时交易市场,以及那些在主要交易市场被关闭以后还在开放的市场显示出许多的大幅跳空开盘相比之下,在主要的现金交易市场的交易时间内同时开放的交易所交易市场,跳空幅度就较小,大幅跳空是无法控制的风险。

上表中,平均的隔夜风险可能高达 50%。我们可以判断出,因为黄金是一种国际通用的价值参照存储物,它在全世界交易,所以可能有大的跳空、但黄豆和猪腩是很局限于美国国内市场的,它们也能给出较高的隔夜风险。由此判断,这些跳空将会把价格滑失加到进入价和退出价上。

# 杠杆作用，成本和趋势速度

杠杆作用和交易费用，对于一个趋势交易系统有决定性的影响，这也正是股票和期货交易之间的一个最根本的区别。大多数期货市场需要5%的保证金，货币交易保证金要更低些，而股票指数则要达到10%。如果用较缓慢的趋势进行杠杆交易，会造成持仓时间很长，并要经受资金的较大波动。如果选择较快速的趋势，资金总量的变动未必受到影响，但却可以减少每笔交易的风险，因此在杠杆交易时快速趋势经常被采用。

使用快速趋势跟踪方式的最好理由是：它为进入和退出市场提供了更清晰的机会。如果你可以选择两个系统：一个25日移动平均值和一个50日移动平均值，交易费用和利润/风险比都相同，那么比较快速的25日系统会是诱人的选择。较多的交易使得下列各种情况成为可能：

- 利润目标被设置得比较接近，能够更经常达成。
- 幅度较小的个别亏损。
- 可用于其他的交易目的，例如对冲。
- 每个交易的部位大小变动。

大体上，较多的交易意味着一个系统取样不错，进而会带来一个更现实的结果。但是，这些优点却一定会被长期趋势更高的成功率所抵消，因为长期趋势通常与政策面和基本面因素的影响相对应。在美国财政长期债券的交易中，一个200天的趋势系统可能会持有一个多头部位达三年之久，获得巨大的额外利润，从而弥补了不动产或其他弱势项目在一个投资组合中的损失。

交易费用在金融和期货市场中经常被忽略。10万美元面值的一个合约能被一个活跃的投资者用（来回交易）仅仅10美元，或其价值的万分之一的成本来进行交易。对于交易股票的散户投资者来说，1%的费用并不稀奇。以 1% 为例，如果一个每两周进行一次的股票交易，每年的费用至少要消耗你利润的 26%。这样的话，交易净利必须超过 40%，才能勉强比一个股票投资组合的效益好。

因为频繁交易通常有很高的交易费用，以及时常发生的价格滑失，许多股票对于快速移动平均系统的测试给出了总利润（不含交易费用）。这一获利空间是存在的，因为通常资金规模较小的交易者无法从一个每笔交易利润小于 0.5% 的系统中获利。而机构投资者在这种区间就无法得到充足的成交量，他们也不会想要表现得很活跃。机会仍然存在，并等待着市场或参与者的改变。

图 11-5 显示了较小规模的快速交易是如何受到交易费用的巨大影响的。而长线仓位相对来说不受影响。

高杠杆的交易，比如说期货和外汇，更进一步地强调了这个情景。每次进入和退出成本为 0.0002 点的德国马克交易，手续费表现为 1% 的 0.02；然而，Sqo 的保证金使其变成了 0.5（1/2%），放大了 20 倍。一个小散户可能要付出两倍于此的费用。

也许很难看出为什么长线交易系统优于短线交易系统。利用杠杆投资的能力使得较小的利润可以变为较大的百分比。忽略正常的交易费用（包括委托金、价格滑失及无法成交）就进行测试，常会使得测试的结果看上去支持较快速的趋势，但实际上较慢的趋势总是更优秀。200 个点的大利润目标，将会使很多问题得到缓冲，而那些问题就会对在德国马克上寻找 20 个点的快速系统交易者带来伤害。对长线交易来说，测试结果将会更接近现实，价格突变将会带来较小的影响，而基本面也将支持仓位。对于杠杆作用、利润、成本和风险的实事求是的态度，将使你力量充沛，走向成功。

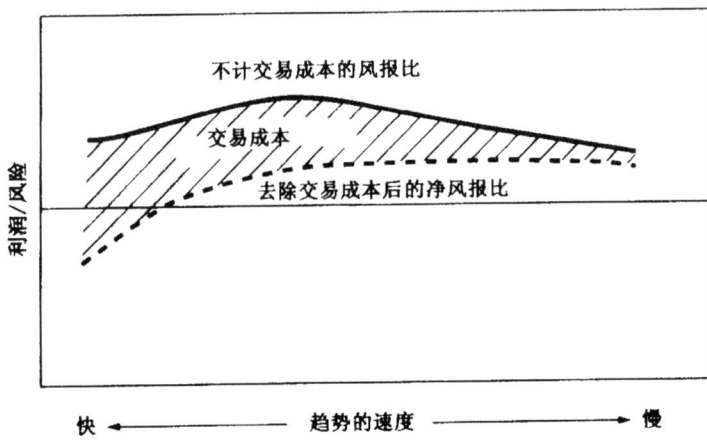

图 11-5 交易费用对于绩效的影响

快速交易一定要控制交易费用,以达到获利的目标。

# 附录 标注和专用名词

LOTUS 和 Quattro 电子表格标注,Telerate 的 Tele-Trac,OMEGA 的 EASY LANGUAGE 在本书中出现过很多次。它们替代了一些通常使用的数学符号,这对大多数读者来说应该是熟悉的。一些例子中使用了和它们大致类似的通用标注,但还是有所区别。通用标注见下表。本书没有指明某个特定电子表格或计算机语言时,示例中都以此表格为准。

**数学操作符**

| + | 加 |

| - | 减 |
| * | 乘以 |
| / | 除以 |
| ^ | 次方 |

## 表示比较关系的操作符

| < | 小于 |
| <= | 小于等于 |
| > | 大于 |
| >= | 大于等于 |
| = | 等于 |
| <> | 不等于 |

## 逻辑操作符（真实/错误）

| NOT | 否定该变量的真实或错误 |
| AND | 两个变量都必须是真实的 |
| OR | 任一变量为真实的 |

## 对于过去数据和变量的引用

| Close 或 Close [0] | 今天收盘的现值 |
| Close [1] | 前一收盘价 |
| Close [n] | 前 n 期的收盘价 |

## IF 说明

IF 条件，那么表达式为真实

比方说：

IF close >close [1] then BUY at close　　如果今天的收盘比昨天的收盘更高，那么以收盘价买

入。（如果这一语句的条件不符合，那么程序转向下一语句）

## 函　数

大多数电子表格和计算机测试程序都能够处理简单的交易规则、指标、数学和逻辑运算。那些函数用函数名字前的"@"来显示。在本书中最常被使用的一些是：

**数学函数**

@ abs_val（x）　　　　x 的绝对值

@ power（x，p）　　　x 的 p 次方

@ sqrt（x）　　　　　x 的平方根

**统计类函数**

@ average（list）　　　数列的平均值

@ count（list）　　　　数列包含项目的计数

@ highest（list）　　　数列的最高价

@ lowest（list）　　　数列的最低价

@ median（list）　　　数列的中间价

@ std_dev（list）　　　数列的标准差

@ sum（list）　　　　数列的总和

**技术指标和研究**

@ momentum（series，n）　　系列中 n 天价格的不同

@ average（series，n）　　　最近 n 天价格的平均值

@ exp_ma（series，p）　　　对于价格序列的一个 p 百分比的指数平滑

@ weighted_average（series，n）n 个价格的加权平均

| | |
|---|---|
| @ fastK（series，n） | 价格序列 n 期的随机指数 |
| @ slowK（series，n） | 平滑了的 n 期@ fastK 的随机指数 |
| @ slowD（series，n） | 平滑了的 n 期@ slowK 的随机指数 |
| @ RSI（series，n） | n 期的相对强度指数 |

**其他专用名词**

当提及证券市场或商品市场情形的时候，"基本面"这个词的意义是不同的。分红和价格收益率是股票基本面的一部分，而供给、需求和政府政策是外汇和商品市场的基本面因素。

# 鸣 谢

在著书的漫长过程中,我得到了身边最亲近的人的支持。如果没有芭芭拉的鼓励和支持,这本书将会被推迟很久。一并感谢我们的爱犬TERRA,它总是知道什么时候该休息一下了。

P. J. K